なるほどファイナンス

FINANCE: IDEAL FOR BEGINNERS

著・岩壷健太郎

有斐閣 ストゥディア

　岸田文雄政権が2022年に掲げた「資産所得倍増プラン」は，個人資産に占める現預金の割合が高い現状を打破し，証券投資を通じて資産所得を増やしていくことを目指しています。2024年に少額投資非課税制度（NISA）が拡充・恒久化されることが決まり，iDeCo（個人型確定拠出年金）制度の改革，中立的なアドバイザーの仕組みの導入，金融経済・資産形成教育の充実などが検討されています。

　懸念されるのは，政府が証券投資を推奨することで，「リスクの高い投資に政府がお墨付きを与えた」とか，「証券投資は必ず儲かる」といった誤った考え方が広がることです。金融教育を通じて，証券投資には必ず損失のリスクがあり，資金を投資に振り向けたからといって必ず資産が増えるわけではないということを理解する必要があります。そのためにも，証券投資を試みる人には健全な「金融リテラシー」が不可欠な知識となっています。

　近年，若い世代による投資信託の積み立て運用が盛んになるに伴って，ファイナンスに興味を持つ学生が増えてきました。ファイナンスという学問は，「どの株式を買えば儲かるのか？」というような投資法に関する疑問に直接答えることはできませんが，「どのように価格が決まるのか？」などの価格決定にまつわる研究成果を知ることで，投資の不安要素を少なくすることができます。

　一方で，「ファイナンスは難しくて，とっつきにくい科目だ」というのもよくいわれることです。その理由はいろいろ考えられますが，1つは，理論が難解であり，それを説明するために使われる数式が多いことでしょう。ミクロ経済学や計量経済学，会計学（簿記）などの基礎的な知識がファイナンス理論を理解するのに欠かせないことも支障となっているかもしれません。

　筆者が学部の学生だったときはバブル絶頂期なのですが，そのころに出回っていたファイナンスの教科書の多くは数式が多用され，説明も難解で理解しづらいものでした。近年は，初学者が理解しやすいように，ずいぶんと平易な教科書が数多く出版されています。それは非常によいことなのですが，そのよう

な初学者にやさしい教科書はわかりやすい説明を目指すあまり，CAPM（資本資産評価モデル）のベータが証明もなく定義されているなど，理論の詳しい説明が省かれているように感じます。これでは，訳もわからず理論の帰結を覚えることになりかねません。ファイナンス理論の論理や直感を省略せずに，いかにわかりやすく解説するか。これが本書の問題意識でした。

▋本書のねらいと特徴 ▋

本書は，専門的で難解なファイナンス理論の論理（ロジック）や含意（インプリケーション）を割愛することなく，平易な言葉でわかりやすく説明することを心がけています。直感的な理解を深めるため，具体例や数値例などを使って説明の工夫を施している箇所も多々あります。本書のタイトルを『なるほどファイナンス』と名付けたのも，そのねらいの表れです。読んで「なるほど」と納得することで初めて理解が深まるからです。

2つ目の特徴は，初学者を対象とした教科書としては，カバーする範囲が広いことです。証券投資論（アセット・プライシング）と企業金融論（コーポレート・ファイナンス）の両方を網羅しているだけでなく，たとえば，デリバティブの章（第8章）では，先物，スワップ，オプション（2項モデル）のそれぞれの価格決定式について説明するなど，ちょっと背伸びした上級者向けのトピックまでカバーしています。一方で，ミクロ経済学で習うべき消費者理論の基本的事項や会計学（簿記）で習う財務諸表の見方も初学者に向けて説明しています。

3つ目の特徴として，ファイナンスの理論がどのように実務に応用され，実社会で活かされているのか，その使い方をわかりやすく解説しています。債券の章（第7章）では，「クーポンレート（利率）が高い債券が低い債券よりも有利なときはどんなときか」，「長期債を購入すべきときはどのようなときか」といった実務的な疑問に答えています。

4つ目の特徴は，ファイナンスの理論や実証方法を開発した研究者のプロフィールを紹介している点です。ノーベル経済学賞を受賞したファイナンスの学者の中には，効率的市場仮説を打ち立てたファーマと行動ファイナンスの先駆者であるシラーのように対立する学説を唱える研究者もいます。このような研究者の人となりを通じて，ファイナンスに興味を持ってもらうことを願ってい

ます。

　最後の特徴として，本書の内容を理解しやすくするように，数多く練習問題を章末に用意しました。その多くは中小企業診断士試験の過去問ですが，いずれも基本的なファイナンスの知識があれば解くことができる良問です。中小企業診断士試験の過去問でカバーできない分野は自作の問題を用意しました。練習問題を数多く解くことで，本書の内容に対する理解がいっそう深まります。

▌本書の使い方と謝辞 ▐

　本書は，筆者が神戸大学経済学部の 3〜4 年生向けに開講している「ファイナンス」の講義内容がもとになっています。第 5〜8 章の証券投資論（アセット・プライシング）を中心に講義する年と，第 9 章〜12 章の企業金融論（コーポレート・ファイナンス）を中心に講義する年がありますが，第 1〜4 章で習う割引キャッシュフロー法（DCF）の考え方やポートフォリオ理論に表されている分散投資の考え方はファイナンスの基本なので，毎年，必ず教えることにしています。

　本書が対象とする主な読者は，ファイナンスを初めて勉強する大学生，大学院生（MBA 生など），ビジネスパーソン，政策担当者，大学院試験や公務員試験，中小企業診断士試験や証券アナリスト試験などの受験者を想定しています。理論の背景や論理，その実務への応用を詳しく説明した本書は，学問的にも，実務にも，さらに資格試験や受験の準備にも役立つことが期待されます。

　本書を執筆するにあたって，多くの方からご指導・ご助言をいただきました。宇野淳氏，太田亘氏，竹原均氏，内田交謹氏，大橋和彦氏，岡田克彦氏，鈴木一功氏，村宮克彦氏，森直哉氏からは学会や研究会で深い学びを与えていただいたり，専門家の見地から詳しい解説をいただいたりしました。久保田敬一氏，清水智也氏，植木雅広氏には各々の専門分野の章の原稿を詳細にチェックしていただき，本書の内容や文章表現に至るまで数々の有益なコメントをいただきました。また，筆者のファイナンス講義の受講生であった軸丸隼斗氏，古田永夫氏をはじめ，受講生の多くが原稿段階で表現の間違いや誤字・脱字を指摘してくれました。この場を借りて心より御礼申し上げます。ただし，本書における誤りはすべて筆者自身の責任です。

さらに，遅筆でなかなか進まない筆者を優しく励まし続けてくれた有斐閣の渡部一樹氏にはいくら感謝してもしきれません。本書執筆の話をいただいたのは，有斐閣ストゥディアのシリーズ刊行前の 2012 年でした。すでに 11 年の歳月が経過し，有斐閣は新しい教科書シリーズ（y-knot）を始めてしまいました。渡部氏に恩返しするためにも，本書が長い執筆期間を超えるロングセラーになることを切に祈っています。

　最後に，日頃の研究・執筆活動を支えてくれている妻の旬子と息子の拓真に感謝します。

　　　2023 年 11 月　六甲台にて

　　　　　　　　　　　　　　　　　　　　　　　　　　　岩壷　健太郎

インフォメーション

- **●各章の構成**　　各章には，本文以外にも，Column（コラム），EXERCISE（練習問題）が収録されています。Column では，本文の内容に関連した興味深いテーマや，ファイナンスに関連した経済学者と投資家を紹介しています。EXERCISE は，各章末に掲載しています。解答は巻末に示しました。
- **●キーワード**　　本文中の重要な語句および基本的な用語について，キーワードとして**ゴシック体**にして示しました。
- **●参考文献**　　巻末に，本書で紹介した内容をより深く学ぶための文献をリストアップしました。
- **●索　　引**　　巻末に，用語を精選した索引を用意しました。より効果的な学習にお役立てください。

著者紹介

岩壷 健太郎（いわつぼ　けんたろう）

現職：神戸大学大学院経済学研究科教授

略歴：1969 年生まれ。1993 年，早稲田大学政経学部経済学科卒業，1997 年，東京大学大学院経済学研究科修士課程修了，2003 年，カリフォルニア大学ロサンゼルス校（UCLA）博士課程修了，Ph.D.（経済学）取得。富士総合研究所，IMF（インターン），一橋大学経済研究所専任講師，神戸大学大学院経済学研究科准教授を経て現職。日本金融学会・常任理事，日本経営財務研究学会・評議員を歴任。

専攻：ファイナンス，国際金融。

主な著作：

・『コモディティ市場のマイクロストラクチャー──「金融商品化」時代の規制と市場機能』（茶野努・山岡博士・吉田靖と共著）中央経済社，2016 年

・"Dealership versus Continuous Auction: Evidence from the JASDAQ Market," (with S. Ghon Rhee and Ye Zhou Zhang), *Pacific-Basin Finance Journal*, Article 101924, 2023.

・"Does Firm-level Productivity Predict Stock Returns?" (with Takashi Hiroki and Clinton Watkins), *Pacific-Basin Finance Journal*, Article 101710, 2022.

・"The Changing Role of Foreign Investors in Tokyo Stock Price Formation," (with Clinton Watkins), *Pacific-Basin Finance Journal*, Article 101548, 2021.

・"Quantitative Easing and Liquidity in the Japanese Government Bond Market," (with Tomoki Taishi), *International Review of Finance*, 18, 3, 2018, pp. 463-475.

読者へのメッセージ：

　私が大学に入学した当時はバブル景気の絶頂期でした。就職したときには，バブルはもうはじけていましたが，株価の落ち込みがいずれ持ち直すだろうという楽観的な雰囲気が漂っていました。会社からの株式注文はためらわれたため，昼休みに証券会社に足を運び，株を買ったことが懐かしい思い出です。時代の流れや経験からか，地道に利益を積み重ねても，一気に損失を被ることもありました。このような辛い経験が，ファイナンスを学ぼうと思ったきっかけでした。ファイナンスは，儲ける方法を教えてくれるわけではありませんが，株価がどのように形成されるかを学ぶことはできます。今日，金融リテラシーは不可欠な知識となりつつあります。一歩踏み込んで，ファイナンスを学んでみるのはいかがでしょうか？

目　次

CHAPTER 1

企業とファイナンスの仕組み　　1
ファイナンスはどのように役立つのか？

CHAPTER 2

事業評価と資産評価　　23
投資すべきかをどのように判断するのか？

CHAPTER **3**

リスクと期待効用関数 43

どのようにリスクを測るのか？

イントロダクション（43）

CHAPTER **4**

ポートフォリオ理論 67

分散投資はなぜ推奨されるのか？

イントロダクション（67）

CHAPTER **5** CAPM（資本資産評価モデル）　　　　　　　　　93

株式のリターンは何によって決まるのか？

CHAPTER **6** 市場の情報効率性と行動ファイナンス　　　　　119

市場は効率的か？ 投資家は合理的か？

CHAPTER 7 債　券 143

CHAPTER 8 デリバティブ（金融派生商品） 173

企業価値評価 201

企業の価値をどのように査定するのか？

CHAPTER 12　コーポレート・ガバナンス　263
どのように企業を統治すればよいのか？

企業とファイナンスの仕組み

ファイナンスはどのように役立つのか？

イントロダクション

　日経平均株価はバブル期の 1989 年 12 月に史上最高値を付けて以来，すでに 30 年以上経過していますが，未だにそのときの株価を上回っていません。対照的に，アメリカの株価は度重なる下落に見舞われつつも，長期的には上昇しています。

　日本株が見劣りする原因として，日本企業の価値創造力が劣化し，稼ぐ力が低下していることが指摘されています。昭和の時代には世界をリードする日本企業が目白押しでした。しかし，今日，世界が注目する日本企業は一部を除いて，姿を消してしまいました。

　企業の収益力を表す指標である ROE（自己資本利益率：自己資本に対する当期純利益の割合）をアメリカやヨーロッパと比べてみると，日本企業は近年，一貫して劣っています（**図表1.1**）。また，経済協力開発機構（OECD）の調査によると，日本の労働生産性（就業者 1 人当たりの付加価値）は OECD 加盟国 36 カ国中 28 位であり，主要先進 7 カ国で最も低い水準となっています（日本生産

●1

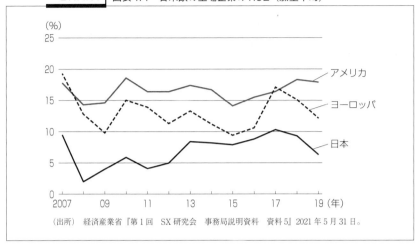

CHART | 図表 1.1　日米欧の上場企業の ROE（加重平均）

（出所）経済産業省『第 1 回　SX 研究会　事務局説明資料　資料 5』2021 年 5 月 31 日。

性本部「労働生産性の国際比較 2021」）。

　このような日本企業の稼ぐ力の低下に対して，金融庁と東京証券取引所は 2015 年にコーポレート・ガバナンス・コード（企業としてのあるべき姿が記された企業統治指針）を策定し，上場企業への適用が開始されました。日本企業を国際競争に勝てる体質に変革することが目標です。また，2022 年には東証 1 部市場がプライム市場に衣替えされ，同時に東証株価指数（TOPIX）の構成企業のハードルが高くなりました。これによって，上場企業は今まで以上に，株価を高めることや株主への収益還元，ガバナンス改革に注力する必要に迫られています。

1　ファイナンスとは何か？

　ファイナンスというと，「投資して儲ける方法」とか，「どこからかお金を調達する方法」と考えている人が多いかもしれません。ファイナンスとは，日本語訳では「金融」であり，資金が余っている主体（資金余剰主体）が資金を必要とする主体（資金不足主体）に資金を融通することを意味します。

　しかし，学問としてのファイナンスはこのような資金移動に限らず，企業の

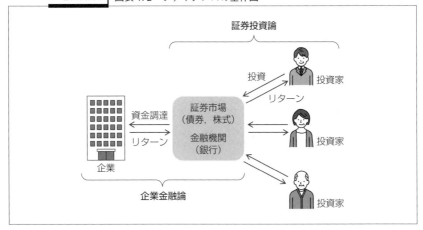

財務，投資家の証券投資や事業投資，両者をつなぐ資本市場での証券の価格づけや金融機関の役割などを分析する学問領域です。ファイナンスを大きく分けると，投資に関する理論や資本市場の役割を学ぶ**証券投資論**（Investments または Capital Markets）と，企業の財務的意思決定について学ぶ**企業金融論**（Corporate Finance）に分けられます（図表1.2）。

　たとえば，あなたがお店を開業したいとします。商売をするためには開業資金や運転資金が必要です。その資金を調達するために，これまでに貯めた貯金を充当したり，銀行や信用金庫からお金を借りたりするでしょう。開業資金が用意できたら，今度は事業に投資することになります。店舗の確保や内装の整備，商品の仕入れなどに着手します。企業対企業の取引はほぼ掛け売り（後払い）なので，商品を売ってもすぐに現金が手に入るわけではありません。現金が入るまでは資金繰りに注意しなくてはなりません。お金を支払うべきところに支払うことができなければ，お店は倒産してしまうからです。順調に売上が伸び，金融機関への利払いや従業員への人件費などのさまざまな費用を売上から差し引いた残りがあなたの利益となります。

　この一連の流れは一般の企業でも同じです。

(1) 株主からの出資（自己資本）や債権者（銀行・債券保有者）からの融資による**資金の調達**

(2) 有望な事業への投資，あるいは株式などの証券への投資による**資金の運**

用

(3) 経営や証券投資を通じた**利益の確保**

(4) 得られた利益の一部を株主や債権者に還元することによる**収益の分配**

　企業金融論では，このように調達，運用，分配を通じて資金の流れを理解し，資金を効率的に使って効果的に利益を上げるためにどのようなことが必要なのかを学びます。

　一方，証券投資論では投資家と企業の間，あるいは投資家の間で取引される証券が証券市場において，どう評価されるのか，証券価格の決まり方を学びます。証券価格は投資家や企業など市場参加者の意思決定をもとに評価されますが，市場に課された規制や市場環境，市場構造にも影響を受けます。株式，債券，為替，デリバティブなど，金融商品ごとにそれらが取引される市場の機能や役割を学習します。さらに，投資家が合理的な意思決定を行うという前提に立って構築された**現代ファイナンス理論**に対して，近年，能力の限界や感情的要因によって合理的ではない行動をとる投資家を想定して**行動ファイナンス理論**が注目されています。

　企業と投資家（個人・法人含めて）の間で行われる資金のやり取りを円滑にするために金融・証券市場があります。投資家は証券市場で発行・取引されている株式や債券などの証券に投資し，その見返りとしてリターン（収益）を得ます。一方，企業は株式や債券を証券市場で発行し，資金調達を行います。事業収益から調達資金の見返りとしてリターン（金利・配当）を支払います。

　大雑把には，**図表1.2**に示されているように，投資家と証券市場の関わりの部分を証券投資論，企業と証券市場の関わりの部分を企業金融論と分類できますが，どちらの学問領域にも，企業・投資家・市場が登場するので，厳密には投資家の立場から分析するのを証券投資論，企業の立場から分析するのを企業金融論という方が適切です。

② 金融システムとは？

　金融活動を行う組織や仕組みのことを**金融システム**といいます。その中には，

金融機関（銀行，保険会社，証券会社など）や金融市場（株式市場や債券市場など），さらには支払い・決済制度や金融規制などが幅広く含まれます。

　金融システムの機能として，①金融仲介，②リスクの移転，③流動性の供給があります。1つ目の**金融仲介**とは，資金不足主体と資金余剰主体との間で資金のやり取りを媒介することです。企業などの借り手が家計などの貸し手から資金を調達するときに，金融機関をはさんで「間接的に」資金が流れるのか，あるいは金融機関などの金融仲介機関をはさまずに，資本市場を通じて「直接的に」資金が流れるのかによって，金融の仕組みは大きく異なります。前者を**間接金融**，後者を**直接金融**といいます。2つの違いは投資家という資金の出し手が資金の受け手を直接選択できるかどうかにあります。直接金融では，投資家が購入する証券を自ら選択するので，投資先も決まりますが，間接金融では，金融仲介機関が投資先を選ぶので，投資家は自らの資金がどのように流れているのかを理解することはできても決定することはできません。

　2つ目の機能は**リスクの移転**を可能にすることです。将来の収益（リターン）を得るために，資金を事業や証券に拠出することを**投資**といいます。証券への投資は**証券投資**，事業への投資は**事業投資**です。一方，投資を行う際に，その成果が十分に予見できないことを**リスク**といいます。投資した資金が増えるか減るか不確実なことをわかったうえで資金を拠出することを「リスクをとる」，または「リスクを抱える」といいます。一般の使われ方とは違って，ファイナンスでいうところのリスクは必ずしも損失をもたらすものではありません。収益を得るか，損失を出すかが不確実なため，将来の予想収益にばらつきがある状態をリスクと考えます。

　1人では背負うのに大きすぎる投資計画でも，株式や債券といった証券を大勢の投資家や資金力のある金融機関に販売し，彼らが事業のリスクを背負うことで実行が可能となります。市場における証券の売買によって事業リスクが移転・分配されることは金融システムの大きな魅力です。

　直接金融では，投資家が企業の株式，債券，投資信託などを直接，購入・保有するので，資産価格変動リスクや企業の信用リスク（貸し倒れリスク）など証券を保有することに伴うリスクは投資家が請け負います。そこでは，金融機関は売買を仲介することはあっても，リスクは引き受けません。一方，間接金融

では，個人が金融機関（主に銀行）に預金し，それをもとに金融機関が企業に融資を行うので，金融機関が企業の信用リスクを引き受けることになります。反対に，資金の供給者である預金者は貸出先が倒産して融資が焦げついても，損失を被ることはありません（**リスクの遮断**）。

第3の機能は，**流動性の供給**です。流動性とは交換のしやすさのことを指します。たとえば，資産の保有者が大きな価値の損失を被ることなく資産を速やかに処分できる市場は流動性の高い市場といいます。リスクを抱えることに耐え切れなくなった投資家は保有する証券を売却して，リスクから逃れようとします。反対に，リターンを求めて証券の購入を希望する投資家もいるでしょう。このとき，証券の売買が迅速に，かつ，適切な価格で行われなかったらどうなるでしょうか。銀行を通じた支払いや決済が滞ってしまったらどうなるでしょうか。金融システムが流動性を供給することによって，円滑な資金のやり取りが可能になっているのです。

３ 企業における株主，債権者，社会の役割

企業の目的は**利益**の追求であり，それを通じて**企業価値**を向上させることにあるといわれます。企業価値とは企業が抱える有形・無形の資産の市場価値であり，**貸借対照表**の左側にある簿価ベースの資産ではなく，時価ベースの資産のことをいいます。**簿価**とはその資産の購入したときの価格，**時価**は現時点での市場価格です（**図表 1.3**）。

貸借対照表の右側の「負債・資本の部」には負債と純資産（自己資本）があります。しかし，企業価値は簿価ではなく時価なので，負債や純資産の合計ではなく債権者と株主の資本価値の合計に相当し，それらは**債権者価値**と**株主価値**といわれます。

株主は企業の出資者であり，所有者です。また，株主は経営陣に企業の経営を任せている委託者でもあることから，企業の利益や損失は最終的に株主に帰属します。そのため，経営者は株主の利益になるように株主価値を最大化すべきであるというのが伝統的な企業論の考え方です。そこでは，企業価値を向上

(1) 貸借対照表

〈資産の部〉　〈負債・資本の部〉

| 資産 | 負債 |
| | 純資産
（自己資本） |

(2) 時価ベースの貸借対照表

〈資産の部〉　〈負債・資本の部〉

| 資産 | 負債
（債権者価値） |
| | 株式時価
総額
（株主価値） |

させることは，株主価値を向上させることとほとんど同じと考えられています。

　このような株主重視の経営に対し，企業価値の向上には**ステークホルダー**（企業のあらゆる利害関係者）と良好な関係が欠かせないというのがステークホルダー重視の経営です。そこでは，株主に加えて従業員，取引先，銀行や債券保有者などの債権者，顧客，地域社会などステークホルダーとの良好な関係を維持することが重要で，企業は株主ばかりでなく幅広いステークホルダーに対する責任を果たすべきと考えられています。

　さらに，最近では，「ESG（環境，社会，ガバナンス）」を重視する世の中の意識の高まりのなかで，企業の社会的役割についても注目されています。「SDGs（持続可能な開発目標）」に向けた公民一体の意識改革が確実に進行しており，企業価値がファイナンスで考えるところの株主価値を超えて，多くのステークホルダーを巻き込んだ価値になりつつあります。

4 株式と負債

　株式と負債は企業の代表的な資金調達手段です。株式を発行することにより調達した資金は株主に返済する必要がないため**自己資本**と呼ばれる一方，金融

機関からの借入や社債（企業が発行する債券）など，負債により調達した資金は定められた期日（満期）に返済しないといけないため**他人資本**と呼ばれます。

| 株　式 |

株式会社は多数の投資家から少額ずつの出資を募れるように，会社の持ち分を株式という形に細分化し，それを販売することで株主からの出資を募ります。その出資金が企業にとっての資本金となります（自己資本）。株主は企業の所有者（オーナー）なので，企業の最終的な意思決定機関である株主総会の議決権を保有します。議決権は株式の保有比率に応じて株主に分配されます（**総会議決権**）。株主総会では，企業の経営者にあたる取締役の選任，利益の分配，会社の合併，新株発行の設定など，経営上重要な事項を決定します。

株主は配当という形で企業が獲得した利益の分配を請求すること（**配当請求権**）や，企業が倒産したり解散したりする際に，負債を返済した後に残った財産を請求すること（**残余財産請求権**）ができます。

企業が抱える負債が資産の総額を上回っている状態，すなわち，企業の資産をすべて返済に充てたとしても，負債をなくすことができない状態は債務超過といわれますが，その場合でも，株主は株式の出資金以上の負担を求められません（**株主の有限責任**）。企業業績のよいときには，配当請求権に基づいて企業の利益を上限なく受け取ることができますが，業績が悪いときには出資金がまったく戻ってこなくなることもあるので，株主にとって株式投資は**ハイリスク・ハイリターン**になります。

発行市場で企業が発行する株式を購入した投資家は保有株式を現金に換金する必要性が生じても，発行体である企業に持ち込んで売却することはできません。流通市場でその株式を引き取ってくれる別の投資家が現れて初めて売却できます。その意味では，短時間で適正な価格で売買することが可能な流通市場が存在することによって，投資家は安心して企業が不特定多数の投資家に対し新株を発行する**公募増資**に応じることができるのです。

| 負　債 |

株式と並んで企業の重要な資金調達手段が負債です。負債として代表的なも

のとして，銀行などからの**融資**（ローン）と**債券**があります。企業が発行する債券を社債といいます。融資も債券も借り入れた金額（元本）の返済義務と利息の支払い義務が発生し，利息や元本返済の額やスケジュールが契約時に確定しています。そして，いずれも定期的に一定の利息が支払われ，満期に元本が返済されるという共通した特徴を持っています。

　ただし，融資は一般的に，銀行などの貸し手と企業などの借り手との間で結ばれる個別契約に基づき，債権（元本の返済や利息の支払いを受ける権利）の第三者への譲渡を制約されていることが多いのに対して，債券は多数の投資家が同条件で小口化された債権を購入し，投資家は保有する債券を第三者に譲渡することができるという違いがあります。

　もし，利息や元本返済の支払いが滞ると，債務不履行またはデフォルトと呼ばれ，企業の支払い可能な範囲内で株式よりも優先して返済されることになります。支払いの優先度が高いことから，融資や債券への投資は株式よりもリスクの低い投資になっています。一方，利息が契約時に確定しているという特性上，株式のように企業の利益を上限なく受け取ることはありません。そのため，株式投資に比べて，**ローリスク・ローリターン**になります。

⑤　財務諸表とファイナンス

　ファイナンスは企業における資金の調達，運用，分配を通じて資金の流れを管理し，効果的に利益を上げるために必要な知識です。一方，財務諸表は事業年度ごとに期末の財務状況とその期の経営成績をまとめ，利害関係者などに説明するための書類です。財務諸表を作成することで，該当事業年度の利得と損失，財務状況といった経営状態がわかります。したがって，会計に基づいて作成された財務諸表はファイナンスの成果であり，企業にとっての経営成績や健康状態を表すものです。また，その企業の強みと弱みなど企業の特徴もわかります。

　企業は1年を通して活動しているので，特定の日を基準として期間を区切る必要があり，それを決算日といいます。決算日は企業ごとに自由に選べますが，

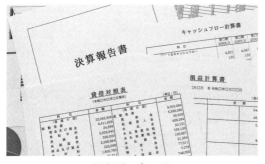

3月31日を決算日にしている企業が多いです。

財務諸表は3種類あり，財務三表といわれます。(1) 貸借対照表，(2) 損益計算書，(3) キャッシュフロー計算書です。

貸借対照表（バランスシート，B/S）

貸借対照表とは，企業が決済日時点において，どのくらいの資産や負債を所有しているかを表す財務諸表です（図表1.4）。貸借対照表の右側の負債・資本の部には，企業がどのようにして資金を調達してきたかが，左側の資産の部には，調達した資金がどのような形で投資されているのかが示されています。別名バランスシートと呼ばれ，Balance Sheet の頭文字を略して B/S とも呼ばれます。

調達した資金を投資に回すので，貸借対照表の右側の負債と純資産の総額（総資本）と左側の資産の総額（総資産）は必ず一致します。貸借対照表をバランスシートと呼ぶのは左右がバランスしているからというのが有力な説です。

貸借対照表の右側には企業がどのようにして資金を調達したかが表されています。負債は銀行から借りた資金や債券を発行して調達した資金など，将来，返済や利払いを行う必要があるものです。負債はさらに流動負債と固定負債に分類されます。返済の期限である満期が短期のもの（多くの場合，1年以内）を流動負債，長期のもの（多くの場合，1年超）を固定負債といいます。原材料や商品などの仕入代金の未払い分である支払手形や買掛金は流動負債に含まれます。

純資産の部には株主に帰属する資本が表されています。資本金および資本剰余金は企業が株式を新規発行し，それに対して株主が出資した資金です。利益剰余金は企業が稼いだ利益のうち，配当として株主に還元する分を除いて，企業に積み立てられた資金（内部留保）です。

資産	流動資産		負債	流動負債
	固定資産	有形固定資産		固定負債
		無形固定資産	純資産	資本金・資本剰余金
		投資その他の資産		利益剰余金
				その他

　次に，貸借対照表の左側は企業が投資した資産を表しています。資産は流動資産と固定資産に分かれます。流動資産とは，短期間（多くの場合，1年以内）に現金化される資産で，現金，売上代金の未回収分である受取手形や売掛金，短期保有の有価証券（株式など），棚卸資産（在庫）などです。

　固定資産とは短期間では現金化する予定のない資産を表します。固定資産はさらに有形固定資産と無形固定資産に分類されますが，有形固定資産は土地や建物，機械などの形のある固定資産が，無形固定資産はソフトウェアなどの形のない固定資産を指します。無形固定資産の中には「のれん」が含まれ，企業が買収（M&A）を行ったときの買収価格と買収対象企業の時価ベースの資産の差額を指します。企業買収において，買収価格は時価ベースの資産の金額を上回ることが多いので，買収する側の企業の無形固定資産にのれんが含まれることになります。

損益計算書（P/L）

　損益計算書では，決済日に至る通常1年間の取引を集計して，いくら利益が出たのかを表します（図表1.5）。損益計算書における利益の計算は収益から費用や損失を引いたものとして計算されます。英語の Profit and Loss Statement の頭文字をとって，P/L と呼ばれます。

　財やサービスの売上を表す**売上高**から生産や販売のための仕入費用や製造に関わる労務費，機械の減価償却費など**売上原価**を差し引いたものが**売上総利益**です。売上総利益は粗利，粗利益ともいいます。その下の**販売費及び一般管理費**（通称，販管費）は企業が業務を行ううえで必要な売上原価以外の費用を指

CHART | 図表 1.5　損益計算書の構造

Ⅰ	売上高	
Ⅱ	売上原価	
	売上総利益（粗利益）	＝売上高－売上原価
Ⅲ	販売費及び一般管理費（販管費）	
	営業利益	＝売上総利益－販管費
Ⅳ	営業外収益	
Ⅴ	営業外費用	
	経常利益	＝営業利益＋営業外収益－営業外費用
Ⅵ	特別利益	
Ⅶ	特別損失	
	税金等調整前当期純利益	＝経常利益＋特別利益－特別損失
Ⅷ	法人税，その他税金	
	当期純利益	＝税引き前当期純利益－税金

します。本社，支社，営業所などでの人件費や賃貸料，研究開発費，広告宣伝費，減価償却費などが販管費に含まれます。

　製造部門の従業員に支払う賃金・給料などが労務費に該当し，製造原価に算入されるのに対し，同じ賃金・給料であっても営業や管理部門の従業員の人件費は販管費に算入されることに注意が必要です。同様に，製造業の場合，製造に関わる減価償却費（工場，機械など）は，売上原価として計上され，それ以外の減価償却費（本社建物など）は，販管費として計上されます。

　売上総利益から販管費を差し引いたものが営業利益です。さらに，営業利益に営業外収益を足して，営業外費用を差し引いたものが経常利益となります。営業外収益や営業外費用の「営業」とは企業の本業という意味ですので，「営業外」とは本業以外の収入と費用になります。具体的には，営業外収益とは貸付金などから発生する受取利息，株式保有による配当金，営業外費用には借入に伴う支払利息などが計上されます。

　経常利益に特別利益を足して，特別損失を差し引いたのが，税金等調整前当期純利益になります。特別利益と特別損失は営業外収益や営業外費用とは異なり，その年限りの臨時の利益や損失に該当します。保有不動産の売却によって生じる一時的な利益は特別利益に計上されます。最後に，法人税やその他の税

金を調整したものが当期純利益になります。

▌ キャッシュフロー計算書 ▐

　キャッシュフロー計算書には，1年間を通じた現金の収支が計上されています（図表1.6）。英語で Cash Flow Statement なので，C/F という略称で呼ばれることもあります。

　現在の会計の仕組みでは，取引が発生したときに収益や費用を計上するというルールになっています。これを**発生主義**といいます。経済が発達した現在では，取引が成立してから数カ月後に代金決済を行う信用取引が一般的になって

Ⅰ	**営業活動によるキャッシュフロー**
	営業収入
	原材料および商品の仕入支出
	人件費支出
	利息受取額
	利息支払額
	法人税等支払額
Ⅱ	**投資活動によるキャッシュフロー**
	有価証券の取得による支出
	有形固定資産の取得による支出
	無形固定資産の取得による支出
	その他投資活動による支出
Ⅲ	**財務活動によるキャッシュフロー**
	短期借入金の純増減額
	長期借入による収入
Ⅳ	現金および現金同等物の増加額
Ⅴ	現金および現金同等物の期首残高
Ⅵ	現金および現金同等物の期末残高

いるため，経営の実態を表すために発生主義が採用されました。そのため，収益と費用の差額である利益は現金の増減を表さなくなったのです。そこで，現金の動きを表す専用の決算書が必要になり，2000 年 3 月期からキャッシュフロー計算書の作成が上場企業に義務づけられました。

　キャッシュフロー計算書は大きく分けて，営業活動によるキャッシュフロー，投資活動によるキャッシュフロー，財務活動によるキャッシュフローになります。営業活動によるキャッシュフローは商品などの販売による収入，仕入や経費の支払いによる支出など通常の営業活動によって生じるキャッシュフローの増減額です。投資活動によるキャッシュフローは機械などの設備投資のための支出やそれらの売却による収入，子会社への投資などによるキャッシュフローの増減額です。財務活動によるキャッシュフローは，銀行からの借入によるキャッシュの増加額や，借入金の返済によるキャッシュの減少額を集計したものです。

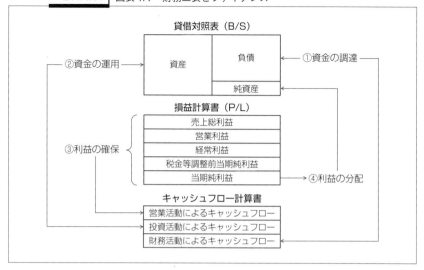

CHART 図表1.7 財務三表とファイナンス

貸借対照表（B/S）

②資金の運用 → 資産 ｜ 負債 ← ①資金の調達

純資産

損益計算書（P/L）

③利益の確保
- 売上総利益
- 営業利益
- 経常利益
- 税金等調整前当期純利益
- 当期純利益 → ④利益の分配

キャッシュフロー計算書
- 営業活動によるキャッシュフロー
- 投資活動によるキャッシュフロー
- 財務活動によるキャッシュフロー

▎財務諸表とファイナンスの関係

　財務三表に表された企業活動の実態は，ファイナンスの意思決定が反映され
ています（図表1.7）。まず，①資金調達の結果は貸借対照表（B/S）の右側に
表され，キャッシュフロー計算書の財務活動によるキャッシュフローのところ
にも，どのような資金調達を行ったのかが表記されます（資金の調達）。次に，
②事業投資の結果は貸借対照表（B/S）の左側に表され，キャッシュフロー計
算書の投資活動によるキャッシュフローのところにも表されます（資金の運用）。
③投資の成果としての利益は損益決算書（P/L）において計上されます。また，
キャッシュフロー計算書の営業活動によるキャッシュフローのところに結果と
して表れます。最後に，④利益の分配として，内部留保に充てられた部分は貸
借対照表（B/S）の利益剰余金に積み上がることになります。

財務分析の手法

　財務分析とは財務諸表の数字に基づいて，企業の経営成績を分析し，財務の

現状と問題点を把握することです。業界内や競合他社と比較するときや，自社の時系列に沿って変化を見るときに役立ちます。額ではなく，比率に注目することで他社との比較が可能になります。

　財務分析は，その目的によって「収益性分析」「安全性分析」「成長性分析」の3種類に分類されます。

(1)　収益性：効率よく収益を上げているか

(2)　安全性：支払い能力があるか，財務的に健全か

(3)　成長性：将来の成長可能性があるか

収益性分析

　収益性分析における「収益性」とは，企業が投資した資本をいかに効率的に使って利益を上げたかということを意味します。

- 自己資本利益率（ROE）$= \dfrac{\text{当期利益}}{\text{純資産（自己資本）}}$

- 総資産利益率（ROA）$= \dfrac{\text{当期利益}}{\text{総資産}}$

　実務的にはROAはさまざまに定義され，ROAの分子の利益が営業利益，経常利益，当期純利益に応じて，総資産営業利益率，総資産経常利益率，総資産純利益率とそれぞれ定義されます。

　ROEは分母が純資産（自己資本）となっているので株主から見た収益率といえます。そのため，ROEの分子の利益は株主への配当を含めるが債権者への利払いを控除している当期純利益を使うのが望ましいです。反対に，ROAは分母が総資産となっているため，株主と債権者の両者から見た収益率に相当します。そのため，ROAの分子には株主への配当と債権者への利払いをともに含めるのが望ましいといえます。つまり，当期純利益や経常利益よりも営業利益が定義に即していることになります。

　投資家が最も注目する利益率の指標がROEです。株主が投資した資本が有効活用されているかを確認することができるからです。一方，ROAは株主が投資した資本だけでなく，負債からの資本も含めた収益性を測る指標です。資本の運用は自己資本と他人資本の区別なく行われるものですから，この指標は

企業の事業活動全体の収益性を判定する際に有効です。ROE を重視しすぎると負債を高めるインセンティブが高まりますが，この指標はその心配はありません。

ROE や ROA は要因分解することによって，より詳しく分析することが可能です。

$$\text{ROE} = \frac{\text{当期純利益}}{\text{純資産（自己資本）}}$$

$$= \frac{\text{当期純利益}}{\text{売上高}} \times \frac{\text{売上高}}{\text{総資産}} \times \frac{\text{総資産}}{\text{純資産（自己資本）}}$$

$$= \text{売上高当期純利益率} \times \text{総資産回転率} \times \text{財務レバレッジ}$$

$$\text{ROA} = \frac{\text{営業利益}}{\text{総資産}}$$

$$= \frac{\text{営業利益}}{\text{売上高}} \times \frac{\text{売上高}}{\text{総資産}}$$

$$= \text{売上高営業利益率} \times \text{総資産回転率}$$

ROE の要因分解はこれを開発したアメリカの化学メーカーのデュポン社からとって，**デュポン分解**，または，**デュポンシステム**いわれています。

売上高当期純利益率や**売上高営業利益率**は売上高に対してどれだけの利益を獲得することができたかという収益性を測る指標です。同じ売上高でも，営業利益や当期純利益が高いほど収益性が高いといえます。売上総利益を分子にした**売上高総利益率**（＝売上総利益（粗利益）/売上高）という指標もあります。売上高総利益率は薄利多売型か高付加価値型かを区別する便利な指標です。売上から売上原価を引いた粗利益が高ければライバル社との差別化に成功しており高付加価値型といえます。

総資産回転率は効率性を表す指標で，売上高が総資産に比べてどれほど多いかを表したものです。総資産を使ってより多くの売上を上げるほど，この指標は大きくなります。

財務レバレッジは安全性を表す指標で，総資産に占める自己資本の割合が小さいほどこの指標が大きくなります。つまり，銀行からの借入や社債の発行を増やして負債を増大させるほど財務レバレッジは大きくなり，安全性は低下す

ることになります。負債を自己資本で割った値を財務レバレッジと呼ぶことも
あります（財務レバレッジについては第 10 章で詳述）。

安全性分析

　安全性分析は，その企業にどれだけ支払い能力があるのか，倒産する恐れは
ないかを分析する手法です。企業の倒産は支払い不能という状態になったとき
に起こります。企業は仕入代金や経費，借入金の利息や返済など，さまざまな
支払い義務を抱えていますが，資金不足によって支払いができなくなると倒産
します。この分析により，その会社の経営状態の安全性（財務的に安全なのかど
うか）がわかります。

- 流動比率 $= \dfrac{\text{流動資産}}{\text{流動負債}}$

- 当座比率 $= \dfrac{\text{当座資産}}{\text{流動負債}}$

　企業が短期に現金化することができる流動資産と，短期のうちに支払い義務
が発生する流動負債を比較したものが流動比率です。流動比率が小さいと，短
期的な支払いが多いということとなり，財務的な安全性が低いと判断できます。
　この短期というのは財務諸表の固定と流動を区別するための 1 年ルールに基
づいているのですが，現実には手形や掛の期日は 1〜3 カ月程度が通例で 1 年
というのは長いものです。そこで，現金化に時間のかかる資産や決済手段にな
りえない資産を除いた当座資産のみを対象とする当座比率が新しい指標です。
当座資産とは流動資産から在庫などの棚卸資産を差し引いたもので，現預金，
有価証券，受取手形，売掛金などが含まれます。

成長性分析

　成長性分析は，それまで企業がどのように成長してきたか，そして将来の成
長の可能性はどうかを見る手法です。増収増益をしている会社の場合，成長し
ているといえるので，増収率や増益率を見ることが重要となります。

- 売上高増加率 $= \dfrac{\text{当期売上高} - \text{前期売上高}}{\text{前期売上高}}$

- 経常利益増加率 $= \dfrac{当期経常利益 - 前期経常利益}{前期経常利益}$

- 総資産増加率 $= \dfrac{当期総資産 - 前期総資産}{前期総資産}$

- 自己資本増加率 $= \dfrac{当期自己資本 - 前期自己資本}{前期自己資本}$

　前期と比較して，当期の売上高がどれだけ伸びたのかを確認できる指標が売上高増加率です。売上高増加率がプラスとなれば成長，マイナスであれば衰退ということになります。単年度だけでなく，過去数年分の伸び率も確認することで，売上高の推移を見るのが基本です。

　企業の目的は利益の追求ですから，単に売上高が伸びても利益がそれに合わせて伸びなければ意味がありません。そこで，企業の成長を測るもう1つの指標として，経常利益増加率があります。売上高増加率とともに，経常利益増加率がプラスであれば，企業は健全な成長を遂げているとみなすことができます。

　総資産増加率は，貸借対照表の総資産の伸びを見るものです。企業が成長していれば総資産も増加しているはずです。しかし，企業規模拡大のために，多額の負債を抱えて販売促進を図ったが，結果的に不良債権が増加したというのでは経営が立ち行かなくなります。その場合，総資産の増加に利益の増加が伴っていないため，負債増加による金利負担が利益と資金繰りを圧迫している可能性が高いはずです。売上高や経常利益の増加とともに，自己資本も増加しているか，つまり，自己資本増加率という指標にも目配りが必要です。

財務分析の実例

　財務分析を行ってトヨタ自動車と任天堂の経営成績を比べてみましょう。ここでは，各社のホームページに掲載されている2023年3月期の決算短信から連結ベースの経営業績（損益計算書）と財務業績（貸借対照表）のデータをとって分析します。2023年3月期とは2022年度（2022年4月1日〜2023年3月31日）の決算期を指しています。

	トヨタ自動車	任天堂
総資産（十億円）	74,303	2,854
売上高（十億円）	37,154	1,601
ROE	8.38%	19.09%
ROA	3.67%	17.67%
売上高当期純利益率	6.60%	27.02%
売上高営業利益率	7.33%	31.49%
総資産回転率	0.50	0.56
財務レバレッジ（倍）	2.54	1.26

　図表 1.8 から，まずわかることは，企業規模の違いです。トヨタ自動車の総資産は任天堂の 26 倍，売上高でいうと 23 倍です。どちらも大企業ですが，明らかにトヨタ自動車の企業規模が大きいことが確認できます。ところが，収益率を比べると，優良企業といわれるトヨタ自動車でも ROE が 8.38%，ROA は 3.67% であり，任天堂の ROE が 19.09%，ROA が 17.67% に比べて大きく引けをとります。

　デュポン分解によって 3 つの要因に分解すると，任天堂の売上高当期純利益率が 27.02% とトヨタ自動車の 4 倍にも上っており，任天堂の収益性，業務の効率性がずば抜けて高いことが背景にあることがわかります。総資産回転率は両者に差異は見られませんが，財務レバレッジはトヨタ自動車の方が高く，任天堂は負債が非常に少ないことが見て取れます。負債が多くなり，財務レバレッジが高くなるほど ROE は高くなるので，ほとんど負債のない任天堂は売上高当期純利益率の高さが ROE の高さをもたらしていることが示唆されます。

EXERCISE ● 練習問題

[1]　資金調達に関する記述として，最も適切なものはどれか。

　1.　企業が証券会社や証券市場を介して，投資家に株式や債券を購入してもらうことで資金を集める仕組みを間接金融と呼ぶ。

2. 資金調達における目的は，売上高の極大化である。

3. 資産の証券化は，資金調達手段として分類されない。

4. 利益の内部留保や減価償却による資金調達を内部金融と呼ぶ。

（「2019 年度 中小企業診断士 第 1 次試験」財務・会計 第 20 問）

② 直接金融と間接金融に関する記述として最も適切なものはどれか。

1. ある企業の増資に応じて，個人投資家が証券会社を通して株式を取得したとき，その企業にとっては直接金融となる。

2. 銀行が株式の発行を行った場合は間接金融となる。

3. 金融庁は，「貯蓄から投資へ」というスローガンの下，直接金融の割合を減らし間接金融の割合を増やすことを目指している。

4. 社債の発行による資金調達は，借入金による資金調達と同じ負債の調達であり，間接金融である。

（「2016 年度 中小企業診断士 第 1 次試験」財務・会計 第 10 問）

③ 次の文中の空欄 A～D に当てはまる語句の組み合わせとして，最も適切なものを下記の解答群から選べ。

　　企業の資金調達方法には，大きく分けて A と B がある。代表的な A としては C があり， B としては D があげられる。

〔解答群〕

1. A：外部金融，B：内部金融，C：株式発行，D：内部留保

2. A：間接金融，B：直接金融，C：企業間信用，D：社債発行

3. A：直接金融，B：間接金融，C：社債発行，D：内部留保

4. A：内部金融，B：外部金融，C：社債発行，D：減価償却

（「2017 年度 中小企業診断士 第 1 次試験」財務・会計 第 14 問）

④ 当期首に 1,500 万円をある設備（耐用年数 3 年，残存価額ゼロ，定額法）に投資すると，今後 3 年間にわたって，各期末に 900 万円の税引前キャッシュフローが得られる投資案がある。税率を 30％ とすると，この投資によって各期末の税引後キャッシュフローはいくらになるか。最も適切なものを選べ。

1. 180 万円　　2. 280 万円　　3. 630 万円　　4. 780 万円

（「2020 年度 中小企業診断士 第 1 次試験」財務・会計 第 23 問）

⑤ ROA（営業利益/総資産）が 8％，負債比率（負債/自己資本）が 1.5，負債の金利が 2％，法人税率が 30％ のときの税引き後 ROE（当期純利益/自己資本）は下記のどれか。

1. 7.6％　　2. 9.6％　　3. 11.9％　　4. 14.0％　　5. 19.8％

（筆者作成）

事業評価と資産評価

投資すべきかをどのように判断するのか？

イントロダクション

　企業は資金を調達し，人材を雇い，設備や原材料を購入し，生産・販売活動を行います。そして事業収益から，人件費，設備費，原材料費などを支払い，利益を確保できたら投資家にその一部を還元します。企業が利益を出し，成長し続けるために投資は必要不可欠ですが，日本企業の投資は不十分であり，それが日本経済の景気の足を引っ張っているといわれています。

　2022年度の『年次経済財政報告（経済財政白書）』においても，日本経済の課題として企業の投資の少なさが指摘されています。2000年代以降，成長期待の低下やデフレ下での経営姿勢の保守化を背景として，利益を貯蓄に回す傾向が強く，日本企業ではこの20年間，一貫して貯蓄が投資を上回っており，貯蓄投資バランスが貯蓄超過の状態にあります（**図表2.1（1）**）。本来，企業は資金不足主体であり，資金余剰主体である家計から資金を融通してもらうというのが伝統的な金融のあり方ですが，多額の債務を抱える政府部門が一貫して赤字主体であり，企業部門は家計部門と同じく黒字主体となっています。これは

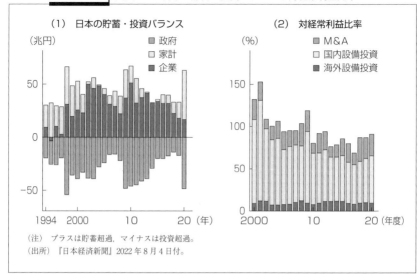

図表 2.1　日本の貯蓄・投資バランスと対経常利益比率

(1)　日本の貯蓄・投資バランス

（兆円）　　　　　　□ 政府
　　　　　　　　　　□ 家計
　　　　　　　　　　■ 企業

50

0

−50

1994　2000　　10　　　20（年）

(2)　対経常利益比率

（%）　　　　　　　■ M&A
　　　　　　　　　　□ 国内設備投資
　　　　　　　　　　■ 海外設備投資

150

100

50

2000　　　10　　　　20（年度）

（注）　プラスは貯蓄超過，マイナスは投資超過。
（出所）『日本経済新聞』2022 年 8 月 4 日付。

年によって企業部門の投資が貯蓄を上回る他の先進国と好対照です。

　日本企業の投資の内訳を見ると，海外での M&A（合併・買収）や現地法人の設備投資の伸びが大きいのに対し，国内の設備投資が低迷していることがうかがえます（**図表 2.1 (2)**）。白書では，現状を打開する成長分野としては脱炭素とデジタル化を例示し，グリーン投資やソフトウェア投資の必要性を唱えています。

1　現在価値と将来価値

　本章では，ファイナンスの基本原理となっている事業評価・資産評価の仕方である **DCF 法**（割引キャッシュフロー法）を解説します。企業は将来得られる収入を予想して，1 つ 1 つのプロジェクトを遂行すべきかを決定します。一方，投資家は，将来還元される利益に基づいて資金を提供するかどうかを決定します。企業も投資家も将来の収益を予測して事業や投資の決定を行わなくてはいけません。

　事業を行う，あるいは投資を行うという判断をするためには，投資に見合った見返りがあるかどうかを判断するために事業評価や資産評価が必要になって

きます。それは，将来のキャッシュフロー（現金収入）をもたらす**事業・資産の価値**を評価する（価格をつける）ことです。

将来価値の求め方

「今，1万円もらえる」というのと，「1年後に1万円もらえる」という2つの選択肢があるならば，あなたはどちらを選びますか？　今では金利がかなり低くなってしまいましたが，銀行に1万円を預金すれば1年後には元本と利息合わせて1万円以上が手に入ることを知っていれば，1年後に1万円をもらうという選択肢を選ぶ人はいないでしょう。今の時点で測った1万円と将来の時点で測った1万円は額面では同じ1万円ですが，価値は異なります。今の1万円の価値（現在価値）は1年後の「1万円＋利息」の価値（将来価値）と同じなのです。

そこで，現在価値をもとに将来価値を計算するにはどうしたらよいでしょうか？　仮に，ある銀行の1年満期の定期預金の金利が年率5%だとしましょう。現在の1万円を預金すると，1年後には，

$$10{,}000 \times (1 + 0.05) = 10{,}500 \text{ 円}$$

になります。つまり，現在価値と将来価値の間には，

$$現在価値 \times (1 + 金利) = 将来価値$$

という関係があります。

さらに，もう1年間，同じ利率の定期預金に預けると，元本の10,000円に合わせて利息の500円も5%で運用されるので，

$$10{,}500 \times (1 + 0.05) = 11{,}025 \text{ 円}$$

となり，2年間で1,025円の利息を得ることができます。元本に加えて過去の利息にも利息がつくことを**複利計算**といいます。このように，今の1万円が2年間で

$$10{,}000 \times (1 + 0.05)^2 = 11{,}025 \text{ 円}$$

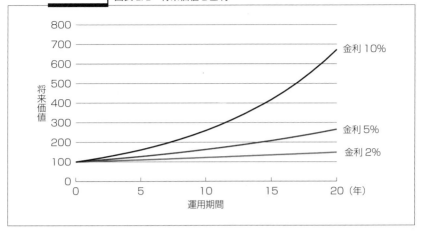

になることが確認できます。

　これに対して，**単利計算**とは元本に対してのみ利息がつく計算方法です。1年定期に預けた預金についた利息を受け取り，再び1年定期に預ける場合，2年間で得られる利息を計算してみましょう。1年間で得られる利息は

$$10,000 \times 0.05 = 500 \text{ 円}$$

となるので，2年間の利息は1,000円となります。

　複利計算の利息である1,025円と比べると単利計算の利息は少ないですが，これは複利計算では利息にも金利がついており，「利息が利息を生む」ことから生じています。将来価値の計算の仕方を式で表すと以下のようになります。

　現在の X 円を金利 r（パーセント表示の場合は年率 $100 \times r$%）で運用したときの T 年後の将来価値 Y 円は

$$Y = X \times (1 + r)^T$$

です。

　現在価値は同じでも，金利 r が高いほど，そして運用期間 T が長いほど将来価値が大きくなります（**図表2.2**）。

キャッシュフローの現在価値

今度は反対に，将来価値から現在価値を計算する方法を考えてみましょう。今から1年後に満期を迎える100万円の定期預金の現在価値はいくらでしょうか？　金利は先ほどと同じ年率5%と仮定します。現在の100万円は年率5%で運用されると1年後には100万円よりも高くなることを考えると，将来価値が100万円の定期預金の現在価値は100万円以下になるはずです。先ほどの

$$現在価値 \times (1 + 金利) = 将来価値$$

という式を現在価値について解き直すと，

$$現在価値 = \frac{将来価値}{1 + 金利}$$

となります。つまり，将来価値を（1＋金利）で割ることで現在価値が求められます。そこで，1年後に100万円もらえる定期預金の現在価値は1,000,000/(1+0.05)≒952,381（円）となります。

では，10年後に100万円もらえる定期預金の現在価値はいくらでしょうか？　100万円を10年分の複利の利回り（1＋金利）^{10}で割って，

$$\frac{1,000,000}{(1+0.05)^{10}} ≒ 613,913（円）$$

が現在価値です。

金利は通常0よりも大きい値なので，（1＋金利）で割ると現在価値は将来価値よりも必ず小さくなります。このように，現在価値は将来のキャッシュフローを**割り引いて**求めます。また，将来価値を現在価値に割り引くときに使う金利のことを**割引率**（discount rate）といいます。現在価値の計算の仕方を式で表すと以下のようになります。

> 割引率がr（年率$100r$%）のとき，T年後に受け取るY円の現在価値Xは，
>
> $$X = \frac{Y}{(1+r)^T}$$
>
> です。

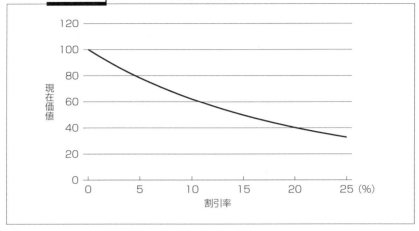

将来価値は同じでも，割引率 r が高いほど現在価値は小さくなります（図表2.3）。このように現在価値と将来価値には割引率を媒介として密接な関係があります。

② 複数のキャッシュフローと現在価値

▎現在価値の求め方▎

現在価値の考え方を使って，T 年間，毎年 C 円のキャッシュフローを生む資産（あるいは事業）の現在価値を求めてみましょう。キャッシュフローの合計は $C \times T$ 円ですが，キャッシュフロー C 円が得られる時点はそれぞれ異なるので，それぞれの将来時点から現在までの期間を考慮して割り引いたものを合計する必要があります。割引率 r は資産や事業のリスクを反映したものですが，事前にわからない場合は同等なリスクを抱える他の資産・事業の収益率で代替することが多いです。これを**要求収益率**といいます。

よって，現在価値 PV は

$$PV = \frac{C}{1+r} + \frac{C}{(1+r)^2} + \cdots + \frac{C}{(1+r)^T}$$

と計算されます。右辺第 1 項の $C/(1+r)$ は 1 年後に受け取るキャッシュフロー C の現在価値であり，第 2 項の $C/(1+r)^2$ は 2 年後に受け取るキャッシュフロー C の現在価値というように，それぞれのキャッシュフローに対応して計算された現在価値を合計したものになります。

▍永久年金（定額成長モデル）

それでは，将来にわたって永久に，毎期 C 円のキャッシュフローを受け取る年金の現在価値はいくらでしょうか？ 似たようなキャッシュフローの金融資産として，18 世紀にイギリスで発行された**永久債**（コンソル公債）があります。一定額の利息（クーポン）を永久に支払うことを約束した債券であり，将来のキャッシュフローを割り引くことで価格を求めることができます。

割引率は先ほどと同様に r とすると，この永久年金の価格（現在価値）は以下のように表されます。

$$P = \frac{C}{1+r} + \frac{C}{(1+r)^2} + \cdots + \frac{C}{(1+r)^n} + \cdots$$

これを計算すると，

$$P = \frac{C}{r}$$

となります。計算の仕方は次頁の **Column ❷** を参照してください。たとえば，金利が年率 5% のとき，1 年後から始まって毎年 1 万円を受け取る永久年金の価格（現在価値）は

$$P = \frac{1}{0.05} = 20(万円)$$

と求めることができます。

▍永久年金（定率成長モデル）

毎年一定の率 g で受け取り金額が増えていく永久年金の価格（現在価値）はいくらでしょうか？ たとえば，1 年後の受け取りは 10,000 円ですが，2 年後は 3% 増えて $10{,}000 \times (1+0.03) = 10{,}300$ 円というように，毎年の受け取りが一定の割合で増加する年金を考えてみましょう。定額成長モデルの永久年金と

永久年金のように無限に続くキャッシュフローを割り引くときの計算は等比級数の計算の仕方と同じです。

$$P = \frac{C}{1+r} + \frac{C}{(1+r)^2} + \cdots + \frac{C}{(1+r)^n} + \cdots \tag{1}$$

この P を解くために，$1/(1+r)$ を両辺にかけると次の式が得られます。

$$\frac{1}{1+r}P = \frac{C}{(1+r)^2} + \frac{C}{(1+r)^3} + \cdots + \frac{C}{(1+r)^{n+1}} + \cdots \tag{2}$$

(2) 式の右辺第 1 項は (1) 式の右辺第 2 項と同じとなっており，以下同様に (2) 式の右辺第 n 項は (1) 式の右辺第 $n+1$ 項と同じです。したがって，(1) 式から (2) 式を引くと，

$$P - \frac{1}{1+r}P = \frac{C}{1+r}$$

よって

$$P = \frac{C}{r}$$

が求められます。

異なる点はキャッシュフローが一定率で増加することで，現在価値を求める式の右辺の 2 項目以降の分子が $(1+g)$ 倍されることです。

$$P = \frac{C}{1+r} + \frac{(1+g)C}{(1+r)^2} + \frac{(1+g)^2C}{(1+r)^3} + \cdots + \frac{(1+g)^{n-1}C}{(1+r)^n} + \cdots$$

これを解くと，

$$P = \frac{C}{r-g}$$

となります。前記の定額成長モデルと同じ計算の仕方をして正しい答えが得られるか確かめてみてください。キャッシュフローの成長率 g の分だけ，キャッシュフローの割引率が小さくなり，それによって永久年金の価格は定額成長モデルと比べて大きくなります。

それでは，1 年後の 1 万円から始まって毎年の受け取りが 3% ずつ成長していく永久年金の価格（現在価値）はいくらでしょうか？　金利は 5% と仮定する

と，

$$P = \frac{1}{0.05 - 0.03} = 50（万円）$$

と求められます。

年金型投資商品

　人間の一生は有限なので，永久にキャッシュフローを受け取れる年金はありません。実際に存在するのは受け取り期間が有限の年金型投資商品でしょう。年金型投資商品とは，特定の期間，毎年一定額の支払いが行われる年金型の金融商品です。1年目から T 年目まで毎年，一定額のキャッシュフロー C を受け取る年金型投資商品の価格は，有限のキャッシュフローを割り引いて現在価値を求めることによって以下のように計算できます。前記の定率成長モデルと同じ計算の仕方をして正しい答えが得られるか確かめてみてください。

$$P = C \times \left(\frac{1}{r} - \frac{1}{r(1+r)^T} \right)$$

　たとえば，3年間にわたって毎年1万円受け取る年金型投資商品の価格は，割引率を5%とすると，

$$P = 10{,}000 \times \left(\frac{1}{0.05} - \frac{1}{0.05(1.05)^3} \right) \fallingdotseq 27{,}232（円）$$

と計算できます。

正味現在価値法（NPV法）と内部収益率法（IRR法）

　将来キャッシュフローを現在価値に割り引く投資評価法を総称して DCF 法といい，正味現在価値法（NPV法）と内部収益率法（IRR法）があります。

正味現在価値法（NPV法）

　企業がプロジェクトに投資する価値があるかを判断するときにも第2節と同じ DCF 法が使われます。これを**正味現在価値法**，または **NPV**（Net Present

Value) 法といいます。NPV 法では，プロジェクトを遂行することによって得られる将来のキャッシュフローの現在価値の合計額を計算し，それをプロジェクト遂行のための初期投資額 I と比較します。現在価値（PV）が収益であり，初期投資額 I が費用に相当します。

　正味現在価値（NPV）とは，現在価値（PV）から初期投資額 I を引いたものであり，NPV が正ならばそのプロジェクトへの投資が採択され，負ならば不採択となります。金融資産への投資についても同様に，NPV が正ならばその資産は買い，負ならば売りの判断をするのが正当化されます。

正味現在価値（NPV）＝ −初期投資額＋将来のキャッシュフローの現在価値の合計額

$$NPV = -I + \underbrace{\frac{C}{1+r} + \frac{C}{(1+r)^2} + \cdots + \frac{C}{(1+r)^T}}_{\text{将来のキャッシュフローの現在価値の合計}} = PV - I$$

初期投資額

$NPV>0$　プロジェクトが採択される

$NPV=0$　投資額とキャッシュフローの現在価値は同じなので，企業価値は変化なし

$NPV<0$　プロジェクトが採択されない

　割引率 r は投資家の立場から見ると要求収益率ですが，企業から見ると投資家に対する資金提供の見返りなので，費用（コスト）に相当します。そのため，割引率は**資本コスト**とも呼ばれます。つまり，「投資家の要求収益率＝企業の資本コスト」という関係が成り立っています。

内部収益率法（IRR 法）

　企業がプロジェクトに投資するかどうかを判断するもう 1 つの方法が**内部収益率法**（IRR〔Internal Rate of Return〕法）です。IRR とは，「正味現在価値（NPV）がゼロとなる割引率」をいいます。IRR がプロジェクトを行うことによって得られるリターン（収益率）であるのに対し，資本コストはプロジェクトを行うことにかかるコスト（費用）なので，IRR が資本コスト r に比べて高いならばそのプロジェクトは採択され，低ければ不採択となります。資本コスト r はプロジェクトへの投資資金を調達するための金利であり，銀行から資金を借りるなら金利，株主からの出資に頼るなら株主資本コストに相当します。

金融資産への投資についても，同様に IRR が資本コスト r に比べて高いならばその資産は買い，低ければ売りの判断をするのが正当化されます。

NPV 法で NPV を計算するときには，キャッシュフロー C と資本コスト r，初期投資額 I を前提としていたのに対し，IRR 法ではキャッシュフロー C と資本コスト r，初期投資額 I を前提として，そのプロジェクトの収益率（IRR）を計算します。同じ式ですが，変数の解釈が異なるので，注意して計算してください。

$NPV = 0$ となる内部収益率 IRR と資本コスト r を比較する

$$NPV = -I + \frac{C}{1+IRR} + \frac{C}{(1+IRR)^2} + \cdots + \frac{C}{(1+IRR)^T} = 0$$

$IRR > r$　プロジェクトが採択される

$IRR = r$　内部収益率と資本コストが同じなので企業価値は変化なし

$IRR < r$　プロジェクトが採択されない

IRR 法によると，資本コストが IRR よりも低いときにプロジェクトを遂行すればよいことになります。たとえば，あるプロジェクトにかかる初期投資が 2,000 万円，1 年後のキャッシュフローが 1,000 万円，2 年目のキャッシュフローが 2,000 万円であるとします。このとき，内部収益率は以下の式を満たす IRR として表されます。

$$NPV = -2,000 + \frac{1,000}{1+IRR} + \frac{2,000}{(1+IRR)^2} = 0$$

このとき，仮に割引率を 0% と置くと，NPV は 0 円にはならずに正の値をとります。

$$NPV = -2,000 + \frac{1,000}{1.0} + \frac{2,000}{(1.0)^2} = 1,000 > 0$$

今度は，割引率が 50% であったら NPV はいくらになるでしょうか？ NPV は -444.4 万円であり，負の値をとります。

$$NPV = -2,000 + \frac{1,000}{1+0.5} + \frac{2,000}{(1+0.5)^2} \fallingdotseq -444.4 < 0$$

したがって，NPV が 0 となる IRR は 0% と 50% の間にあることがわかり

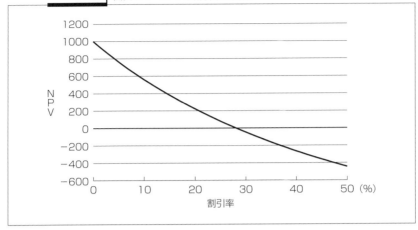

ます。

図表 2.4 には一定の範囲内の割引率に対応する *NPV* が示されています。*NPV* が 0 になる *IRR* は 28% であることから，資本コストが 28% を上回っていればプロジェクトを却下し，下回っていたらプロジェクトを遂行するのが正しい選択になります。したがって，資本コストと *IRR* を比較することは，実質的にプロジェクトが正の *NPV* を生むかどうかで判断していることと同じことになります。しかし，キャッシュフローによっては IRR 法と NPV 法の結論が異なることもあるので，注意が必要です。

NPV 法と IRR 法のどちらを使うべきか？

NPV 法と IRR 法の結果が異なる事例として，企業が複数のプロジェクトからどのプロジェクトに投資すべきかを選択する場合を考えてみましょう。たとえば工場新設のときなど，一度に複数の生産ラインを設けることは非効率であり，1 つの生産ラインに絞った方が効率的な場合があります。このように，**相互に排他的な**プロジェクトから投資価値のあるプロジェクトを選択するケースを考えます。

資本コストは 5% と仮定して，**図表 2.5** の 2 つのプロジェクトから投資すべきプロジェクトを 1 つ選ぶならばどちらのプロジェクトを選ぶべきでしょうか？

CHART 図表2.5　NPV法とIRR法で結論が異なるケース

キャッシュフロー	0年度	1年度	2年度	3年度	*NPV*	*IRR*
プロジェクトA	−1,000	1,000	100	100	129	16.04%
プロジェクトB	−1,000	100	100	1,200	223	12.94%

CHART 図表2.6　NPV法とIRR法の比較

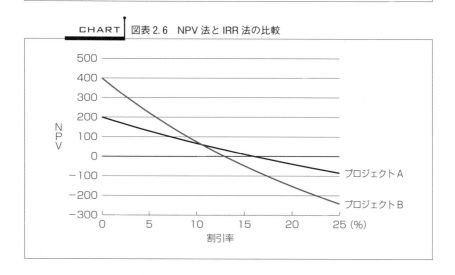

　2つのプロジェクトの*NPV*を計算すると，プロジェクトAは129，プロジェクトBは223となり，*NPV*はプロジェクトBが大きくなります。ところがIRR法によると，プロジェクトAは16.04％，プロジェクトBは12.94％となり，*IRR*が大きいプロジェクトとしてAが選ばれることになります。このように，NPV法とIRR法では結論が異なってくるのです。

　どうしてNPV法とIRR法では結論が異なるのでしょうか？　資本コストと*NPV*の関係を描いた**図表2.6**を見ると，プロジェクトA，プロジェクトBともに右下がりの曲線になっていますが，それらの傾きが異なっています。そのため，割引率5％ではプロジェクトBの*NPV*が大きくなりますが，IRRはプロジェクトAの方が大きくなります。これは，プロジェクトAとプロジェクトBのキャッシュフローを比べると，プロジェクトBのキャッシュフローの合計は大きいですが，それが遅い時期に発生することに起因します。割引率が小さいときはプロジェクトBの*NPV*が大きくなりますが，割引率が大きいと

きはその*NPV*が小さくなってしまい，プロジェクト A の*NPV*を下回ってしまうのです。

　一方，プロジェクト A とプロジェクト B の*IRR*はそれぞれのグラフが横軸と交差している点を表しています。*IRR*は想定される割引率にかかわらず決定されるので，IRR 法ではプロジェクト A が選択されることになります。

　このように NPV 法と IRR 法で結果が異なるときには，どちらに従ってプロジェクトを選択すべきでしょうか？ 結論からいうと，NPV 法に基づいて投資の意思決定を行うのが正しいです。IRR 法では初期投資額に対するキャッシュフローの現在価値の比率が判断基準となっていますが，NPV 法はキャッシュフローの現在価値と初期投資額の差が判断基準となっています。言い換えると，*IRR*は比率で表される投資の効率性を測っているのに対し，*NPV*は金額で表される投資収益の規模を測っています。

　ここで，企業の目的は企業価値の最大化であることを思い出しましょう。IRR 法はプロジェクトの規模を反映しないので，たとえ投資効率がよくても規模が小さなプロジェクトを選びかねません。そこで，NPV 法と IRR 法で分析結果が異なるときにはプロジェクトの規模を反映する NPV 法を優先するとよいのです。

　このような場合，キャッシュフローの差分の*IRR*を計算することで IRR 法の失敗を避けることができます。プロジェクト A の代わりにプロジェクト B を実施することを想定して，プロジェクト B のキャッシュフローからプロジェクト A のキャッシュフローを引いたキャッシュフローの差分を計算すると**図表 2.7** のように表されます。この投資の差分の*IRR*は 10.55% なので，資本コストが 10.55% より小さいときは*IRR*が資本コストを上回っているということでプロジェクト B が選ばれ，反対に，資本コストが 10.55% よりも高いときはプロジェクト A が選ばれます（ただし，資本コストが 16.04% を上回るとプロジェクト A の*NPV*が負になるため投資価値がなくなります）。

　これにより，IRR 法と NPV 法の矛盾がなくなります。**図表 2.6** においても，*IRR*は 10.55% においてプロジェクト A と B の曲線が交差しており，それを基準にプロジェクトの優位性が変化することがわかります。

　NPV 法と IRR 法の結果が異なるのはほかにもあります。たとえば，キャッ

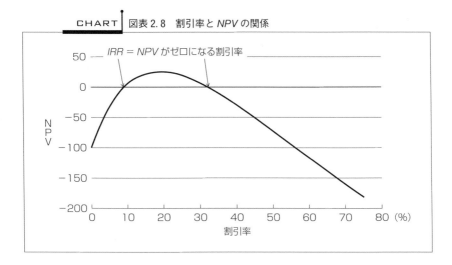

CHART 図表2.7 キャッシュフローの差分と*IRR*

	0年度	1年度	2年度	3年度	*IRR*
プロジェクトB−A	0	−900	0	1,100	10.55%

CHART 図表2.8 割引率と*NPV*の関係

シュフローによっては*IRR*が複数存在する場合や*IRR*が存在しないという場合です。**図表2.8**のように，*IRR*が複数存在する場合，どちらの*IRR*をもとに投資判断をすべきかは明らかではありません。

　NPV法に比べたときのIRR法の欠点として，プロジェクト期間中に*IRR*がたえず一定とみなされていることがあります。たとえば，1年満期の定期預金の金利と2年満期の定期預金の金利が異なるように1年目のキャッシュフロー C_1 を1年間の割引率で，2年目のキャッシュフロー C_2 を2年間の割引率で割り引くこともありえます。NPV法では各期の分母の r を変更すればよいので，この点からもNPV法に優位性があるといえます。

４ 資金制約がある場合のプロジェクト選択

　これまで，正の*NPV*を持つあらゆるプロジェクトを行うことが，その会社

プロジェクト	投資額（万円）	NPV（万円）	収益性インデックス
A	5,000	1,000	0.20
B	1,000	400	0.40
C	500	250	0.50
D	1,500	500	0.33
E	3,000	700	0.23

の企業価値を高めると述べてきました。しかし，すべてのプロジェクトを行うことができない資金の制約があるならば，どのプロジェクトを選ぶべきでしょうか？

たとえば，投資枠が5,000万円として，候補となるプロジェクトがAからEまで5つ用意されており，この中から投資すべきプロジェクトを選択することが求められているとしましょう（図表2.9）。ここで，選択基準となるのが**投資の効率性**です。投資額に比べて多くの*NPV*を得られるプロジェクトから選択していくのが適切です。

そこで，**収益性インデックス**と呼ばれる指標を考えてみましょう。収益性インデックスとは初期投資額1円当たりの正味現在価値を計算したものであり，これが大きなプロジェクトから採用していくことが企業価値を最大化させます。

$$収益性インデックス＝\frac{正味現在価値}{初期投資額}$$

収益性インデックスの高い順に，プロジェクトを並べると，C，B，D，E，Aの順番になります。ただし，投資枠が5,000万円と限られていますので，収益性インデックスの高いものから順番に採択していくと，C，B，Dは確実に選択され，これら3つのプロジェクトで3,000万円を支出することになります。残りの投資枠は2,000万円ですが，Eのプロジェクトの投資総額は3,000万円です。そこで，プロジェクトEが分割可能であれば，3分の2にあたる2,000万円を投資しますが，分割不可能であれば，プロジェクトEとAは採択しないというのが結論となります。

⑤ 株式の評価

　株式や債券を評価する場合にも，将来キャッシュフローを現在価値に割り引くという評価方法が適用されます（債券の評価については第7章で説明します）。株式の場合，株式を保有することによって得ることのできるキャッシュフローは，株主の持ち分に応じて配分される**配当**です。債券とは異なり，普通株には毎年の配当額や満期日が記載されていません。そこで，過去の実績や今後の見通しに基づいて配当を予測し，キャッシュフローの期待値を用います。また，割引率も期待値を使って計算されます。株式の割引率を**期待リターン**といいます。

　企業が半永久的に存在すると仮定して，毎年，1株当たり20円の配当を株主に支払うと株主が予測しているとしましょう。その企業の現在時点の株価はいくらでしょうか？ 株式の期待収益率（資本コスト）を10%と仮定します。通常，株式は株価変動リスクがあるため，預金のような安全資産の金利よりも高くなります。

　1株当たりの配当が20円であり，株式を保有することで，そのキャッシュフローが半永久的に得られるので，株価は

$$P = \frac{20}{1.1} + \frac{20}{(1.1)^2} + \cdots + \frac{20}{(1.1)^n} + \cdots = \frac{20}{0.1} = 200（円）$$

と計算されて，現在の株価の理論値は200円となります。

　次に，利益と配当の期待値が一定であると仮定せずに，両者が長期的に一定の率で成長すると仮定する定率成長モデルを考えることにしましょう。ある企業の今年の利益は20億円ですが，その4分の3を配当に回し，4分の1を内部留保することで配当の成長率5%を確保しているとします。株式の期待収益率（資本コスト）を10%とするとき，この企業の株主価値（株式時価総額）はいくらになるでしょうか？

　まず，今年の利益から配当を計算します。この企業は利益20億円の4分の3を配当に回しているので，今年は15億円を株主に分配していることになり

ます。15億円の配当が毎年，5％で成長していますので，将来キャッシュフローの割引現在価値，つまり，株主価値は

$$P = \frac{15}{1.1} + \frac{15 \times 1.05}{(1.1)^2} + \cdots + \frac{15 \times (1.05)^{n-1}}{(1.1)^n} + \cdots = \frac{15}{0.1 - 0.05} = 300（億円）$$

と計算されます。

EXERCISE ● 練習問題

① Y社では4つの投資案について採否を検討している。投資案はいずれも初期投資額として2,500万円を必要とし，投資プロジェクトの耐用年数は5年である。また，Y社の資本コストは8％であり，プロジェクト期間中に追加の資金は必要としない。4つの投資案の判定基準となるべきデータは以下のとおりである。Y社の投資可能な資金が5,000万円に制限されているとき，企業価値増大の観点からY社が採択すべき投資案の組み合わせとして最も適切なものを下記の解答群から選べ。

投資案	甲	乙	丙	丁
NPV（万円）	280	300	180	−25
IRR（％）	9	11	10	6
回収期間（年）	3	4	2	2

〔解答群〕
1．甲と乙　　2．甲と丙　　3．乙と丙　　4．丙と丁
（「2012年度 中小企業診断士 第1次試験」財務・会計 第18問）

② 次の文章の空欄A，Bに入る語句として，最も適切なものの組み合わせを下記の解答群から選べ。

A社は現在，相互に排他的な2つのプロジェクトX案とY案の評価を行っている。X案とY案のNPVとIRRは下表のとおりである。なお，2つのプロジェクトとも初期投資を行った後はプロジェクト期間の終わりまで常にプラスのキャッシュフローをもたらす。

	NPV（割引率10％）	IRR
X案	699万円	16.04％
Y案	751万円	12.94％

表のとおり，割引率 10% のもとで NPV は Y 案のほうが高いが，IRR は X 案のほうが上回っている。そこで，Y 案のキャッシュフローから X 案のキャッシュフローを差し引いた差額キャッシュフローの IRR を計算したところ，10.55% であった。したがって，資金制約がなく割引率が 10.55% 以下の時は差額キャッシュフローの NPV は ☐A☐ となり，☐B☐ 案が採択されることになる。

〔解答群〕

1. A：プラス，B：X　　　2. A：プラス，B：Y

3. A：マイナス，B：X　　4. A：マイナス，B：Y

（「2014 年度 中小企業診断士 第 1 次試験」財務・会計 第 16 問）

③ 1 年後の配当は 105 千円，その後毎年 3% の成長が永続することを見込んでいる。割引率（株主資本コスト）が年 5% である場合，配当割引モデルに基づく企業価値の推定値として最も適切なものはどれか。

1. 1,575 千円　　2. 2,100 千円　　3. 3,500 千円　　4. 5,250 千円

（「2016 年度 中小企業診断士 第 1 次試験」財務・会計 第 16 問）

④ 当社の前期末の 1 株当たり配当金は 120 円であり，今後毎年 2% の定率成長が期待されている。資本コストを 6% とすると，この株式の理論価格として，最も適切なものはどれか。

1. 2,400 円　　2. 3,000 円　　3. 3,060 円　　4. 3,180 円

（「2017 年度 中小企業診断士 第 1 次試験」財務・会計 第 18 問）

⑤ 以下の，リスクの異なる H 事業部と L 事業部を持つ多角化企業に関する資料に基づいて，H 事業部に属する投資案（H 案）と L 事業部に属する投資案（L 案）の投資評価を行ったとき，最も適切なものを下記の解答群から選べ。ただし，この多角化企業は借り入れを行っていない。

【資料】

H 案の内部収益率（IRR）	10%
L 案の内部収益率（IRR）	7%
リスクフリー・レート	2%
H 事業部の資本コスト	11%
L 事業部の資本コスト	5%

〔解答群〕

1. H 案，L 案ともに棄却される。

2. H 案，L 案ともに採択される。

3. H 案は棄却され，L 案は採択される。

4. H 案は採択され，L 案は棄却される。

（「2023 年度 中小企業診断士 第 1 次試験」財務・会計 第 17 問）

第 **3** 章

リスクと期待効用関数

どのようにリスクを測るのか？

イントロダクション

　長きにわたり，日本人の個人金融資産に占める現預金の比率は50％を超えており，有価証券比率をもっと高めるべきだといわれてきました。現在，政府は国民の資産所得倍増を目指して，少額投資非課税制度（NISA）の抜本的拡充や金融教育の普及，金融事業者による顧客本位の業務運営という３つの柱を掲げています。一方，大阪府と大阪市が進めるカジノを含む統合型リゾート（IR）の計画が政府によって認定されました。実現すれば日本初のカジノ併設施設となります。

　証券投資もカジノにおけるギャンブルもお金を投じて収益を上げる点は同じですが，何が違うのでしょうか？　どちらが儲かるのでしょうか？

　証券投資は企業という付加価値を創造する主体に資金を提供して，企業の利益の一部が配当として投資家に還元され，それが証券価格の源泉になっているのに対して，ギャンブルは参加者が出し合った資金から主催者が運営費を差し引いて，残りを参加者に還元するという点で仕組みが異なっています。簡単に

ギャンブル名	実効還元率	控除率	民営／公営	管轄庁
パチンコ・パチスロ	約85%	約15%	民営	警察庁
競馬	約75%	約25%	公営	農林水産省
ボートレース（競艇）	約75%	約25%	公営	国土交通省
競輪	約75%	約25%	公営	経済産業省
オートレース	約75%	約25%	公営	経済産業省
宝くじ	約45%	約55%	公営	総務省
サッカーくじ	約50%	約50%	公営	スポーツ庁

（出所）　総務省 HP（https://www.soumu.go.jp/main_content/000084191.pdf），ほか。

いうと，胴元（主催者）がいるかいないかの違いです。証券投資も証券会社が取引の仲介をする際に売買手数料を取っていますが，その控除額はギャンブルに比べるとわずかです。

　したがって，ギャンブルで得られる収益率は，平均すると，マイナスになります。参加者から集めた掛け金の総額に対する客への払い戻し額で測った還元率は，パチンコ・パチスロはお店によって異なりますが，85% 程度と最も高く，競馬や競輪等の公営ギャンブルは 75% 程度，そして，宝くじやサッカーくじは 50% 程度と規則によって還元率が決まっています（図表 3.1）。つまり，ギャンブルは勝つ人より負ける人が多くなる設計なのです。

　証券投資も企業業績やマクロ経済動向によって株価が変動するため，必ず儲かるわけではないですが，最初から運営費を差し引かれることで勝つ確率が低くなっているギャンブルに比べると，一般的に証券投資の収益率は高いといえます。

1 確率変数

　将来，何が起こるかわからない状況で物事を決めないといけないことはよくあります。株式投資や事業投資もその投資が成功するかわからないなかで意思決定をしないといけません。アメリカの経済学者フランク・ナイトは，データ

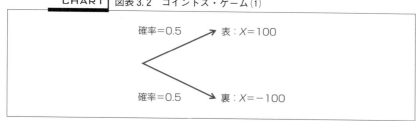

CHART 図表3.2 コイントス・ゲーム(1)

確率＝0.5 → 表：$X=100$

確率＝0.5 → 裏：$X=-100$

などを用いて将来起きることを確率的に予測できる場合に**リスク**と呼び，何が起きるのかさえ予測できない場合を**不確実性**と呼びました。

　ファイナンス理論では，将来の資産価格や事業収益など起こりうる複数の結果とそれぞれの確率を投資家が知っていると想定します。たとえば，ある株式を購入すれば1万円得する確率が50％で，1万円損する確率が50％というように，過去の経験から導き出される「リスク」を認識したうえで意思決定すると考えます。本章では，期待値，分散，標準偏差，共分散といったデータの特性値や，期待効用関数や平均・分散アプローチといったファイナンス理論を学ぶための基本的知識を習得します。

▎期 待 値 ▎

　次のようなコイントス・ゲームを考えてみましょう。そのゲームは歪みのないコインを投げて，表が出れば100円もらえるが，裏が出れば100円支払うというものです（図表3.2）。あなたならこのゲームに参加しますか？　ゲームの利得を確率変数Xと考えると，Xが100円をとるときの確率が0.5（つまり50％）であり，-100円をとるときの確率が0.5（50％）です。確率変数とは，いくつかとりうる値を持ちそれぞれの値をとる確率があらかじめ与えられている変数のことをいいます。ファイナンス理論では，実現する前の利得やリターンを**確率変数**として扱い，それらがある値になる確率がどれくらいかという情報はコインを投げる前からわかっているとされます。

　ゲームに参加するかどうかの決め手の1つは，平均的に儲かるか否かです。もちろん，確率変数Xが事後的に100をとるか，-100をとるかは事前にわかりません。しかし，確率変数の平均値，つまり予想される平均的な値を計算することは可能です。これを**期待値**と呼び，起こりうる値をそれぞれの確率で

ウエイトづけした平均値として計算できます。

$$利得の期待値 = 100 \times 0.5 + (-100) \times 0.5 = 0$$

よって利得の期待値は 0 です。ただし，これはあくまで事前の予想です。事後的には，100 円儲かることもあれば，100 円損することもあります。注意しなくてはいけないことは，期待値が必ずしも「最も実現しやすい値」ではないということです。このゲームで最も実現しやすい値は 100 と -100 であり，期待値の 0 は決して実現しない値です。ただし，何回も試行すると事後的な平均は 0 となります。

　一般に，確率変数 X のとりうる値が $(x_1, x_2, \cdots, x_n)$ であり，それぞれの値をとる確率が $(p_1, p_2, \cdots, p_n)$ で与えられるとき，X の期待値は確率をウエイトにしてとりうる値を加重平均したものです。以下では X の期待値（expected value）を $E(X)$，または μ_X と書くこととします（μ はギリシャ文字でミューと読みます）。

$$期待値 = \Sigma（確率変数の値 \times 確率）$$

$$E(X) = \mu_X = x_1 p_1 + x_2 p_2 + \cdots + x_n p_n = \sum_{i=1}^{n} x_i p_i \qquad (3.1)$$

$$ここで，\sum_{i=1}^{n} p_i = 1. \qquad (3.2)$$

（3.2）式は確率をすべて足すと 1 になることを表しています。

標準偏差（リスク）

　次に，表が出れば 300 円もらえるが，裏が出れば 100 円支払うというコイントス・ゲーム（これをゲーム 1 と呼ぶ）と，表が出れば 600 円もらえるが，裏が出れば 200 円支払うというゲーム（これをゲーム 2 と呼ぶ）のどちらか 1 つを選択し，コインを投げることにしましょう（**図表 3.3**）。あなたはどちらのゲームに参加しますか？

　ゲーム 1 の利得を表す確率変数を X とし，ゲーム 2 の利得を表す確率変数を Y とすると，先ほどと同様に，ゲーム 1 とゲーム 2 の事前のとりうる値の

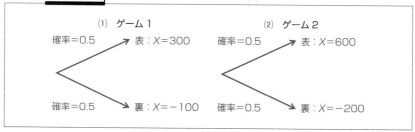

CHART | 図表3.3 コイントス・ゲーム(2)

(1) ゲーム1
確率=0.5 → 表：$X=300$
確率=0.5 → 裏：$X=-100$

(2) ゲーム2
確率=0.5 → 表：$X=600$
確率=0.5 → 裏：$X=-200$

期待値は次のように計算されます。

$$X（ゲーム1）の期待値=300\times0.5+(-100)\times0.5=100（円）$$
$$Y（ゲーム2）の期待値=600\times0.5+(-200)\times0.5=200（円）$$

XとYの期待値を比べるとゲーム2の利得の期待値が高く，ゲーム2を選択することが得に見えます。しかし，ゲーム2では利益が大きい代わりに損失も大きく，危なっかしい感じがするでしょう。この危険度を表す指標がリスクです。

ファイナンスではリターンの**標準偏差**を「リスク」と呼び，リターンのとりうる値のばらつきの度合いを表します。ゲーム2では利得がばらついていて，ゲーム1よりも高い値も低い値もとるのでリスクが高いといえます。

標準偏差とは分散の平方根であり，分散とは確率変数の期待値からの乖離を2乗した値の平均値です。確率をウエイトにした加重平均をとっているところは期待値の計算と同様です。分散は$\mathrm{Var}(X)$，またはギリシャ文字の小文字を用いてσ_X^2（シグマ2乗）と書き，標準偏差はσ_X（シグマ）と書くことにすると，リスクの公式は次のように書けます。

$$分散=\Sigma\{確率\times(確率変数の値-期待値)^2\}$$
$$標準偏差=\sqrt{分散}$$
$$=\sqrt{\Sigma\{確率\times(確率変数の値-期待値)^2\}}$$
$$\sigma_X=\sqrt{\sigma_X^2}=\sqrt{E(X-\mu_X)^2}$$
$$=\sqrt{p_1(x_1-\mu_X)^2+p_2(x_2-\mu_X)^2+\cdots+p_n(x_n-\mu_X)}$$
$$=\sqrt{\Sigma_{i=1}^n p_i(x_i-\mu_X)^2} \tag{3.3}$$

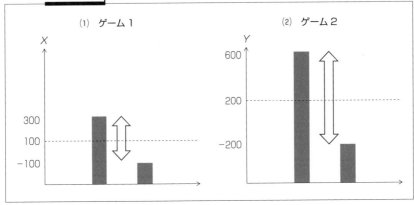

(1) ゲーム1

(2) ゲーム2

ここで，ゲーム1とゲーム2のリスクを計算してみると，

$$\sigma_X = \sqrt{0.5 \times (300-100)^2 + 0.5 \times (-100-100)^2} = 200（円）$$
$$\sigma_Y = \sqrt{0.5 \times (600-200)^2 + 0.5 \times (-200-200)^2} = 400（円）$$

となり，ゲーム2のリスクがゲーム1よりも高いことが確認できます。

　利得のばらつき，つまり，リスクを図示してみると，**図表3.4** のようになります。ゲーム2では利得のとりうる値が期待値から大きく離れていますが，ゲーム1ではそのばらつきが小さくなっています。つまり，期待値の高いゲーム2はリスクも高く，必ずしもゲーム1よりも魅力的とはいえないことがわかります。期待値は高いがリスクも高いゲーム2を選択するか，期待値は低いがリスクも低いゲーム1を選択するかは，個人の好み（効用関数）によって異なってきます。

確率分布

　次に，量的データがどれほどばらついているのかを例を用いて考えてみます。ばらつきの状況のことを分布といいます。たとえば，サンプルとして取り出された日本人40人の身長データの分布状況が**図表3.5** のようにまとめられるとします。これは，データを階級に分け，階級ごとに何人いるかを表した度数分布表です。

　度数分布表をさらにわかりやすくするために，相対度数，累積度数，累積相

CHART 図表3.5　40人の身長データの分布状況（度数分布表）

身長の範囲	度数（人数）	相対度数	累積度数	累積相対度数
135 cm 以上 150 cm 未満	4	10.0%	4	10.0%
150 cm 以上 165 cm 未満	11	27.5%	15	37.5%
165 cm 以上 180 cm 未満	18	45.0%	33	82.5%
180 cm 以上 195 cm 未満	7	17.5%	40	100.0%

CHART 図表3.6　40人の身長データのヒストグラム

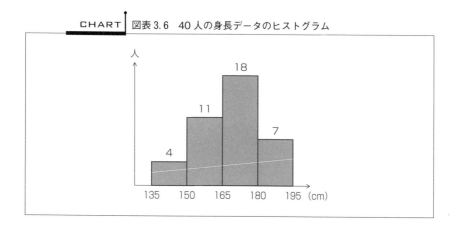

対度数を追加することもあります。相対度数は全度数に占めるある階級の度数の割合を示したもので，累積度数はその階級以下の度数の合計，累積相対度数は累積度数の全度数に占める割合を表しています。

　度数分布表はわかりやすい集計の方法ですが，さらに視覚的にわかりやすいヒストグラムを描くこともあります（**図表3.6**）。

　調べたいデータ（たとえば日本人の身長）の数が非常に多く，すべてのデータを調べることができないときに，限られた数のデータ（標本，サンプル）を抜き取って，そこから調べたい集団のデータ（母集団）の度数分布を推測することを**統計的推論**といいます。データの取り出し方が**無作為抽出**であるならば，無作為抽出によって取り出された標本の階級と，母集団の相対度数から得られる確率が対応していると考えることができます。たとえば，母集団の 165 cm 以上 180 cm 未満の階級の相対度数が 45% であるならば，165 cm 以上 180 cm 未満の人が標本に取り出される確率も 45% とみなされます。このように，大小

1　確率変数　●　49

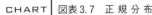

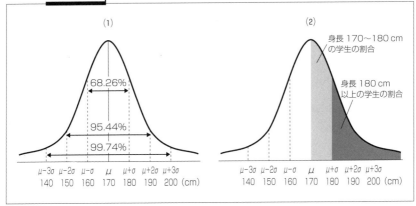

さまざまな値に対して，その値が取り出される確率が対応しているものを**確率分布**と呼びます。

　横軸に確率変数のとりうる値，縦軸にそれぞれの値に対応する確率をとった平面に確率変数の分布を描くならば，確率変数の期待値は確率分布の平均値，リスク（標準偏差）は確率分布のばらつきを表しています。

　世の中の多くの現象を近似することができる正規分布を見てみましょう（図表3.7）。正規分布は左右対称的な釣鐘型の確率分布であり，平均と標準偏差（もしくは分散）さえわかれば同じ分布を描くことができます。事前の利得が正規分布に従っているとすれば，期待値±1標準偏差の値（$\mu_X - \sigma_X$, $\mu_X + \sigma_X$）で作った範囲に確率変数の実現値が入る確率が約68%であり，期待値±2標準偏差の値（$\mu_X - 2\sigma_X$, $\mu_X + 2\sigma_X$）で作った範囲に実現値が入る確率が約95%になることがわかっています。

　たとえば，男子学生500人の身長が平均170 cm，標準偏差10 cmの正規分布に従うとき，身長180 cm以上の学生は何%で，何人いるでしょうか？180 cmは平均よりも10 cm，つまり標準偏差1つ分高いので，身長が170 cmから180 cmまでの学生は全体の約34%（68÷2），180 cm以上の学生は約16%（50−34）で約80人であることがわかります。

　リスクの指標として標準偏差を使うことについて，損失を被ることはリスクですが，利益を得ることは望ましいことなので，なぜ損失（下方リスク）のみをリスクの指標としないのか，疑問を持つ人もいるでしょう。確かに，下方リ

Column ❸ リターンは正規分布に従っているのか？

ファイナンスの世界では，株価の短期の変動はランダム性が高いということでリターンが近似的に正規分布に従うことを前提に議論を進めることが多くあります。つまり，リターンはプラス無限大からマイナス無限大までの値をとることが仮定されています。しかし，投資による最大の損失は投資先企業が破綻して株価が0になるときであり，リターンの下限は−100%です（厳密には，資金を借り入れて元手よりも大きな投資をする場合や空売りするときはその限りではありません）。一方，長期で保有すると株価が当初に比べて何倍にもなる銘柄があるように，少なくとも理論上はリターンに上限はないので分布は右に歪んだ分布になり，正規分布は収益率（月次リターンなど）を表す分布になりえないことになります。

そこで，リターン（r）に1を加えたグロス・リターン（$R=1+r$）が対数正規分布に従うことが考え出されました。対数正規分布は下の左図のように，確率変数が0以上の範囲でのみ正の確率を持ち，リターンが−1（−100%）を下回らないという制約を満たしています。

ところが，最近，再び異論が唱えられています。正規分布や対数正規分布では値動きが大きくなるほど，それが起こる確率が非常に小さくなります。たとえば，正規分布によるとリターンが期待値よりも標準偏差3つ分大きい値をとることは0.13%しかありませんが，現実にはこのような極端な株価の変化がもっと高い頻度で発生しています。そこで，正規分布や対数正規分布よりももっと分布の右端の裾の厚い分布が適しているといわれ始めました。このようなファットテール（太い端）な分布の代表例がべき分布です。これによって，正規分布や対数正規分布を前提として構築されたファイナンス理論のすべてが誤りになるというわけではありませんが，若干の修正が必要になってきています。

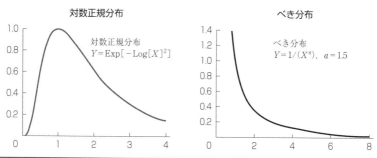

対数正規分布
$Y=\mathrm{Exp}[-\mathrm{Log}[X]^2]$

べき分布
$Y=1/(X^a),\ a=1.5$

スクのみに注目したセミバリアンス（損失のみの分散を計測する）や期待損失（結果のうち悪い方から$x\%$間での期待損失）のような指標も開発されていますが，これらは複雑で扱いにくいという欠点があります。他方，利得やリターンが期待値をはさんで左右対称の確率分布に従うならば，分布の中心から上方，下方に同じだけ乖離しても確率は同じで，ちらばりを正しく示すために上方リスクを含んでいることに問題は生じません。したがって，標準偏差は下方に乖離する可能性の大きさを正確に示しているのです。

また，リスクの指標として標準偏差ではなく，分散でいいのではないかという意見もあります。分散でも標準偏差でも期待値からのばらつきの度合いを表しており，意味することは同じですが，分散は期待値からの乖離を2乗したものの平均値ですから単位が異なってきます（身長の例でいえばcm^2が分散の単位）。そのため，単位が元のデータと同じ標準偏差がリスクの指標として使われるようになったのです。

▎共 分 散 ▎

現実には1つの資産に投資するよりも複数の資産に同時に投資することが多くあります。2つの変数の関連性の大きさを表す**共分散**を説明します。確率変数が2つ同時に存在するときに，一方が大きい値をとるときに他方も大きい値をとり，一方が小さい値をとるときに他方も小さい値をとるように，2つの確率変数が同調する傾向がある場合には「正の相関」があるといいます。反対に，一方が大きい値をとるときに他方が小さい値をとるように，2つの確率変数があべこべになる傾向がある場合には「負の相関」があるといいます。この相関を測るのが共分散です。

クラス40人の国語の点数と数学の点数を比べて，国語の得意な人は数学も得意かどうかを調べるにはどうしたらいいでしょうか？　共分散は各人の国語の点数の平均点からの差と数学の点数の平均点からの差の積を計算し，それらのクラス全員分を平均したものです。たとえば，Aさんの国語の点数が60点でクラスの平均点が50点，数学の点数が70点でクラスの平均点が40点であったとすると，Aさんについては$(60-50) \times (70-40) = 300$が差の積であり，この値のクラス全員の平均値が共分散になります。

確率変数 X と Y の共分散を $\mathrm{Cov}(X, Y)$，または σ_{XY} と書くと以下のように書けます。

$$
\begin{aligned}
共分散 &= \sum\{確率\times(Xの値-Xの期待値)(Yの値-Yの期待値)\}\\
\mathrm{Cov}(X, Y) &= \sigma_{XY} = E[(X-\mu_X)(Y-\mu_Y)]\\
&= \sum_{i=1}^{n} p_i(x_i-\mu_X)(y_i-\mu_Y)
\end{aligned}
\tag{3.4}
$$

　p_i は各人に与えられた確率です（多くの場合，$p_i=1/n$）。共分散が正のときに2つの確率変数の間には正の相関があるといい，共分散が負のときに負の相関があるといいます。共分散が0のときは無相関，あるいは相関がないといいます。

　しかし，共分散は変数の単位の違いやデータの大きさによって値が異なるという欠点があります。長さの単位がメートルの場合とセンチメートルの場合では同じデータでも，共分散が異なってきます。そこで，多くの場合，共分散を確率変数 X の標準偏差と確率変数 Y の標準偏差の積で割って基準化したものが使われます。これを**相関係数**といいます（ρ はローと呼びます）。

$$
\begin{aligned}
相関係数 &= \frac{共分散}{(Xの標準偏差)(Yの標準偏差)}\\
\rho_{XY} &= \frac{\mathrm{Cov}(X, Y)}{\sqrt{\mathrm{Var}(X)}\sqrt{\mathrm{Var}(Y)}} = \frac{\sigma_{XY}}{\sigma_X\sigma_Y}
\end{aligned}
\tag{3.5}
$$

　分母の標準偏差の積の符号はプラスなので，相関係数の正負は分子にある共分散の正負で決まります。したがって，2つの確率変数の間に正の相関があれば，相関係数は正であり，負の相関があれば，相関係数は負になります。さらに，相関係数は必ず-1以上1以下の値となり，相関係数が1のときは完全な正の相関関係，-1のときは完全な負の相関関係，0のときは無相関といいます（**図表3.8**）。単位の違いやデータの大きさにかかわらず，その大小を比較することが可能な点も相関係数を使う大きな利点です。

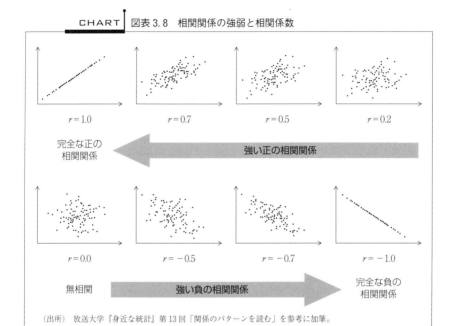

リスク選択

期待効用理論

　ミクロ経済学で学んだように，消費者は効用を最大化するように消費や労働について意思決定を行います。効用とは満足度のことです。財やサービスを消費したり，娯楽の時間が増えたりすると効用が上がります。同様に，投資が成功して高い収益が得られても効用が上がります。このように得られる財やサービス，富を効用に変換する関数を効用関数といいます。

　では，投資のように，将来の利得がいくらになるかわからないときはどうしたらいいでしょうか？　将来の利得がわからないと効用もわかりません。このように将来の利得が不確実な証券を売買するときは，想定されるそれぞれのケースの利得の期待値ではなく考えられるそれぞれのケースから得られる効用の

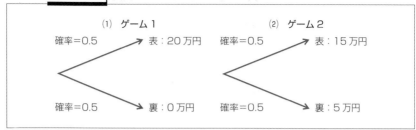

CHART 図表3.9 コイントス・ゲーム(3)

(1) ゲーム1
確率=0.5 → 表：20万円
確率=0.5 → 裏：0万円

(2) ゲーム2
確率=0.5 → 表：15万円
確率=0.5 → 裏：5万円

期待値である期待効用を最大化するように意思決定を行います。これが**期待効用理論**です。

　人々が利得の期待値を最大化するように意思決定を行っているのではなく，期待効用を最大化する意思決定をしていることを端的に表す証拠がリスクのある資産の選択です。利得の期待値を最大化するならばリスクは考慮されません。それぞれのケースの利得から得られる効用を計算したうえで，その効用の期待値を最大化しているのです。

　再び，コイントス・ゲームの例を取り上げてみましょう（**図表3.9**）。ゲーム1は表が出れば20万円もらえるが，裏が出れば何ももらえません。ゲーム2は表が出れば15万円もらえて，裏が出れば5万円もらえるというゲームです。あなたはどちらのゲームを選択するでしょうか？

　表が出る確率と裏が出る確率はともに0.5であることから，どちらのゲームも平均的には10万円の利得が得られます。つまり，ゲームの期待値はともに10万円です。しかし，ゲーム1とゲーム2ではリスクが異なります。ゲーム1の標準偏差は10万円なのに対し，ゲーム2は5万円なので，ゲーム2の方がリスクは小さいです。

　人々が利得の期待値を最大化する選択をするならば，ゲーム1とゲーム2は同じ期待値なので，どちらを選んでも無差別です。しかし，多くの人はゲーム2を選ぶでしょう。同じ期待値ならばリスクの低いゲーム2はゲーム1よりも魅力的です。一般的に多く人は**リスク回避的**なので，期待値だけでなく，リスクも考慮して選択しています。このような人々の選好は期待効用を最大化すると考えると上手く説明がつきます。

　予想されるいくつかの状況に応じて利得 x のとりうる値が $(x_1, x_2, \cdots, x_n)$ で

　なぜ不確実性があるときに利得の期待値ではなく，期待効用を最大化するのでしょうか？ この問いに答えるために，次の2つのゲームのどちらを選択するかを考えてみましょう。

　　ゲーム1：1枚のコインを表が出るまで投げ続けて第 n 回目に初めて表が出
　　　たら 2^{n-1} 万円の賞金をもらえる
　　ゲーム2：確実に100万円もらえる

　ゲーム1は1回目に表が出れば1万円もらえるが，1回目に裏が出て2回目に表が出ると2万円になるというように裏が出続ければ賞金がどんどん増えていくというゲームです。一方，ゲーム2では100万円という賞金が変わりません。

　この2つのゲームの損得を比較するために，ゲーム1の期待値を計算してみましょう。1回目に裏が出る確率は1/2，2回目も続けて裏が出る確率は $(1/2)^2$ となりますので，ゲーム1の期待値は，

$$
E(x) = \left(\frac{1}{2}\right)1 + \left(\frac{1}{2}\right)^2 2 + \left(\frac{1}{2}\right)^3 4 + \cdots + \left(\frac{1}{2}\right)^n 2^{n-1} + \cdots
$$

$$
= \frac{1}{2} + \frac{1}{2} + \cdots + \frac{1}{2} + \cdots = \infty
$$

と無限大になるので期待値基準だとゲーム1を選択することになります。しかし，実際に実験してみると，多くの人は確実に100万円（ゲーム2）の方を選択し，人々が期待値を判断基準としていないことが知られています。この問題は「サンクトペテルブルクの逆説」として18世紀のスイスの数学者・物理学者のベルヌーイによって提起されました。期待値基準が現実的でないことは，証券市場において最も高リターンの証券に投資が集中しないことからも明らかです。

　このことから，期待値ではなく，期待効用を最大化するように意思決定していると考えられるようになりました。リスク回避的であるという仮定のもと，賞金がもたらす追加的な効用の増加分は貨幣額が増加するほど逓減すると効用関数を定式化することでこの問題を解決したのです。

あり，それぞれの値をとる確率が $(p_1, p_2, \cdots, p_n)$ で与えられるとき，各利得から得られる効用をそれぞれの確率をウエイトにして加重平均したものが期待効用です。以下では，効用関数 $U(x)$ の期待値としての期待効用 $EU(x)$ を定義しています。

$$
\begin{aligned}
期待効用 &= \sum（確率 \times 効用） \\
EU(x) &= \sum_{i=1}^{n} p_i U(x_i) \\
&= p_1 U(x_1) + p_2 U(x_2) + \cdots + p_n U(x_n)
\end{aligned}
\tag{3.6}
$$

リスク選好

リスク回避的な投資家とはどんな投資家でしょうか？ 効用関数には財やサービスを消費したり，富が増えたりすると効用が上がるという特徴があります。さらに，1杯目のビールは美味いが，2杯目のビールは1杯目のビールほどは美味くないというように，消費や富が増えるに従って追加的な効用の増加分は低下することが知られています（「限界効用逓減の法則」）。この特徴がリスク回避的効用関数と関連しています。

たとえば，いつもアルバイトで月に10万円稼いでいる学生が月5万円に減ってしまったときのショックは，月10万円から15万円に稼ぎが増えたときの喜びよりも大きいとしましょう。この学生の効用関数は横軸にお金，縦軸に効用をとると，**図表3.10** の左図のように，富が増加するに伴って効用が右上がりに増加し，しかも増加の仕方がしだいにゆるやかに減っていくことになります（効用関数は凹関数）。

図表3.10 を見ると，10万円から5万円に減ったときの効用の減少分が10万円から15万円に増えたときの効用の増分よりも大きくなっています。数式で書くと，

$$
U(15) - U(10) < U(10) - U(5)
$$

となっています。

次に，この効用関数を持つ学生が，バイト先の会社から月に10万円の固定給と，同じだけ働いても会社の業績に応じて確率1/2で月15万円になり確率

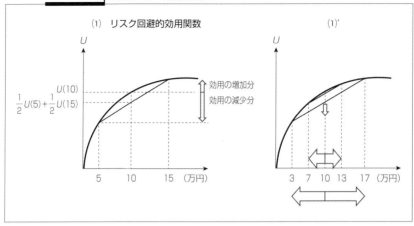

CHART | 図表 3.10　効用関数(1)

(1)　リスク回避的効用関数　　　　　　　　　　　　　(1)′

1/2 で月 5 万円になる変動給のどちらかを選ぶように求められたら，どちらを選ぶでしょうか？　どちらも給料の期待値は月 10 万円ですが，一方は確実に手にすることができ，他方は給料にばらつきがあります。このばらつきがリスクです。変動給の期待効用は $\frac{1}{2}U(5)+\frac{1}{2}U(15)$ となり，**図表 3.10** の $U(5)$ と $U(15)$ の 2 つの点を結んだ直線の中点の高さで表されます。固定給の期待効用は $U(10)$ なので期待効用を比較すると，

$$U(10)>\frac{1}{2}U(5)+\frac{1}{2}U(15)$$

となり，リスク回避的な効用関数を持つ学生は固定給を選ぶことでしょう。

　では，どうして給料の期待値が同じときに，変動給よりも固定給を選ぶのでしょうか？　それは，給料の期待値が同じでも，リスクがある分だけ期待効用が低下するからです。この考え方を突き詰めると，**図表 3.10** の右図のように，リスク回避的ならば，給料の振れ幅が 7〜13 万円から 3〜17 万円へとより大きくなると，学生にとってのリスクが高まり，期待効用はより低下していくことになります。

　リスク回避的ではない効用関数の場合はどうでしょうか？　リスク回避者とは逆に，10 万円から 15 万円に増えたときの効用の増分が 10 万円から 5 万円に減ったときの効用の減少分よりも大きい人を**リスク愛好者**と呼びます。リスク愛好者の効用関数を図で表すと，**図表 3.11** の左図のように，富が増加する

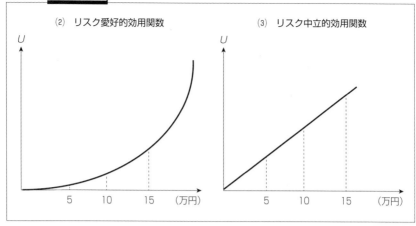

に従って効用が増加するものの，その増加の仕方がしだいに急になっていく関数（凸関数）として表されます。

　図表 3.11 から，10 万円から 5 万円に減ったときの効用の減少分よりも，10 万円から 15 万円に増えたときの効用の増分が大きくなっていることがわかります。数式で書くと，

$$U(15) - U(10) > U(10) - U(5)$$

となっています。

　さらに，リスク愛好的な学生は月に 10 万円の固定給よりも，確率 1/2 で月 15 万円になり確率 1/2 で月 5 万円になる変動給を選びます。**図表 3.11 の左図**を見ながら，変動給の期待効用 $\frac{1}{2}U(5) + \frac{1}{2}U(15)$ と固定給の期待効用 $U(10)$ を比較すると，

$$\frac{1}{2}U(5) + \frac{1}{2}U(15) > U(10)$$

となっているはずです。リスク愛好者は給料のばらつきから生じるリスクにより効用が低下しないばかりか，それを好意的に受け止めるからです。リスク愛好者は給料が高くなる可能性を高く評価しているのです。

　最後に，リスク中立的な効用関数を見てみましょう（**図表 3.11 の右図**）。リスク回避者とリスク愛好者の中間に位置するリスク中立者は，10 万円から 5

万円に減ったときの効用の減少分と 10 万円から 15 万円に増えたときの効用の増分が同じである人々です。そのような人は，リスクを度外視して給料の期待値のみに依存して意思決定します。したがって，月に 10 万円の固定給と確率 1/2 で月 15 万円になり確率 1/2 で月 5 万円になる変動給はどちらも給料の期待値は同じであるため，同じだけの期待効用を得ることになります。

変動給と固定給を数式で表すと，

$$U(10) = \frac{1}{2}U(5) + \frac{1}{2}U(15)$$

です。その結果，リスク中立者は固定給と変動給を同等のものと評価します。

┃ 確実性等価とリスク・プレミアム ┃

多くの人はリスク回避的なので，以下ではリスク回避的な効用関数に限定して考えることにします。リスク回避者は給料が不安定であること（リスクが高いこと）を嫌うので，その分，期待効用が低下します。では，このリスクを金額で表すといくらになるのでしょうか？ たとえば確率 1/2 で月 15 万円になり確率 1/2 で月 5 万円になる変動給のリスクは，いくらでしょうか？ これを計算するために，まず，変動給のときの期待効用と同じ期待効用を得られる固定給の金額を求めましょう。数式で表すと，

$$\frac{1}{2}U(5) + \frac{1}{2}U(15) = U(x)$$

となり，x が求める固定給に相当し，これを**確実性等価**といいます。

図表 3.12 の左図では，変動給の期待効用（$\frac{1}{2}U(5) + \frac{1}{2}U(15)$）と効用が同じになる固定給の金額は x です。リスク回避者にとって x は変動給の期待値である 10 よりも低いが，給料の変動リスクを回避できるというメリットを重視しているために，固定給 x は変動給と同じ効用をもたらしてくれます。したがって，x より少しでも高ければ，たとえ x が 10 より低くてもリスク回避者は喜んで固定給を選択するでしょう。

変動給と固定給の期待値である 10 と x の差を**リスク・プレミアム**といいます。リスク・プレミアムはリスク回避者がリスクを回避して固定給を選択できるならば支払ってもいいと考える金額であり，リスクに対する対価です。した

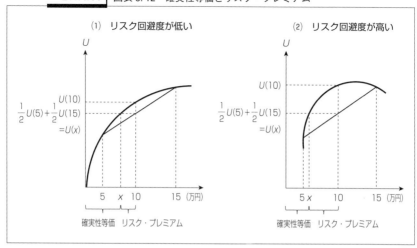

CHART 図表3.12　確実性等価とリスク・プレミアム

(1) リスク回避度が低い

(2) リスク回避度が高い

がって，リスク回避度が高い人ほどリスク・プレミアムが高くなります。生命保険や損害保険など保険を買うために支払う保険料を英語でプレミアムといいますが，これもリスクに対する対価であり，プレミアムを支払うことで保険を手に入れています。

　前項では，同じリスク回避度ならば，給料の振れ幅がより大きくなるにつれ，リスクが高まり，期待効用はより低下していくということを学びました。ここでは，給料の振れ幅が同じとき，リスク回避度が高くなれば高くなるほど期待効用は下がることが確認できます。したがって，リスク回避度が高い人ほど確実性等価は低くなり，リスク・プレミアムは高くなります。給料が変動することをとても嫌がるリスク回避的な人に変動給を受け入れてもらうには，固定給よりも変動給の期待値を高く設定しないといけません。逆に，変動給を基準とすると，そのような人は低い固定給でも受け入れることになります。

３　平均・分散アプローチと無差別曲線

　実際に人々が資産選択をするときには，どのように行っているのでしょうか？　株式投資はリスクが高い分，リターンが高いのに対して，預金は無リス

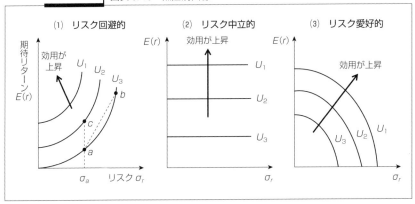

CHART 図表3.13 無差別曲線

(1) リスク回避的 (2) リスク中立的 (3) リスク愛好的

クでリターンが低いという特徴があります。このように金融商品によってリスクとリターンは異なっており，投資対象のリスクとリターンの特性を考慮して投資資金を配分しています。

　ファイナンス理論で多用される**平均・分散アプローチ**は期待効用仮説の特殊ケースです。平均・分散アプローチとはリターンの期待値（期待リターン）と標準偏差（リスク）の2変数によって定義される効用関数です。これは，投資家の資産選択の問題を考えるときなど，実務でもよく使われます。

　平均・分散アプローチの効用関数 $U(E(r), \sigma_r)$ はリスク σ_r が一定で期待リターン $E(r)$ が上昇すると効用が上昇することが仮定されていますが，リスク回避的だと期待リターンが一定のもとでリスクが上昇すると効用が下落するのに対し，リスク中立的では効用が不変，リスク愛好的では効用が上昇すると仮定されます。

　そこで，この効用関数のもとで**無差別曲線**を書くことにしましょう。横軸にリスク（標準偏差），縦軸に期待リターン（期待値）をとった図に，同じ効用をもたらすリスクと期待リターンの組み合わせを描いたものが無差別曲線です。

　図表3.13の左図(1)を見てみましょう。同じ無差別曲線上の点 a と点 b を比べると，リスク（σ_r）が増えるときに期待リターン（$E(r)$）が増えていることがわかります。これは，リスク回避的効用関数ではリスクの上昇によって生じる効用の低下を期待リターンの上昇によって相殺しないと一定の効用が得られないため，無差別曲線は右上がりになるのです。また，点 a とリスクが同

じ点 c を比べると，点 c は点 a よりも期待リターンが増えることから点 c での効用が高いことになります。左上に行くほど期待リターンが上昇し，リスクが低下することから効用が高くなるのです。

さらに，リスク回避度が高ければ高いほど，リスクの上昇によって生じる効用の低下を補うために高い期待リターンの上昇（リスク・プレミアム）が必要となるので，右上がりの無差別曲線のカーブがきつくなり，より湾曲することになります。

リスク中立的とリスク愛好的の無差別曲線も同様に考えればよいです。リスク中立的だとリスクを考慮せずに期待リターンのみが効用を決めるので，水平な無差別曲線になります。一方，リスク愛好的ではリスクの上昇による効用の上昇を抑えるため期待リターンは低下しないといけません。そのため，無差別曲線は右下がりになります。

EXERCISE ● 練習問題

① 来年度の当社の売上高は，好況の場合 20 億円，通常の場合 15 億円，不況の場合 7 億円と予想されている。好況になる確率が 20%，通常の場合が 70%，不況となる確率は 10% と予想されているとき，当社の来年度の売上高の期待値として，最も適切なものはどれか。
　1．13.8 億円　　2．14.0 億円　　3．14.8 億円　　4．15.2 億円
　　　　　　　（「2017 年度 中小企業診断士 第 1 次試験」財務・会計 第 16 問）
② 次の文章を読んで，下記の設問に答えよ。
　現在，3 つの投資案（投資案 A〜投資案 C）について検討している。各投資案の収益率は，景気や為替変動などによって，パターン①〜パターン④の 4 つのパターンになることが分かっており，パターンごとの予想収益率は以下の表のとおりである。なお，この予想収益率は投資額にかかわらず一定である。また，各パターンの生起確率はそれぞれ 25% と予想している。

	パターン①	パターン②	パターン③	パターン④
投資案 A	2%	5%	11%	14%
投資案 B	12%	7%	5%	3%
投資案 C	4%	10%	22%	28%

（設問 1）　投資案 A および投資案 B の予想収益率の共分散と相関係数の組み合わせとして最も適切なものはどれか。

1. 共分散：－15　相関係数：－0.95
2. 共分散：－15　相関係数：　0.95
3. 共分散：　15　相関係数：－0.95
4. 共分散：　15　相関係数：　0.95

（設問 2）　投資案 A および投資案 C に関する記述として最も適切なものはどれか。

1. 投資案 A と投資案 C に半額ずつ投資する場合も，投資案 C のみに全額投資する場合も，予想収益率の分散は同じである。
2. 投資案 A の予想収益率と投資案 C の予想収益率の相関係数は 2 である。
3. 投資案 C の予想収益率の期待値は 64% である。
4. 投資案 C の予想収益率の標準偏差は，投資案 A の予想収益率の標準偏差の 2 倍である。

（「2016 年度 中小企業診断士 第 1 次試験」財務・会計 第 15 問）

③　Z 社は現在，余剰資金の全額を期待収益率 8%，標準偏差 6% の投資信託で運用している。Z 社では余剰資金の運用方針を変更し，余剰資金の全額を，2% の収益率をもつ安全資産と上記投資信託に等額投資する運用を考えている。変更後の期待収益率と標準偏差の組み合わせとして最も適切なものはどれか。

1. 期待収益率：　5%　標準偏差：3%
2. 期待収益率：　5%　標準偏差：6%
3. 期待収益率：　6%　標準偏差：6%
4. 期待収益率：10%　標準偏差：6%

（「2012 年度 中小企業診断士 第 1 次試験」財務・会計 第 19 問）

④　以下の表は，ポートフォリオ A〜I のそれぞれのリスクとリターンを示したものである。投資家がリスク回避的であるとき，選択されるべきポートフォリオとして最も適切なものを下記の解答群から選べ。ただし，リスクはリターンの標準偏差で測られたものとする。

（単位：%）

	A	B	C	D	E	F	G	H	I
リスク	3	3	3	4	4	4	5	5	5
リターン	4	5	6	4	5	6	4	5	6

〔解答群〕

1. A　　2. C　　3. G　　4. H

（「2011 年度 中小企業診断士 第 1 次試験」財務・会計 第 18 問）

5 縦軸に投資の期待収益率，横軸に当該投資収益率の標準偏差をとった平面上に
おけるリスク回避者の無差別曲線を表す図形として，最も適切なものはどれか。

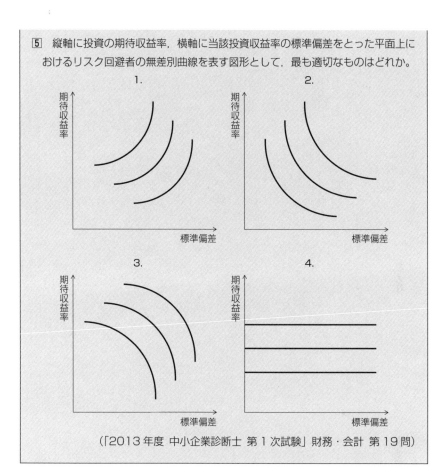

（「2013 年度 中小企業診断士 第 1 次試験」財務・会計 第 19 問）

ポートフォリオ理論

分散投資はなぜ推奨されるのか？

イントロダクション

　日本では家計の金融資産の過半が現預金であるということだけでなく，資産運用のリターンが低いことが知られています。**図表4.1**に見られるように，日本の家計金融資産は1995年からの20年間にほとんど増えておらず，運用リターンによる家計金融資産の増加もアメリカやイギリスに比べて2分の1から3分の1にとどまっています。そこで，政府は家計の資産運用に重要な役割を果たす投資信託を扱う金融機関（投資顧問会社や証券会社）に構造的な改革を求めています。**投資信託**とは，個人投資家から集めたお金を運用の専門家が株式や債券など複数の金融商品に投資・運用することで投資額の少ない個人投資家でも分散投資のメリットが得られる金融商品のことです。

　投資信託業界が抱える問題の1つに，欧米と比べて運用資産規模に対する投資信託の本数が多く，資産運用会社の管理が煩雑になっていることが指摘されています。その理由として，日本の大手資産運用会社（投資顧問会社）には，金融機関グループの系列会社が多く，同じグループ内の販売会社（証券会社）

CHART 図表4.1　3カ国の運用リターンと家計金融資産の推移

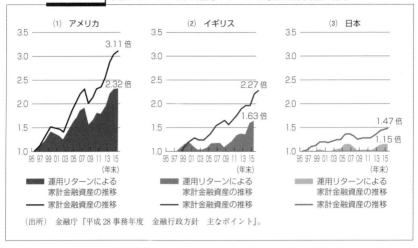

(1) アメリカ

3.11倍
2.32倍

95 97 99 01 03 05 07 09 11 13 15
(年末)

■ 運用リターンによる
　家計金融資産の推移
── 家計金融資産の推移

(2) イギリス

2.27倍
1.63倍

95 97 99 01 03 05 07 09 11 13 15
(年末)

■ 運用リターンによる
　家計金融資産の推移
── 家計金融資産の推移

(3) 日本

1.47倍
1.15倍

95 97 99 01 03 05 07 09 11 13 15
(年末)

■ 運用リターンによる
　家計金融資産の推移
── 家計金融資産の推移

(出所)　金融庁『平成28事務年度　金融行政方針　主なポイント』。

が行う販売手数料獲得型の営業に影響されて，その時々で話題性があり，顧客に販売しやすい新規商品の提供を優先してきたことがあります。そのため，ときに販売会社（証券会社）の短期的な利益追求が資産運用会社の長期的な利益追求よりも優先されがちでした。

　「貯蓄から投資へ」国民の資産形成を着実に推し進めるためには，NISAなどの税制上の優遇措置や金融教育面の後押しのみならず，資産運用業が専門性と透明性を向上させ，国民の信頼を得ることが欠かせません。

1 リスク分散

　投資運用の世界では，「卵は1つの籠（かご）に盛るな」という分散投資の重要性を説く格言があります。1つの籠にすべての卵を入れている場合，誤って籠を落とすと卵がすべて割れてしまいますが，複数の籠に分けて入れている場合は1つの籠を落としても残りの卵は割れることがないという教えです。資金も同じように，1つの証券に集中的に投資するのではなく，多数の証券に万遍なく投資するとリスクを分散できることが少なくありません。

　ポートフォリオはもともとラテン語で「書類を運ぶかばん」を意味しますが，

転じて複数の資産に分散投資しているときの資産全体を指します。前章で学習した平均・分散アプローチを使って，複数の銘柄に分散投資すると１つの銘柄に集中投資するよりもリスクを減らせることを見ていきましょう。株式，債券，短期金融資産などリスクを伴う資産を**リスク資産**といい，銀行預金などのリスクを伴わず確実なリターンが得られる資産を**無リスク資産**と呼びますが，以下ではまとめて**資産**と呼ぶことにします。

　以下では，簡単な数値例を使って，複数の資産に分散投資する方がまとめて集中投資するよりもリスクを分散できることを学びます。たとえば，資産Ａと資産Ｂの２つの資産があり，両資産ともに購入時に１万円である価格が確率1/2で４倍に値上がりし，確率1/2で０円に下落するとします。ただし，Ａの価格が上昇するときに必ずＢの価格が上昇するわけではなく，確率1/2で価格が上がり，確率1/2で下がる，つまり，資産Ａと資産Ｂの価格変化は無相関（相関係数がゼロ）であると仮定します。

　あなたが10万円を使って投資を考えているとするならば，10万円を全額，資産Ａ（または資産Ｂ）に投資しますか（ケース１）？　もしくは，５万円ずつ資産Ａと資産Ｂに振り分けて投資しますか（ケース２）？　どちらが好ましいでしょうか？

資産Ａに集中投資

　まず，10万円をすべて資産Ａに集中投資した場合の売却時の資産額の期待値と標準偏差（リスク）を考えてみましょう。総額10万円の資産Ａは確率1/2で40万円に上がり，確率1/2で０円になります（図表4.2）。資産Ａ，Ｂの資産額を確率変数とみなしてＡ，Ｂと表すことにすると，資産Ａに集中投資したときの期待値は，

$$E(A) = 40 \times \frac{1}{2} + 0 \times \frac{1}{2} = 20 \ （万円）$$

です。一方，資産Ａに集中投資したときの分散は $\sigma_A^2 = (40-20)^2 \times 1/2 + (0-20)^2 \times 1/2 = 400$ となるので，

$$リスク(\sigma_A) = \sqrt{400} = 20 \ （万円）$$

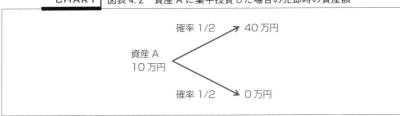

確率 1/2 → 40 万円

資産 A
10 万円

確率 1/2 → 0 万円

となります。

資産 A と資産 B に分散投資（A と B の価格が無相関のケース）

　次に，5 万円ずつ資産 A と資産 B に振り分けて分散投資する場合の売却時のポートフォリオの資産額の期待値と標準偏差を計算してみましょう。資産 A と B はそれぞれ購入時に 5 万円ですが，確率 1/2 で 20 万円に上がり，確率 1/2 で 0 円になります。ただし，両資産には相関がないと仮定されています。これは資産 A の価格に関わりなく，資産 B が 20 万円になるのは確率 1/2，0 円になるのも確率 1/2 ということです。したがって，資産 A と資産 B の資産額の組み合わせは（A, B）= {（20 万円, 20 万円），（20 万円, 0 円），（0 円, 20 万円），（0 円, 0 円）} という 4 つが考えられます（図表 4.3）。

　2 つの資産に分散投資されたポートフォリオの期待値 $E(A+B)$ は A の期待値と B の期待値の和になります。つまり，$E(A+B) = E(A) + E(B)$ です。このとき，

　　資産 A，B に分散投資したポートフォリオの期待値 $= E(A) + E(B)$

$$= \left(20 \times \frac{1}{2} + 0 \times \frac{1}{2}\right) + \left(20 \times \frac{1}{2} + 0 \times \frac{1}{2}\right)$$

$$= 20 \ （万円）$$

です。

　一方，資産 A，B に分散投資したポートフォリオの分散は以下の公式を利用して計算されます。

$$\mathrm{Var}(A+B) = \sigma_{A+B}^2 = \sigma_A^2 + \sigma_B^2 + 2\mathrm{Cov}(A, B)$$

各資産の分散 σ_A^2, σ_B^2 を合計するだけでなく，2 つの資産間の相関を考慮する

ために，第3章で学習した共分散を2倍したものを加えなければいけません。共分散は第3章の式（3.5）から $\mathrm{Cov}(A, B) = \sigma_A \sigma_B \rho_{AB}$ なので，

$$\sigma_{A+B}^2 = \sigma_A^2 + \sigma_B^2 + 2\sigma_A \sigma_B \rho_{AB}$$

となります。数値を入れて，それぞれを計算すると，

$$\sigma_A^2 = (20-10)^2 \times \frac{1}{2} + (0-10)^2 \times \frac{1}{2} = 100$$

$$\sigma_B^2 = \sigma_A^2 = 100, \quad \sigma_A = \sigma_B = \sqrt{100}, \quad \rho_{AB} = 0$$

ですので，

$$\sigma_{A+B}^2 = 100 + 100 + 0 = 200$$

$$\text{リスク}(\sigma_{A+B}) = \sqrt{200} \fallingdotseq 14.1 \ (\text{万円})$$

となります。

　2つのケースの期待値と標準偏差を比較してみると，集中投資するケースも分散投資するケースもいずれも売却時の総資産の期待値は20万円ですが，分散投資のリスクは集中投資のリスク20万円よりも小さくなっています。平均・分散アプローチでは，リスク回避的な投資家を想定しており，同じ期待値ならばリスクが小さい方が効用は高いので，分散投資する方が好ましいといえます。

　では，なぜ複数の資産に分散投資することで，資産の期待値を低下させることなく，リスクを小さくすることができるのでしょうか？ 実は，分散投資が有効かどうかは資産価格間の相関係数が重要な役割を果たしています。それを考えるために，資産Aと資産Bの価格変動に相関係数1の正の相関が見られるときと，相関係数-1の負の相関が見られるときを考えてみましょう。2つ

の価格の相関係数が 1 というのは，資産 A の価格が上昇するときに必ず資産 B の価格が上昇し，資産 A の価格が下落するときに必ず資産 B の価格が下落することを意味します。反対に，相関係数が−1 というのは，資産 A の価格が上昇するときに必ず資産 B の価格が下落するというように，資産 A と資産 B の価格があべこべに変化するときのことをいいます。

▌資産 A と資産 B に分散投資（相関係数 1 の正の相関のケース）▌

5 万円ずつ資産 A と資産 B に振り分けて分散投資するケースの売却時のポートフォリオの資産額の期待値と標準偏差を計算してみましょう。資産 A と資産 B の価格変動に相関係数 1 の正の相関が見られるときの期待値は 20 万円であり，ケース 2 と変わりません。一方，分散は

$$\sigma_{A+B}^2 = \sigma_A^2 + \sigma_B^2 + 2\sigma_A\sigma_B\rho_{AB}$$
$$= 100 + 100 + 2 \times \sqrt{100} \times \sqrt{100} \times 1$$
$$= 400$$
$$リスク(\sigma_{A+B}) = \sqrt{400} = 20 \ （万円）$$

となります。

▌資産 A と資産 B に分散投資（相関係数−1 の負の相関のケース）▌

最後に，資産 A と資産 B の価格変動に相関係数−1 の負の相関が見られるときの期待値と標準偏差を計算します。この場合の期待値もケース 2 と同じですので，20 万円です。

一方，分散は

$$\sigma_{A+B}^2 = \sigma_A^2 + \sigma_B^2 + 2\sigma_A\sigma_B\rho_{AB}$$
$$= 100 + 100 + 2 \times \sqrt{100} \times \sqrt{100} \times (-1)$$
$$= 0$$
$$リスク(\sigma_{A+B}) = 0 \ （万円）$$

となり，リスクが消えてしまいます。リスクがゼロというのは，将来どのような状態になろうとも，売却時のポートフォリオの資産額が変わらないというこ

とを示しています。相関係数が－1の場合，期待値が20万円なので，資産A
や資産Bの価格が上がろうが下がろうが将来売却するときには20万円が手に
入ることになります。これを経済学の用語では**フリーランチ**（タダ飯）といい
ます。投資家がすべて合理的と想定されている現代ファイナンス理論では，リ
スクを抱える代償としてリターンが得られる，もしくはリターンを得るにはリ
スクを享受しないといけないと考えられています。もし，リスクがなく，必ず
儲かるような収益機会があるならば，合理的な投資家が殺到してその収益機会
から投資利益を上げるので，瞬時に価格が調整されて，リスクのない収益機会
は消滅するからです。したがって，フリーランチはありえないとされています。

　相関係数が1のケースの期待値20万円，リスク20万円というのは1つの資
産に集中投資しているケースと同じ結果になっていることにも注目してくださ
い。相関係数が1のケースでは分散投資しているにもかかわらず，集中投資と
同じ結果になるのはなぜでしょうか？

　資産Aと資産Bの価格変動に負の相関があるときにポートフォリオのリス
クが減少するのは，ある資産からの収益が下がったとしても別の資産からの収
益が上がることによって，ポートフォリオの収益の悪化を防いでいるからです。
反対に，価格変動に正の相関があれば，ある資産からの収益が上がる（下が
る）ときに，別の資産からの収益が上がる（下がる）傾向があるために，良い
ときと悪いときの差が激しくなります。よってポートフォリオ全体のリスクは
高くなります。

　完全に正相関しているケースでは資産Aの価格が上がるときには必ず資産
Bの価格が上がり，資産Aの価格が下がるときには必ず資産Bの価格が下が
ることから，結局，分散投資によるリスク分散効果はなくなってしまいます。
相関係数が－1のケースのように，完全に負の相関が見られる資産に分散投資
すれば，資産Aの収益の悪化を資産Bの収益の改善が完全に補ってくれるこ
とによって，ポートフォリオ全体のリスクをゼロにまで減らすことができます。
相関の低い資産に分散投資することによって得られるリスク低減効果というの
は，たとえていうならば，失業して困っているときに保有していた資産の価格
が上昇し，失業による損失を補てんしてくれるようなものです。

　では，負の相関がなければ分散投資の効果はないのでしょうか？　確かに相

関が低いほど，リスク分散効果が大きいですが，少なくとも完全な正の相関関係でなければ分散投資にはリスクを軽減する効果があります。

システマティック・リスクと固有リスク

　ポートフォリオに複数の資産が含まれる場合を考えてみましょう。前節でわかったことを複数の資産に応用すると，ポートフォリオに含まれる資産のすべての組み合わせに対して価格の相関係数が1という場合を除くと，分散投資によるリスク低減効果があるということになります。資産価格間で完全に正の相関関係が見られることは非常に珍しいことなので，集中投資よりも分散投資が好ましいことは明らかです。反対に，相関係数が−1のときのように分散投資によってリスクがまったくなくなってしまうということも現実にはあまり見られません。では，分散投資によって消去できないリスクや消去可能なリスクとは具体的に何のことでしょうか？

　資産価格の変動要因には，多くの資産に共通して影響する要因と特定の資産にのみ影響する要因があります。多くの資産に共通な要因とは，たとえば，景気循環や金利動向等のマクロの経済情勢の変化などで，分散投資したとしても各資産価格が同じ方向に変化するため，ポートフォリオのリスク（標準偏差）は軽減されない要因です。このような分散投資によって消去不可能な要因を**市場リスク**（マーケット・リスク），または**システマティック・リスク**といいます。

　一方，特定の資産価格にのみ影響する要因としては，新商品開発の成功や役員の交代といったものがあり，**固有リスク**，または**アンシステマティック・リスク**といわれます。ポートフォリオの中に数多くの資産が含まれると，正の固有リスクと負の固有リスクが相殺されるため，このようなリスクは分散投資によって消去できると考えられています。

　たとえば，**図表4.4**の左図に示したように，すべてのリスクがお互いに無相関な場合，ポートフォリオに組み込まれる証券の銘柄を多くする（nを上昇させる）ことによって，企業の固有のリスクが分散され，ポートフォリオのリスクは低下していきます。しかし，すべての銘柄に共通のリスク，つまりすべ

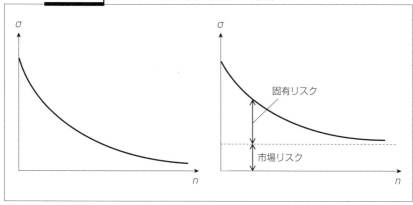

CHART 図表4.4　分散投資によるリスク低減

ての資産価格に対して影響を及ぼすリスクは，分散投資を進めても，ポートフォリオ・リスクを低下させるには限界があります。**図表4.4** の右図では，組み込まれる証券の銘柄を非常に多くしたとしても，ポートフォリオのリスクがゼロにはならないことを示しています。

　ポートフォリオに組み入れる証券が国内企業の株式だけなら，国内株式に共有の市場リスクを回避することはできませんが，外国企業の株式を組み入れることで，ある程度まではリスクを軽減することが可能となります。国際分散投資のメリットはそこにあるのです。したがって，ポートフォリオの**ユニバース**（組み入れ候補の個別銘柄）をどのように設定するかは非常に重要なのです。

　ポートフォリオの選択(1)

▮▶　2つの資産の組み合わせ

　資金制約のもとでどの資産をどれだけ保有するかを決めることを**ポートフォリオの選択**といいます。その目的はリスクを抑えつつ最大の収益を得ようとすることです。平均・分散アプローチを用いて期待効用を最大化することはそのための1つの方法です。

　ポートフォリオの選択は2つの段階に分けられます。第1段階はリスク資産の最適な組み合わせを見つけることであり，第2段階は，それによって組み合

わされた**リスク資産ポートフォリオ**と無リスク資産の最適な組み合わせを見つけることです。

リスク資産と無リスク資産の組み合わせ

まず，第1段階に入る前の準備として，投資資金を1つのリスク資産と1つの無リスク資産に分散投資するとき，両資産にどのように投資するべきか，両資産への配分比率（ウエイト）を考えてみましょう。

無リスク資産とはリスクがない資産，つまり購入した時点で将来の価格やリターンが事前に決まっている資産を指し，銀行の普通預金や満期まで保有するときの定期預金や国債などがそれに相当します。一方，リスク資産とは購入した時点で将来の価格やリターンに不確実性がある資産で，株式や社債，為替などをいいます。

リスク資産のリターンを r_1，無リスク資産のリターンを r_f，リスク資産と無リスク資産のウエイトを w と $1-w$ と表すことにします。これらウエイトの和は1であり，リスク資産のウエイト w が非負であると仮定します。リスク資産のリターンには不確実性があるため，r_1 は確率変数であり，期待リターン $E(r_1)$ と標準偏差 σ_1 が定数として与えられています。一方，無リスク資産のリターンには不確実性がないので確実に r_f（定数）が得られると仮定されています。

ポートフォリオのリターン r_p はリスク資産の期待リターン r_1 と無リスク資産のリターン r_f をそれぞれの資産のウエイトで加重平均したものになります（図表4.5）。

$$r_p = wr_1 + (1-w)r_f$$

このポートフォリオのリターン r_p の期待値とリスク（標準偏差）を求めてみましょう。リスク資産のリターン r_1 は確率変数であり，その期待値は $E(r_1)$ ですが，無リスク資産のリターン r_f は定数なので $E(r_f) = r_f$ となり，ポートフォリオのリターン r_p の期待値 $E(r_p)$ は，

$$E(r_p) = wE(r_1) + (1-w)r_f$$

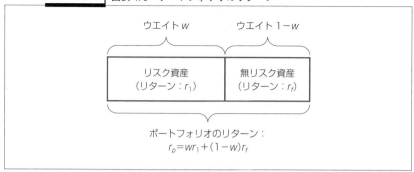

です。さらに w でまとめると，

$$E(r_p) = r_f + w(E(r_1) - r_f)$$

と表せます。

　具体的な数値例として，リスク資産は過去の価格変動からリターンの期待値（期待リターン）が年率14%（0.14）で，リターンの標準偏差が20%（0.20），また，無リスク資産のリターンは年率2%（0.02）であることが過去のデータからわかっているとします。

　ここで，$E(r_1) = 0.14$，$r_f = 0.02$ を代入して，リスク資産のウエイトと無リスク資産のウエイトを変えることによって，2つの資産を組み合わせたポートフォリオの期待リターンと標準偏差がどのように変わるかを見てみましょう。上式は以下のように変換されます。

$$E(r_p) = 0.02 + (0.14 - 0.02) \times w = 0.02 + 0.12w \tag{4.1}$$

　一方，ポートフォリオのリターンの標準偏差 σ_p は無リスク資産のリターンの標準偏差が 0（$\sigma_f = 0$）なので，

$$\sigma_p^2 = E(r_p - E(r_p))^2 = E\{w(r_1 - E(r_1)) + (1-w)(r_f - E(r_f))\}^2$$
$$= E\{w(r_1 - E(r_1))\}^2 = w^2 \sigma_1^2$$

となります。また，リスク資産のウエイトが非負であることから，

$$\sigma_p = w\sigma_1 \tag{4.2}$$

が得られ，$\sigma_1 = 0.20$ を代入すると，$\sigma_p = 0.2w$ となります。

　図表4.6はリスク資産のウエイト（w_1）に 0，0.25，0.5，0.75，1，1.25 を代入したときのポートフォリオの期待リターンとリスク（標準偏差）を計算したものです。それぞれのウエイトに応じて，ポートフォリオは A から F まで名付けられています。ポートフォリオの期待リターン $E(r_p)$ とリスク（標準偏差）σ_p の実現可能な組み合わせは**機会曲線**と呼ばれます。$E(r_p)$ を縦軸，σ_p を横軸にとって，機会曲線を図示すると**図表4.7**のように右上がりの直線になります。

　ポートフォリオ A は無リスク資産のウエイトが100% であるため，期待リターンと標準偏差は無リスク資産のそれらと同じになっています。また，ポートフォリオ E はリスク資産が100% であるため，期待リターンと標準偏差はリスク資産のそれらと同じになっています。ポートフォリオ B から D まではポートフォリオ A と E の間の線分上で，リスク資産と無リスク資産のウエイトに応じた内分点に位置しています。

　このようにポートフォリオが一直線上に並んでいるのは，ポートフォリオの期待リターンと標準偏差に線形の関係があるからです。ポートフォリオの期待リターン（4.1）と標準偏差（4.2）の2式から w を消去すると，

$$E(r_p) = 0.02 + 0.6\sigma_p \tag{4.3}$$

となり，生成されたポートフォリオは切片が 0.02 で傾きが 0.6 の直線上に位置しています。w の値が大きくなるほどポートフォリオ A から離れた直線上の点になっていくのがわかるでしょう。

　ポートフォリオ F はリスク資産が125%，無リスク資産が-25% のポートフォリオです。これは与えられた投資資金を超える金額をリスク資産に投資していることを表しており，そのために借金をしていることを意味しています。無リスク資産に投資する場合は r_f のリターンを得られますが，借金をする場合は返済時に r_f のリターンを失うことになります。ただし，リスク資産の期待リターン $E(r_1)$ は r_f よりも大きいので，平均的には投資資金以上の金額を

ポートフォリオ	リスク資産のウエイト	無リスク資産のウエイト	期待リターン（$E(r)$）	標準偏差（σ）
A	0%	100%	0.02	0.00
B	25%	75%	0.05	0.05
C	50%	50%	0.08	0.10
D	75%	25%	0.11	0.15
E	100%	0%	0.14	0.20
F	125%	−25%	0.17	0.25

CHART | 図表 4.7　機 会 曲 線

リスク資産に投資すると大きく儲かることになっています。

　この「平均的には」というのには注意が必要です。期待リターンとは投資する前に予想されるリターンの期待値を表しており，それが平均的に無リスク資産よりも高いということを表しているにすぎません。つまり，投資後に実際に確定するリターン（事後的なリターン）が無リスク資産よりも高いかどうかは保証の限りではないのです。事後的にリターンが負になること，つまり損をすることもありえます。借金をしてリスク資産に投資することのリスクが高いことは，ポートフォリオ F の標準偏差がポートフォリオ A〜E のいずれの標準偏差よりも高いことから明らかです。「ハイリスク・ハイリターン」という格言

通り，期待リターンが高いほどリスクが高くなっています。

┃ 2つのリスク資産の組み合わせ ┃

　次に，最適なポートフォリオを生成するための第1段階として，投資資金を2つのリスク資産に分散投資するときの分配の仕方を考えましょう。リスク資産1のリターンを r_1，リスク資産2のリターンを r_2，リスク資産1とリスク資産2のウエイトをそれぞれ w と $1-w$ と表します。また，リスク資産1の期待リターン $E(r_1)$ は年率14%（0.14），標準偏差 σ_1 は20%（0.20），リスク資産2の期待リターン $E(r_2)$ は年率4%（0.04），標準偏差 σ_2 は15%（0.15）で既知とします。このとき，リスク資産1とリスク資産2の最適な配分比率（ウエイト）はいくらでしょうか？

　2つのリスク資産からなるポートフォリオは，リスク資産と無リスク資産のポートフォリオと同じように考えればよいでしょう。ポートフォリオの期待リターン $E(r_p)$ は，

$$E(r_p) = wE(r_1) + (1-w)E(r_2)$$

です。一方，ポートフォリオのリターンの標準偏差 σ_p は分散の公式（第3章，(3.3) 式を参照）を使って，

$$\begin{aligned}
\sigma_p^2 &= E(r_p - E(r_p))^2 = E\{w(r_1 - E(r_1)) + (1-w)(r_2 - E(r_2))\}^2 \\
&= w^2\sigma_1^2 + (1-w)^2\sigma_2^2 + 2w(1-w)\mathrm{Cov}(r_1, r_2) \\
&= w^2\sigma_1^2 + (1-w)^2\sigma_2^2 + 2w(1-w)\sigma_1\sigma_2\rho_{12}
\end{aligned}$$

と表せます。

　これらの式にすでにわかっている $E(r_1) = 0.14$，$\sigma_1 = 0.20$，$E(r_2) = 0.04$，$\sigma_2 = 0.15$ を代入し，リスク資産1とリスク資産2のウエイトを変えることによって，2つの資産を組み合わせたポートフォリオの期待リターンと標準偏差がどのように変わるかを表したのが**図表4.8**です。前項と異なり，リスク資産1と2のリターンの相関係数（ρ_{12}）によって結果が異なるため，表では相関係数が1，0，−1の場合のポートフォリオの期待リターンと標準偏差を計算しています。

ポートフォリオ	リスク資産1のウエイト	リスク資産2のウエイト	期待リターン（$E(r)$）	標準偏差（σ）	
$\rho = 1$	0%	100%	0.040	0.150	点A（最小分散ポートフォリオ）
	25%	75%	0.065	0.163	
	50%	50%	0.090	0.175	
	75%	25%	0.115	0.188	
	100%	0%	0.140	0.200	点B
$\rho = 0$	0%	100%	0.040	0.150	点A
	25%	75%	0.065	0.123	
	36%	64%	0.076	0.120	点D（最小分散ポートフォリオ）
	50%	50%	0.090	0.125	
	75%	25%	0.115	0.155	
	100%	0%	0.140	0.200	点B
$\rho = -1$	0%	100%	0.040	0.150	点A
	25%	75%	0.065	0.063	点E
	43%	57%	0.083	0.000	点C（最小分散ポートフォリオ）
	50%	50%	0.090	0.025	
	61%	39%	0.101	0.063	点F
	75%	25%	0.115	0.113	
	100%	0%	0.140	0.200	点B

　この結果をもとに，$E(r_p)$ を縦軸，σ_p を横軸にとって機会曲線を図示したのが，**図表4.9** です。

　ρ が1のとき，つまり2つのリスク資産のリターンは完全に正の相関関係のときの機会曲線は線分 AB となります。第1節で見たように相関係数が1の場合にはリスク分散ができていないため，2つのリスク資産をどのように組み合わせても，リスク資産2のリスク（0.15）よりもリスクを低くすることはできません。また，期待リターンを高めようと組み合わせを変えると必ずリスクも同時に高まることになります。

　ところが，ρ が1より小さくなると分散投資の効果が現れ，リスクが軽減されるため，機会曲線は左に湾曲した曲線（双曲線）になります。したがって，ρ が1のときと同じ期待リターンでもリスクを下げることができます。ρ が−1に近くなれば機会曲線は大きく左に湾曲するのに対し，ρ が1に近いほど左に湾曲する度合いが小さくなります。**図表4.10** は ρ が−0.5，0，0.5のときの機会曲線が描かれています。

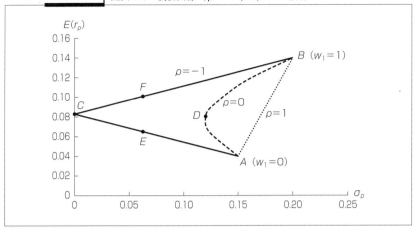

CHART 図表4.10 機会曲線（ρ＝−0.5, 0, 0.5の場合）

　ρが−1のとき，2つのリスク資産のリターンが完全に負の相関関係にあり，機会曲線は線分ACおよび線分CBとなります。点Cでは標準偏差がゼロとなり，2つのリスク資産に対して適切に分散投資すればリスクが完全に消去できることを示しています（このときのリスク資産1のウエイトは43%，資産2のウエイトは57%です）。

　点Cおよび点Dはρが−1, 0のもとで標準偏差が最も小さくなるポートフォリオの組み合わせを表しており，これらのポートフォリオを**最小分散ポート**

フォリオといいます。

ポートフォリオの期待リターンは，相関係数がどのような値であっても，2つのリスク資産それぞれの期待リターン（$E(r_1)=0.14$ と $E(r_2)=0.04$）の間に入っていることが**図表 4.10** から確認できます。一方，ポートフォリオの標準偏差（リスク）は，ρ が1以外のときには，2つのリスク資産のそれぞれの標準偏差（$\sigma_1=0.2$ と $\sigma_2=0.15$）の値よりも小さくなっていることがわかります。つまり，分散投資にリスク軽減効果があることを示しています。

線分 AC 上の任意の点において，同じリスク σ でより高い期待リターンを得られる点が線分 CB 上に存在します。たとえば，点 E はリスク資産1とリスク資産2の構成比率が25%，75% のポートフォリオであり，その標準偏差は0.063，期待リターンは0.065です。ところが2つの資産の構成比率を61%，39% に変えることで，ポートフォリオの標準偏差を増やすことなく，期待リターンを0.101に上昇させることができます。よって，リスク回避的な投資家ならば，線分 CB 上のポートフォリオを選択することはあっても，線分 AC 上のポートフォリオは選択しません。線分 CB は所与のリスクで最大の期待リターンをもたらすポートフォリオの集合を表しており，**効率的フロンティア**と呼ばれます。最小分散ポートフォリオから始まる機会曲線の上側部分がそれに相当し，ρ が0のときの曲線 DB や ρ が1のときの線分 AB も効率的フロンティアです。

4 ポートフォリオの選択(2)

複数の資産の組み合わせ

多数銘柄のリスク資産の組み合わせ

前節では2つのリスク資産からなるポートフォリオを考察しましたが，リスク資産が3つ以上ある場合でも，同じ方法を繰り返すことで機会曲線を導くことができます。リターンが完全に相関していない3つのリスク資産A，B，Cがあるとき，リスク資産AとB，リスク資産BとC，リスク資産CとAを組み合わせると，**図表 4.11** のように，曲線 AB，曲線 BC，曲線 CA が機会曲線

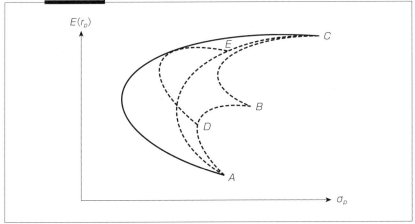

として描けます。どれもが左に湾曲しているなめらかな曲線で，分散投資によってリスクが軽減されます。

さらに，曲線 AB，曲線 BC，曲線 CA の任意の点の組み合わせをとることで，曲線 DE のような新たな機会曲線を描くこともできます。最終的に3つのリスク資産を組み合わせて実現できるポートフォリオの期待リターン $E(r_p)$ と標準偏差 σ_p の組み合わせが左上方向に広がっていきます。

完全に相関していないリスク資産の数を増やしていけば，リスク軽減効果が高まるので，同じ期待リターンでより標準偏差が小さいポートフォリオを選択できます。最終的に，多くのリスク資産をポートフォリオに取り込んで描いた機会曲線が図表 4.12 です。

ここで，複数のリスク資産のみに投資する場合のポートフォリオの最適な組み合わせを考えてみましょう。機会曲線上およびその内部の領域は，ポートフォリオの生成が可能であり，この領域を投資可能集合といいます。しかし，図表 4.13 の点 S のように機会曲線の内側にあるポートフォリオは，同じ標準偏差でより高い期待リターンが得られるポートフォリオ（点 S'）が存在するため効率的ではありません。反対に，点 S' は同じ標準偏差でより高い期待リターンが投資可能集合の中に存在しないので，効率的です。

このように投資可能集合の中に存在する，所与の標準偏差で期待リターンが最も高いポートフォリオや，所与の期待リターンで標準偏差が最も低いポート

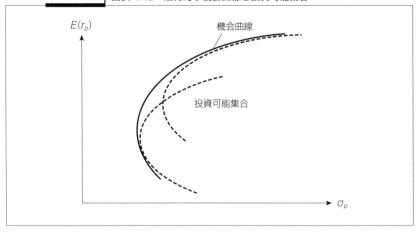

CHART 図表4.12 最終的な機会曲線と投資可能集合

$E(r_p)$

機会曲線

投資可能集合

σ_p

CHART 図表4.13 効率的フロンティアと最適ポートフォリオ

$E(r_p)$

U'

U

S'

T

効率的フロンティア

最適ポートフォリオ

V

最小分散ポートフォリオ

・S

σ_p

フォリオを集めたものが**効率的フロンティア**となります。したがって，最小分散ポートフォリオ（点V）よりも期待リターンが高い効率的フロンティアが最適なポートフォリオの候補として選ばれることになります。

　一方，平均・分散アプローチでのリスク回避的な投資家の無差別曲線は**図表4.13**のUのように下に凸の弓型の形状となり，左上に位置するほど効用が高くなります。無差別曲線U'の効用とUの効用を比べるとU'の効用が高いで

す。そこで，投資家はなるべく高い効用を得られる効率的なポートフォリオを選択することになります。結果的には，無差別曲線と効率的フロンティアの接点となる点 T が投資家にとっての**最適ポートフォリオ**です。

点 T におけるポートフォリオの期待リターンと標準偏差が決定されると，そこに組み込まれるリスク資産の配分（ウエイト）が算出できます。点 T は効率的フロンティア上にあり，同時に無差別曲線上にあるので，投資家のリスク回避度を反映した，実現可能なポートフォリオ選択となっているのです。

すべての投資家がリスク資産の期待リターン，標準偏差，リスク資産間の相関係数について知っていると仮定しているので効率的フロンティアはすべての投資家にとって共通です。しかし，無差別曲線が投資家のリスク回避度によって異なるならば，最適ポートフォリオは各人によって異なることになり，そのため最適ポートフォリオに含まれるリスク資産の配分も異なってきます。

無リスク資産と複数のリスク資産の組み合わせ

最後に，無リスク資産も投資対象に加えて，複数のリスク資産と無リスク資産に投資する場合のポートフォリオの最適な組み合わせを考えてみましょう。リターンに不確実性があるリスク資産だけでなく，リターンが確実な無リスク資産にも投資する（もしくは預金する）ことは一般的です。

まず，複数のリスク資産の効率的な組み合わせ方として，左に湾曲した機会曲線を得ます。リスク資産間の効率的な組み合わせは効率的フロンティア上の点にあり，この効率的フロンティアは投資家のリスク回避度（無差別曲線）に関わりなくすべての投資家にとって共通なものです（**図表4.14**の点 V から右上への曲線）。次に，この効率的フロンティア上の1点（リスク資産ポートフォリオ）と無リスク資産をどのように組み合わせるべきかを考えましょう。

図表4.14にあるように，無リスク資産はリターンが r_f，標準偏差がゼロなので縦軸上の点 F で表されます。無リスク資産（点 F）と効率的フロンティア上の1点を組み合わせてできるポートフォリオは，これら2点間の直線上の点になります。最適なポートフォリオはこのような実現可能な直線上の点の中で最も効率的な線分上から選択されます。

ここで，リスク資産Aに50%，リスク資産Bに30%，リスク資産Cに20

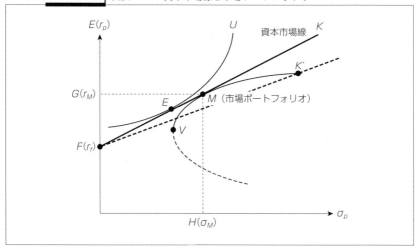

CHART | 図表 4.14　資本市場線と市場ポートフォリオ

%となるようなポートフォリオを1つのリスク資産ポートフォリオとみなせば，第3節はじめの「リスク資産と無リスク資産の組み合わせ」と同じように考えることができます。無リスク資産とリスク資産ポートフォリオの配分を変えることで，2点を結ぶ直線上の点のいかなる点も実現可能なポートフォリオとなります。

　このような実現可能なポートフォリオの中で最も効率的なものは，点Fから効率的フロンティアに引いた接線上の任意の点です。もちろん投資可能集合のすべての点は投資家にとって実現可能であり，たとえば効率的フロンティア上にある点K'と点Fを結んだ線分FK'のいかなる点も実現可能なポートフォリオです。しかし，線分FK'の任意の点と比べて，同じリスクで高い期待リターンを与える点を接線FK上に見つけることができます。別の言い方をすれば，点Fと効率的フロンティア上の任意の点を結ぶ線の傾きを最大化したのが接線FKです。傾きは期待リターンとリスクの比率であり，リスク対比で期待リターンを上げていくと上限となるのが接線FKなのです。この接線FKは**資本市場線**と呼ばれ，無リスク資産と複数のリスク資産が投資対象になるときの最も効率的なリスクと期待リターンの組み合わせとなります。

　ここで，接点Mによって表されるリスク資産ポートフォリオの期待リターンを$E(r_M)$，標準偏差をσ_Mと表します。接点Mで表される**リスク資産ポート**

4　ポートフォリオの選択(2)　● 87

フォリオは無リスク資産があるときの最も効率的なリスク資産の組み合わせとなっています。そのため、分散投資によって消去可能な固有リスクはなく、消去できない市場リスクのみを有しているので、**市場ポートフォリオ**、または、**マーケット・ポートフォリオ**と呼ばれます。

リスク資産から導出される効率的フロンティアと無リスク資産は投資家のリスク回避度（および無差別曲線）に関係なく誰にとっても共通なので、それらを組み合わせて構築される資本市場線も共通です。したがって、市場ポートフォリオを生成するリスク資産の組み合わせ（点 M）は、前項の無リスク資産がない場合のリスク資産の組み合わせ（図表4.13の点 T）とは異なり、すべての投資家に共通になります。

投資家によって異なるのは、無リスク資産とリスク資産ポートフォリオの組み合わせ（点 E）です。投資家にとっての最適なポートフォリオは、資本市場線と無差別曲線の接点で決定されます。リスク回避度が高い投資家の無差別曲線は点 F に近いところで資本市場線と接し、最適なポートフォリオには無リスク資産の構成比率が高くなります（ローリスク・ローリターン）。一方、リスク回避度が低い投資家の無差別曲線は点 M に近い接点をとるので、リスク資産の構成比率が高いポートフォリオになります（ハイリスク・ハイリターン）。結果的に、最適なポートフォリオの期待リターンと標準偏差は投資家によって異なることになります。

1つのリスク資産と1つの無リスク資産に分散投資するときのポートフォリオの組み合わせと同様に、点 M よりも右上の部分で無差別曲線と資本市場線が交わることもあります。無リスク資産を借りて（借金をして）、保有資金以上にリスク資産ポートフォリオに投資する場合です。

このように、ポートフォリオの最適化は2段階にわたって行われます。第1段階は、リスク資産の最適な組み合わせ、つまりリスク資産ポートフォリオの選択ですが、これは無リスク資産がある場合、市場ポートフォリオに決定されます。したがって、そこに投資家に選択の余地はありません。第2段階は、市場ポートフォリオという投資家に共通のリスク資産と、投資家に共通の無リスク資産をどのようにポートフォリオに組み入れるかという2資産の配分です。これは投資家の選好によって異なります。各投資家の無差別曲線の形状に従っ

Column ❺　マーコウィッツとトービン

　1938 年にジョン・ウィリアムズによって配当割引モデルによる株価分析手法が発表され，それに触発されたハリー・マーコウィッツ（Harry Markowitz, 1927-2023）は 1952 年に分散・共分散を使って，ポートフォリオのリスクとリターンの関係を関連づける新たな理論を発明しました。さらに，リスクとリターンの関係が効率的になる効率的ポートフォリオという概念を提唱しました。

　ポートフォリオ選択に関するマーコウィッツの博士論文に対し，指導教官であったフリードマンが「これは経済学ではない」と，博士号の授与を渋ったという逸話があります。数理的な手法であるオペレーションズ・リサーチ（OR）を活用したマーコウィッツのアイデアはそれほど斬新だったのです。そして，これらの功績はノーベル経済学賞（1990 年）の受賞につながりました。

　一方，ケインズ派の経済学者として有名なジェームズ・トービン（James Tobin, 1918-2002）は，本章で取り上げる「分離定理」や「q 理論」，「トービン税」など，さまざまな分野で非常に幅広く経済学の発展に寄与しました。その中でノーベル経済学賞（1981 年）の受賞に直接つながったのは，「ポートフォリオ理論」と「q 理論」と呼ばれる金融経済学への貢献です。トービンは株式のような価格変動を伴うリスク資産と預金のような価格変動を伴わない無リスク資産の間の最適なポートフォリオの比率を理論的に導出しました。そして，無リスク資産とリスク資産の比率の決定と，リスク資産ポートフォリオの配分の問題を別々に考えることができること（分離定理）で，難題を解決することができることを示しました。リスクとリターンの関係が資本市場線という直線上で議論できることはトービンの分離定理の成果なのです。

マーコウィッツ（左）とトービン（右）（写真提供：時事，AFP＝時事）

て，両者の最適な組み合わせが投資家のリスク回避度を反映して決定されます。

　無リスク資産が投資対象でない場合には，リスク資産ポートフォリオにおける個別銘柄の構成は投資家の選好に依存していましたが，無リスク資産が投資対象になる場合は，リスク資産ポートフォリオの最適な構成は投資家の選好とは無関係なものとなっていることは非常に重要な点です。「リスク資産ポートフォリオがどのような個別銘柄の組み合わせから構成されているかという最適ポートフォリオの構成比率の問題」が投資家の裁量の範囲外となり，投資家は「リスク資産ポートフォリオと無リスク資産をどう組み合わせるべきかという問題」のみに集中すればいいからです。この2つの問題を別々に考えてよいということを**分離定理**といいます。

EXERCISE ● 練習問題

① 証券投資論に関する記述として，最も適切なものはどれか。ただし，投資家はリスク回避的であり，安全資産への投資が可能であるものとする。
　1. 効率的フロンティアは，安全資産より期待収益率の高いポートフォリオすべての集合である。
　2. 最適なリスク・ポートフォリオは，投資家のリスク回避度とは無関係に決まる。
　3. 市場ポートフォリオの有するリスクは，すべてのポートフォリオの中で最小である。
　4. 投資家のリスク回避度は，効率的フロンティアに影響を与える。
　　　　　　　　（「2021年度 中小企業診断士 第1次試験」財務・会計 第20問）

② 次の文章は，X，Yの2資産から構成されるポートフォリオのリターンとリスクの変化について，説明したものである。空欄A～Dに入る語句の組み合わせとして，最も適切なものを下記の解答群から選べ。
　　以下の図は，X，Yの2資産から構成されるポートフォリオについて，投資比率をさまざまに変化させた場合のポートフォリオのリターンとリスクが描く軌跡を，2資産間の　A　が異なる4つの値について求めたものである。
　　X，Yの　A　が　B　のとき，ポートフォリオのリターンとリスクの軌跡は①に示されるように直線となる。　A　が　C　なるにつれて，②，③のようにポ

ートフォリオのリスクをより小さくすることが可能となる。

　　A が D のとき，ポートフォリオのリスクをゼロにすることが可能となり，④のような軌跡を描く。

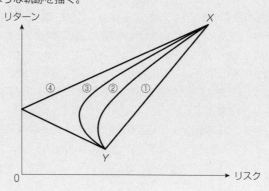

〔解答群〕

1．A：相関係数　B：−1　C：大きく　D：ゼロ
2．A：相関係数　B：＋1　C：小さく　D：−1
3．A：ベータ値　B：ゼロ　C：大きく　D：＋1
4．A：ベータ値　B：＋1　C：小さく　D：−1

（「2019 年度 中小企業診断士 第 1 次試験」財務・会計 第 17 問）

3 以下のグラフは，ポートフォリオ理論の下での，すべてのリスク資産と無リスク資産の投資機会集合を示している。これに関して，下記の設問に答えよ。

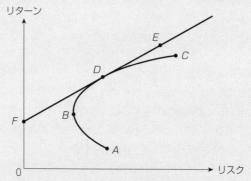

（設問 1）　無リスク資産が存在しない場合の記述として最も適切なものはどれか。

1．B-C 間を効率的フロンティアと呼ぶ。
2．均衡状態においては，すべての投資家が同一のポートフォリオを所有する。
3．合理的な投資家は A-B 間から，各人のリスク回避度に応じてポートフォリ

オを選択する。

4. 投資家のリスク回避度が高くなるほど，点Cに近いポートフォリオを選択する。

（設問2） 無リスク資産が存在する場合の記述として最も適切なものはどれか。

1. 均衡状態においては，すべての投資家が所有する危険資産と無リスク資産の比率は同じである。

2. 資金の借り入れが，無リスク資産利子率において無制限に可能である場合，投資家はD-E間を選択せず，F-D間から各自のリスク回避度に応じてポートフォリオを選択する。

3. すべてのリスク回避的な投資家は無リスク資産のみに投資する。

4. 点Dを選択する投資家も存在する。

（「2016年度 中小企業診断士 第1次試験」財務・会計 第18問）

4 ポートフォリオ理論におけるリスクに関する記述として最も適切なものはどれか。

1. 安全資産とは，リスクがなく，期待収益率がゼロである資産のことである。

2. 収益率が完全な正の相関を有する2つの株式へ分散投資しても，リスク分散効果は得られない。

3. 同一企業の社債と株式への投資を比較すると，リスクが高いのは社債への投資である。

4. 分散投資によって，リスクをゼロにすることができる。

（「2015年度 中小企業診断士 第1次試験」財務・会計 第19問）

5 システマティック・リスクの意味として，最も適切なものはどれか。

1. 先物価格と現物価格との差が理論値からかい離することにより損益が変動するリスク。

2. 市場全体との相関によるリスクであり，分散化によって消去できないリスク。

3. 市場で取引量が少ないために，資産を換金しようと思ったときにすぐに売ることができない，あるいは希望する価格で売ることができなくなるリスク。

4. 取引相手に信用供与を行っている場合に，取引相手の財務状況の悪化や倒産により利払いや元本の受取が滞ってしまうリスク。

（「2014年度 中小企業診断士 第1次試験」財務・会計 第21問）

第 **5** 章

CAPM（資本資産評価モデル）

株式のリターンは何によって決まるのか？

イントロダクション

　証券投資で大儲けした著名経済学者といえば，デビッド・リカードとジョン・メイナード・ケインズが有名です。

　「比較優位の理論」で知られる古典派経済学の理論家，デビッド・リカード（David Ricardo, 1772-1823）は 14 歳でロンドン証券取引所に出入りするや才覚を発揮し，20 歳になるころには独自で相場を張るようになりました。しかし，リカードが大儲けしたのは株式の売買ではなく，取引所の売買で主流であった英国債の引受人になってからでした。当時の英国債は直接売りに出されるのではなく，特定の公債引受人が落札し，それを一般の投資家に分売するというものでした。この引受人は，莫大な資金力を持つゴールドスミスやベアリングなどの大銀行家や商人が担っていましたが，その分売方法がとても不公平だったため，一般の投資家には大きな不満の種でした。そこで，リカードたちは，その状況を改善しようと共同事業体（コンソーシアム）を結成して，入札に参加することに成功しました。その後，7 つの大きな英国債入札を引き受けて大きく

リカード（左），ケインズ（中央），バフェット（右）（写真提供：dpa/時事通信フォト，時事，AFP＝時事）

稼いだリカードは，1815 年のナポレオン戦争の勝利に伴う英国債の価格上昇によってさらに儲かったので，事業を縮小して田舎での隠居生活を送ることになりました（若桑，2023）。

　一方，ケインズ革命と呼ばれるほどの画期的な理論と政策を提示したジョン・メイナード・ケインズ（John Maynard Keynes, 1883-1946）は，若いときから天性の優れた投資家というわけではなかったようです。株式や商品先物に投資して大失敗をし，一時は自己破産状態に陥り，親の助けを借りてなんとか危機を脱したこともありました。マクロ経済の動きを予測して，それを株式投資に利用する方法では思うような成果を上げることはできなかったケインズは，その後，バリュー（割安）株を選別して，集中投資するという投資法に切り替えて成功しました（森平，2007）。バリュー株とは，自己資本（純資産）の時価が簿価と比べて低く，株価が割安に放置されている銘柄のことです。このバリュー株投資は，アメリカで最も有名な投資家，ウォーレン・バフェット（Warren Buffett, 1930-）の得意な投資法としても世に知られています。

1 CAPM の理論

　第 4 章では，証券リターンの平均と分散に着目した効用関数を持つ投資家が個別証券のリスクとリターンの予想をもとに，どのような資産を選択するかという問題を扱いました。本章では，**CAPM**（Capital Asset Pricing Model：資本資

産評価モデル，「キャップエム」）を使って，すべての投資家がこのようなポートフォリオ理論に従って資産選択を行うならば市場で証券の価格がどのように価格づけされるかを考察します。証券価格の動きをすべて CAPM で説明できるわけではないことは，すでに数多くの実証研究で明らかになっています。しかし，CAPM の考え方は今も実務の世界で幅広く利用されています。たとえば，株価指数を再現するように株式ポートフォリオを生成して運用する「パッシブ運用」が正当化されたり，企業金融（コーポレート・ファイナンス）の分野で企業価値や企業の資本コストの計算式として CAPM が使われたりしています。

CAPM の前提条件

CAPM は経済学的な需要と供給の分析を金融資産市場に当てはめ，各証券の需要と供給が一致する（市場が均衡する）ときの条件を示したウィリアム・シャープらによる理論です（本章 106 頁の **Column ❻** を参照）。ファイナンス理論では各証券の発行残高が一定，つまり証券の供給量は一定と仮定されています。したがって，CAPM は需要量に応じて需要と供給が一致するように価格が決定される均衡理論です。

CAPM では以下の仮定が置かれます。

［仮定 1］　リスク回避的な投資家が平均・分散アプローチを用いてポートフォリオ選択を行う

［仮定 2］　各証券の期待リターンとリスク（標準偏差），リターンの相関係数について，すべての投資家が同じ予想をしている

［仮定 3］　すべての投資家は同一の無リスク資産の金利で自由に貸し借りができる

［仮定 4］　すべての証券は分割可能であり，税金や取引費用がかからない

［仮定 5］　証券を借りて売却し，値が下がった段階で買い戻すことで利益を得る，いわゆる「空売り」に関する制約がない

［仮定 6］　多数の投資家が存在し，取引行動が株価に影響を与えない

このような仮定を満たす金融市場を**完全資本市場**といいます。これは，取引を行ううえで何らかの障害がない，つまり摩擦のないということを表しています。

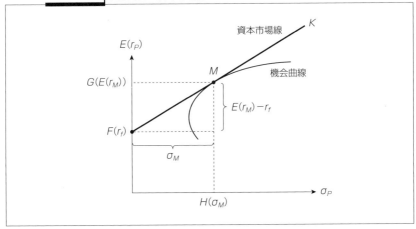

これらの仮定よって，**図表 5.1** のようにすべての投資家がリスク・リターン平面上にまったく同一の機会曲線を描くことになり，資産のすべてを無リスク資産で持った状態（点 F）から引かれる接線（資本市場線）も同一になります。その結果，リスク資産ポートフォリオ（点 M）に対する投資額は投資家ごとに異なるとしても，リスク資産ポートフォリオに占める個別株株式の構成は共通となります。

さらに，点 M でのリスク資産ポートフォリオは，市場で売買されているすべてのリスク資産を最も効率的に（リスク対比で見て期待リターンが最大化するように）構成したものであり，後述するように，市場と同じ構成比率を持つポートフォリオとなっています。日本の株式市場をユニバース（ポートフォリオへの組み入れ資産）とすると，その価格の動きは個別銘柄の時価総額で加重平均している東証株価指数（TOPIX）に相当します。そこで，このリスク資産ポートフォリオを**市場（マーケット）ポートフォリオ**と呼んでいます。

最も効率的にリスク資産を構成するポートフォリオが株価指数と同じ値動きをするといわれてもピンとこない人もいるでしょう。これを理解するために，次の例を考えてみましょう。ある投資家のリスク資産ポートフォリオの 30% が証券 A，40% が証券 B，30% が証券 C で構成されているとします。すべての投資家がリターンとリスクについて同じ予想を抱いているので（仮定 2），ポートフォリオの選択はみな同じです。よって，各投資家のリスク資産ポートフ

	証券A	証券B	証券C
個人1（w_1）	$0.3 \times w_1$	$0.4 \times w_1$	$0.3 \times w_1$
個人2（w_2）	$0.3 \times w_2$	$0.4 \times w_2$	$0.3 \times w_2$
個人3（w_3）	$0.3 \times w_3$	$0.4 \times w_3$	$0.3 \times w_3$
⋮	⋮	⋮	⋮
個人の合計（需要量）	$0.3 \times (w_1 + w_2 + ...)$	$0.4 \times (w_1 + w_2 + ...)$	$0.3 \times (w_1 + w_2 + ...)$
市場の供給量	証券Aの供給量 （0.3×市場総額）	証券Bの供給量 （0.4×市場総額）	証券Cの供給量 （0.3×市場総額）
各証券の時価総額比率	0.3	0.4	0.3

ォリオへの投資額は異なっているとしても，リスク資産ポートフォリオにおける各証券の構成比率はすべての投資家の間で同じになります。

　次に，すべての投資家が保有する証券Aの合計（需要量）は証券Aの発行残高（供給量）と均衡において一致します。証券BとCについても同様に，証券ごとに総供給量と総需要量が一致していないといけません。すべての投資家の全投資額はすべての投資先企業の時価総額と一致しているはずなので，各証券への投資比率はその証券が証券市場に占める時価総額（株価×発行済株式数）の比率と一致することになります。

　図表5.2の具体例によると，証券Aに対する個人の合計（需要量）は証券Aの供給量に一致し，それは市場総額の30%に相当します。この30%という数値は投資家が選ぶという前提で議論を始めましたが，すべての個人が同じリスク資産を構成するという仮定のもとでは，市場における証券Aの時価総額比率によって自動的に決まってくるものであり，個人が自由に選択できるものではないのです。証券BやCについても同じことであり，すべての証券について，リスク資産ポートフォリオの構成比率は各証券の時価総額比率と一致するのです。

　つまり，リスク資産ポートフォリオ（市場ポートフォリオ）に占める各証券の割合はすべてのリスク資産の時価総額の和に占める当該証券の時価総額になります。そして，その価格は時価総額比率で各証券の株価を加重平均して算出されたものになります。

厳密には，市場ポートフォリオに，市場に存在するすべての金融資産，たとえば日本の株式や債券のみならず，外国の株式や不動産，金（gold）など，あらゆる金融証券が含まれることになります。しかし，現実にはそのような市場ポートフォリオを生成することも，測定することも不可能なので，概念上のポートフォリオと考えるべきでしょう。TOPIX は東京証券取引所の 1 部上場銘柄を対象として各銘柄の時価総額を合計し，1968 年 1 月 4 日を基準日に，当時の時価総額を 100 として算出されたものですので，日本の株式をユニバースとしたときの市場ポートフォリオの代理変数として使われています（ちなみに，2022 年の市場区分の変更を契機に，2025 年 1 月末までを移行期間として，TOPIX の構成銘柄が変更されています）。

リスクの市場価格

　無リスク資産があるときに，合理的な投資家が選ぶ最適なポートフォリオが資本市場線上にあることを思い出しましょう。投資家のリスク選好度によって，最適なポートフォリオは異なりますが，それらは資本市場線上にあるかぎり，リスクを上げずには期待リターンの上昇を得られないという意味で効率的です。

　図表 5.1 において，資本市場線のリスク σ_P と期待リターン $E(r_P)$ の関係は，傾きが $\frac{E(r_M) - r_f}{\sigma_M}$ で，切片が r_f であることから，

$$E(r_P) = r_f + \frac{E(r_M) - r_f}{\sigma_M} \sigma_P \tag{5.1}$$

で表されます。$E(r_M)$ と σ_M は市場ポートフォリオの期待リターンとリスクであり，r_f は無リスク資産のリターンです。これらは投資家にとっては既知で一定と仮定されます。

　この数式によると，資本市場線の期待リターン $E(r_P)$ は，投資家がとるリスクに比例した上乗せ分 $\left(\frac{E(r_M) - r_f}{\sigma_M} \sigma_P \right)$ を無リスク資産の金利 r_f に加えたものです。この上乗せ分 $(E(r_P) - r_f)$ が**リスク・プレミアム**です。リスク・プレミアムはリスクを引き受ける分の対価（プレミアム）を意味しています。一方，市場ポートフォリオの期待リターンが無リスク資産の金利を上回る部分 $(E(r_M) - r_f)$ を**市場リスク・プレミアム**といいます。

　資本市場線の傾きである $\frac{E(r_M) - r_f}{\sigma_M}$ は確定的な数値なので，資本市場線のポ

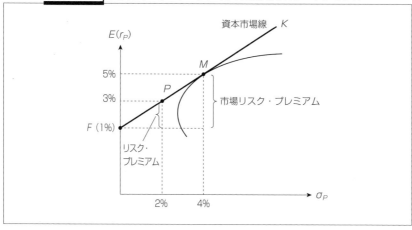

ートフォリオのリスク σ_P が与えられると，その期待リターン $E(r_P)$ が計算できます。たとえば，日本の株式市場を投資対象として TOPIX を市場ポートフォリオの代理変数とします。仮に，過去の TOPIX のデータから TOPIX のリターンの平均値と標準偏差を計算し，平均値（期待値）は 5%（0.05），標準偏差は 4%（0.04）であったとしましょう。無リスク資産の代理変数として 10 年物の国債の利回りを使い，それが 1%（0.01）とします。(5.1) 式にこの数値を当てはめると，

$$E(r_P) = 0.01 + \frac{0.05 - 0.01}{0.04} \times \sigma_P = 0.01 + 1 \times \sigma_P$$

資本市場線の傾きは 1 となります。ここで，2%（0.02）のリスクをとるポートフォリオがあるならば，そのポートフォリオの期待リターンはいくらでしょうか？ リスク σ_P に 2%（0.02）を代入することで，そのポートフォリオの期待リターンは以下のように 3% と計算されます。

$$E(r_P) = 0.01 + 1 \times 0.02 = 0.03$$

では，このポートフォリオは市場ポートフォリオと無リスク資産をどのように組み合わせたポートフォリオでしょうか？　図表 5.3 において，当該ポートフォリオを表す点 P は市場ポートフォリオの点 M と無リスク資産の点 F のちょうど中点になっています。したがって，保有資産の半分を市場ポートフォ

リオ（たとえば TOPIX 連動型投資信託）に，残りの半分を無リスク資産（たとえば長期国債）に投資していることがわかります。

　ここで，(5.1) 式に立ち返り，資本市場線の傾きの意味するところを考えましょう。σ_P にかかる係数 $\frac{E(r_M) - r_f}{\sigma_M}$ は市場ポートフォリオのリスク1単位当たりの市場リスク・プレミアムを表していますが，資本市場線上の点はいずれも傾きが同じ線上にあるので，資本市場線上の任意のポートフォリオに対しても「リスク1単位当たりのリスク・プレミアム」は一致します。(5.1) 式を書き替えて，これを式で表すと，

$$\frac{E(r_P) - r_f}{\sigma_P} = \frac{E(r_M) - r_f}{\sigma_M} \tag{5.2}$$

です。資本市場線上の任意の点は先ほどの数値例でいうと

$$\frac{E(r_P) - r_f}{\sigma_P} = 1 \tag{5.3}$$

と表されます。(5.2) 式や (5.3) 式は，資本市場線上のいかなる点においても，リスク1単位当たりのリスク・プレミアムが一致していること，つまり，リスク1単位の対価として得られるリターンが同じであることを示しています。この投資家が求める効率的ポートフォリオのリスク1単位当たりのリスク・プレミアムを**リスクの市場価格**といいます。

CAPM の導出

　資本市場線上のポートフォリオに限らず，市場ポートフォリオ（点 M）に含まれているすべての証券に対しても，それらのリスクの価格はリスクの市場価格と一致することが知られています。もし，一致していないならば，同じリスクでも価格が異なる証券が存在しているので，期待リターンの高い証券（安い価格の証券）を買い，期待リターンの低い証券（高い価格の証券）を売ることで，もともとの市場ポートフォリオよりもリスクが低く期待リターンが高いポートフォリオを新たに生成することができます。しかし，これだと，市場ポートフォリオが効率的であることに矛盾します。したがって，すべての証券のリスクの市場価格は一致していなければいけません。

　では，市場ポートフォリオを構成する証券 i のリスク1単位に対するリス

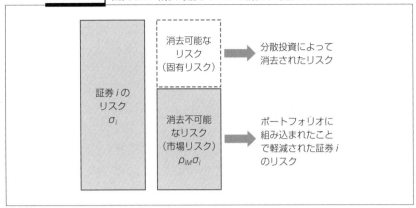

ク・プレミアムはどのように表されるでしょうか？　証券 i のリスクを σ_i と
するならば，証券 i のリスク・プレミアム $E(r_i) - r_f$ とリスクの比率（リスク 1
単位の市場価格）が市場ポートフォリオのリスク 1 単位の市場価格と等しいと
考える人もいるでしょう。数式で表すと，

$$\frac{E(r_i) - r_f}{\sigma_i} = \frac{E(r_M) - r_f}{\sigma_M}$$

という考え方です。

　しかし，実は市場ポートフォリオに含まれている証券はポートフォリオを組
む段階で，各証券の変動の一部が打ち消し合い，リスクが軽減されています。
そのため，分散投資によって市場ポートフォリオの一部となった証券 i のリス
クは，もともとの証券 i のリスク σ_i ではありません。そこで，証券 i のリス
ク σ_i を分散投資によって消去不可能なリスク（市場リスク）と消去可能なリス
ク（固有リスク）に分けてみます（図表5.4）。分散投資によって消去不可能なリ
スクとは市場全体の値動きと連動して証券 i の価格も上がったり下がったりす
るようにすべての証券に影響を与える市場リスクによって変動する部分です。

　証券 i と市場ポートフォリオのリターンの間の相関係数を ρ_{iM} と表すと，
ρ_{iM} と証券 i のリスク σ_i を掛け合わせた $\rho_{iM}\sigma_i$ が証券 i の市場リスク（システマ
ティック・リスク）であり，分散投資後のリスクに相当します。一方，CAPM
ではすべての投資家が分散投資によって最大限のリスクの削減を図るため，分
散投資によって消去されたリスク（固有リスク，アンシステマティック・リスク）

に対しては対価（リターン）がないと考えます。

　その結果，市場ポートフォリオに含まれる証券 i のリスク1単位に対するリスク・プレミアムがリスクの市場価格と一致しなければならないという関係は，

$$\frac{E(r_i) - r_f}{\rho_{iM}\sigma_i} = \frac{E(r_M) - r_f}{\sigma_M}$$

と書き換えられます。ここで， $\rho_{iM} \equiv \frac{\text{Cov}(r_i, r_M)}{\sigma_i \sigma_M}$ であることに注意して，この両辺に $\rho_{iM}\sigma_i$ を掛けて書き換えると，

$$E(r_i) - r_f = \frac{\text{Cov}(r_i, r_M)}{\sigma^2_M}(E(r_M) - r_f)$$

となります。このようにしてCAPMが導出されます。

証券 i の期待リターン＝無リスク利子率＋ベータ×市場リスク・プレミアム

$$E(r_i) = r_f + \beta_i(E(r_M) - r_f) \tag{5.4}$$

ベータ＝証券 i と市場ポートフォリオの共分散/市場ポートフォリオの分散

$$\beta_i = \frac{\text{Cov}(r_i, r_M)}{\sigma^2_M} \tag{5.5}$$

┃ CAPM の解釈 ┃

　CAPM の（5.4）式は，任意の証券 i の期待リターンが市場リスク・プレミアムの β 倍のリスク・プレミアムを無リスク利子率に加えたものになることを表しています。ここで，無リスク利子率や，市場ポートフォリオの期待リターンとリスクは過去のデータから事前にわかっています。証券によって異なるのはこの β_i の部分です。（5.5）式によると， β_i とは証券 i のリターンと市場ポートフォリオのリターンの共分散を市場ポートフォリオのリターンの分散で除したものですが，分母の市場ポートフォリオのリターンの分散は一定なので，分子の共分散に表される，証券 i と市場ポートフォリオの相関の度合いによって証券 i の期待リターンが決定されます。証券のリターンが市場ポートフォリオのリターンと同じ方向に動くなら β は正になり，加えて，市場ポートフォリオに対して証券リターンの方が大きく動くならば β は大きな正の値をとるため，期待リターンは高くなります。

すなわち，CAPM の重要な結論の1つは，「証券 i のリスク・プレミアムが
それ自身のリスク σ_i に比例して高くなるのではなく，市場ポートフォリオと
の相関の大きさ（共分散 $\mathrm{Cov}(r_i, r_M)$）に比例して高くなる」ということです。
そのため，標準偏差で表されるリスクと区別するために，**β リスク**，または**共
分散リスク**（コバリアンス・リスク）といいます。相関係数と同様に，β には単
位はありません。

　では，市場ポートフォリオと共分散（相関）の大きな証券の期待リターンが
高い理由は何でしょうか？　それを考えるために，期待リターンを1期先の将
来の価格と現在の価格で表現し直して，CAPM を証券価格の決定式に書き換
えてみましょう。配当を省略すると，期待リターン $E(r_i)$ は1期先の将来価格
Q の期待値 $E(Q)$ と現在価格 P を使って次のように書けます。

$$E(r_i) = \frac{E(Q_i) - P_i}{P_i} \tag{5.6}$$

これを CAPM の（5.4）式に代入すると，

$$P_i = \frac{E(Q_i)}{1 + r_f + \beta_i(E(r_M) - r_f)} \tag{5.7}$$

が得られます。

　第2章の DCF 法（割引キャッシュフロー法）で学んだように，証券 i の価格
P_i は1期先の将来価格の期待値を割引率で割り引いたものになっていること
が示されています。ただし，（5.7）式の右辺の分母にある割引率は
$r_f + \beta_i(E(r_M) - r_f)$ です。これは無リスク資産のリターン r_f と β に応じて変化
する市場リスク・プレミアムの和であり，**リスク調整済み割引率**と呼ばれます。

　市場ポートフォリオとの相関が高い，つまり β の高い証券は分散投資しても
消去することのできない市場リスクの影響を大きく受けるため，（5.7）式の右
辺の分母にあるリスク調整済み割引率が大きくなります。このとき，（5.7）式
の右辺の分子の将来価格の期待値が一定ならば，市場リスクの影響を大きく受
ける証券の需要は少なく，（将来の価格と比べて）現在価格が低くなります。も
しくは，現在の価格が一定であるなら，β の高い証券はリスクが高いので，将
来の価格の期待値が高くないと投資家に購入してもらえません。いずれの場合
でも，市場ポートフォリオとの相関が高い証券は期待リターンが高いという結

論になるのです。

　市場ポートフォリオと共分散（相関）の大きな証券，つまりβが高い証券の需要が少なく，価格が低い理由は，その証券を購入すると，それを組み入れることによって手持ちのポートフォリオと市場ポートフォリオとの間の共分散（相関）が高くなってしまうからです。これは，市場ポートフォリオと共分散（相関）がマイナスの証券，つまり，βが非常に低い証券を手持ちのポートフォリオに組み入れることでリスクを低くすることができるのと対照的です。リスクを低くすることのできる証券は需要が高いので現在価格が高くなります。よって，期待リターンが低くなります。反対に，βが高い証券は需要が低く現在価格が低いので，期待リターンが高くなります。

　CAPMでは，「証券の期待リターンの決定要因は唯一，市場ポートフォリオとの共分散であり，他の変数（企業規模や配当利回りなど）に依存しない」ということや，「証券間での期待リターンが違う唯一の原因は証券間のβの違いにある」ということも重要な理論的帰結です。数多ある証券の中で，βが高い証券は低い証券よりもβリスクが高く，ゆえに期待リターンが高いのです。

▎CAPMによる証券価格の判定▕

　CAPMの式を使って証券の期待リターンを計算してみましょう。市場ポートフォリオの期待リターンが5%（0.05），無リスク資産のリターンを1%（0.01）とします。つまり，市場リスク・プレミアムは4%（0.04）となります。ここである証券のβ_iが2であるとき，この証券iの期待リターンは

$$E(r_i) = r_f + \beta_i(E(r_M) - r_f)$$
$$= 0.01 + 2 \times (0.05 - 0.01) = 0.09$$

で，9%と計算できます。

　縦軸に期待リターン，横軸にβをとった平面に描いたβと期待リターンの関係を証券市場線といいます（図表5.5）。資本市場線のグラフの横軸がリスクσであったのに対し，証券市場線のグラフの横軸はβです。

　βがゼロの証券は市場ポートフォリオとの共分散がゼロの証券なので市場ポートフォリオの影響を受けません。これはシステマティック・リスクがないと

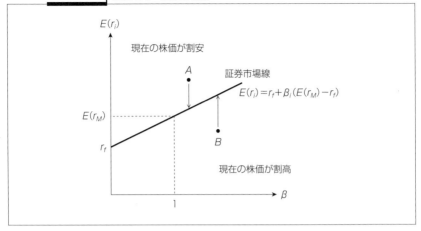

いうことを意味するので，無リスク資産に一致します。よって証券市場線の切片は無リスク資産のリターン r_f になり，この例では1%（0.01）です。一方，証券市場線の式によると，傾きは市場リスク・プレミアムであることから，この例の場合，4%（0.04）になります。

　β が1の証券は市場ポートフォリオと同じように変動する証券なので，期待リターンが市場ポートフォリオと同じ $E(r_M)$ になります。

　β が1よりも小さい証券は市場に比べて小さくしか変動しないのでディフェンシブ（防御的）な証券，β が1を超える証券は市場より大きく変動するアグレッシブ（攻撃的）な証券といわれます。ディフェンシブな証券は市場が大きく上昇してもそれほど高いリターンが望めませんが，反対に市場が大幅に下落しても損失を抑えることができます。そのため，期待リターンが小さく，β リスクも小さくなります。反対に，アグレッシブな証券は市場の変動よりも大きく変動するので，大幅な損失の可能性もあるが，その反対に大きな利益も期待できます。これは β リスクが大きく，期待リターンが大きい証券です。

　具体的には，ディフェンシブ銘柄とは，生活必需品である食品や日用品，薬品，社会インフラである電力，ガス，鉄道，通信などの業種の株式を指します。景気が悪くなっても生活に必要な財やサービスを提供している企業の株式です。反対に，景気動向に影響されやすい小売り，旅行などの消費関連株や化学，鉄鋼，繊維などの素材産業，工作機械の設備投資関連などはアグレッシブな銘柄

　CAPM は 1960 年代の半ばに，ウィリアム・シャープ（William Sharpe, 1934-）など 4 人の研究者によって，ほぼ同時期にそれぞれ別に導かれ，後に，投資理論と実務に革命をもたらしました。CAPM はシャープにやや先行してジャック・トレイナー（Jack Treynor, 1930-2016）がフランコ・モジリアーニ（第 10 章 235 頁の **Column ⓭** 参照）との交流の中で開発していましたが，トレイナーの論文は数十年間公表されることはありませんでした。そのため，CAPM の開発者としてはシャープが最も有名です。シャープはポートフォリオ理論を飛躍させ，銘柄固有のベータ（β）というパラメータでリスクとリターンを算出できることを示しました。1950 年には

シャープ（写真提供：dpa/時事通信フォト）

ハーバード大学のジョン・リントナー（John Lintner, 1916-1983）が独自の CAPM 理論に関する論文を発表し，1966 年にはノルウェー経済高等学院のヤン・モッシン（Jan Mossin, 1936-1987）が洗練されたアプローチで CAPM 理論を導き出しました。しかし，シャープのみが 1990 年のノーベル経済学賞を受賞しています。当時，リントナーとモッシンはすでに亡くなっており，トレイナーは刊行された論文がないために，ノーベル賞の候補とはならなかったのです。

であり，**景気敏感株**とも呼ばれます。

　仮に，証券市場線よりも左上や右下に位置する領域に証券 A と B があるならば，それらの価格はどのように動くでしょうか？ 投資家が CAPM に従って，株価を評価するならば，証券 A は β の割に期待リターンが高い，つまり現在の価格が低すぎると評価します。証券 B では β の割に期待リターンが低い，つまり現在の価格が割高です。そのため，いずれの市場も均衡しておらず，均衡点に至るまで価格が調整されることになります。割安な証券 A には買いを入れる人が多くなり，証券 B は割高なので売りの注文が優勢になるためです。その結果，証券 A の価格は上昇し，証券 B の価格は下落し始め，証券 A は下方向，証券 B は上方向に証券市場線に向かって移動することになります。最終的には，証券市場線に到達することで，各市場の需給が均衡し，各証券で

CAPM が成立します。

2 CAPM は正しいのか？

　CAPM は，どれほど実際の証券価格の動きを説明できるのでしょうか？ 1970 年代から 2000 年代にかけて，CAPM の正当性を検証するための実証研究が数多くの研究者たちによって行われました。その過程で，β よりも個別銘柄の時価総額や簿価時価比率といった市場リスクとは異なる企業の財務指標に株価リターンの説明力があることが発見され，CAPM の正当性は揺らいでいきました。

CAPM の基本的な検証方法

　CAPM によると，証券の期待リターンの決め手は企業によって異なる β です。では，どのように β を推計すればいいでしょうか？ 1 つの方法は，TOPIX や日経 225 などの代理ポートフォリオのリターンと個別証券のリターンの共分散を，同じ期間における株価指数のリターンの分散で割る方法です。しかし，この方法で β が計算できたとしても，そのまま CAPM の当てはまりのよさを検証することはできません。

　より一般的な方法は，回帰分析を用いて β を推計する方法です。CAPM は事前にはわからないリターンの期待値（期待リターン）に関するモデルですが，CAPM が実際に当てはまりのよいモデルであるならば事後的な実現値についても平均的に成り立つということを利用します。証券 i の事後的に観測されるリターンから無リスク資産のリターンを引いたものを，事前の意味で使われるリスク・プレミアムと対比して，**超過リターン**（超過収益率）といいます。同様に，事後的に観測される市場ポートフォリオのリターンから無リスク資産のリターンを引いたものを市場ポートフォリオの超過リターンといいます。

　そこで，事後的に平均的に成り立つ CAPM の式は

$$証券\,i\,の超過リターン = \beta_i \times 市場ポートフォリオの超過リターン$$
$$r_{it} - r_{ft} = \beta_i (r_{Mt} - r_{ft}) \tag{5.8}$$

として表されます。

ただし，証券 i の超過リターンと市場ポートフォリオの超過リターンの比例関係は平均的に成り立つものであるので，誤差項と定数項を加えて，以下の回帰式を想定します。

$$証券\,i\,の超過リターン = 定数項 + \beta_i \times 市場ポートフォリオの超過リターン$$
$$+ 誤差項$$
$$r_{it} - r_{ft} = \alpha_i + \beta_i (r_{Mt} - r_{ft}) + \varepsilon_{it} \tag{5.9}$$

誤差項 ε_{it} が平均的に 0 であるなどの回帰モデルの仮定が満たされているとすると，最小二乗法によって推計された回帰係数 β_i は（5.5）式で示されたように，証券 i と市場ポートフォリオのリターンの共分散を市場ポートフォリオのリターンの分散で除した値に一致することがわかっています。

一方，回帰係数 α_i については（5.8）式が正しければ 0 になるはずです。そこで，α_i が 0 かどうかを検定することで CAPM を検証することができます。マイケル・ジェンセン（Michael Jensen, 1939-）は 1955～64 年の 10 年間の投資信託のデータを用いて検証した結果，α はゼロを中心として分布していることを発見しました。そこで，α はジェンセンのアルファと呼ばれています。

ところが，その後の研究では CAPM を支持しない結果が多く報告されるようになりました。この検定方法には，リターンの変動が個別銘柄によって大きく異なるため，CAPM の正当性を裏付ける検定結果を出しやすいという問題があります。そこで，個別銘柄を分析対象にするのではなく，複数の銘柄をまとめてポートフォリオをサンプルにした分析が盛んになりました。

▍CAPM 検証可能性批判▍

CAPM に関する実証研究が進むなか，CAPM の実証方法に関するさまざまな問題点が指摘されました。その中でも最も重要な指摘はロールの批判です（Roll, 1977）。CAPM で効率的とされる市場ポートフォリオは市場に存在するすべての金融資産からなるポートフォリオであり，現実にはそれは測定不可能で

す。多くの研究では市場ポートフォリオの代わりに TOPIX などの株価指数を使っていますが，これでは CAPM の厳密な検証になっていません。検証に使用する株価指数が効率的な市場ポートフォリオでなければ，期待リターンとリスクの線形関係は成立しないため，CAPM の検証は難しいという指摘でした。ロールの批判は CAPM の理論の否定ではなく，CAPM の検証可能性に関する痛烈な批判であり，CAPM の実証研究を行っていた研究者に大きな失望を与えました。

　しかし，株価指数を代理変数として CAPM の実証分析はその後も続けられています。その理由の1つは，検証方法に問題があるとはいえ，証券価格の変動を代理ポートフォリオ（株価指数）でどのくらい説明できるか，また代理ポートフォリオの選択にかかわらず推計結果が頑強かといった問題は学問的にも実務的にも関心が高いからです。

③ ファクターモデル

　証券価格に影響する新しい情報には，多数の証券にいっせいに影響する情報と，当該産業または当該企業にしか影響しない情報があります。経済成長率や失業率といったマクロ経済指標の発表は多数の証券価格に影響を与える情報（**マクロ・ファクター**）であり，企業業績などは個別企業の株価にしか影響を与えない情報です。よって，企業特有のリスク・ファクターはポートフォリオの分散効果によって消去され，マクロ・ファクターは消去されずに株価に影響すると考えられてきました。ところが，株価に影響する企業特有のリスク・ファクターがあることが明らかになりました。

　合理的な投資家を想定する現代ファイナンス理論では説明できないアノマリー（規則性）の中でも小型株効果と割安株（バリュー株）効果はとくに有名です。企業規模の小さい小型株は企業規模の大きな大型株に比べてリターンが高いこと，自己資本の簿価に比べて時価が低い割安株は簿価に比べて時価が高い割高株（グロース株）よりもリターンが高いことを指します。小型株や割安株は倒産リスクが高いため，そのリスクの代償としてリターンが高くなるといった説

明や，投資家は割高株を過大評価し，割安株を過小評価しがちであるという説明がされています。

　ファーマとフレンチ（Fama and French, 1993）は，CAPM モデルの発展形として，これらの企業特有のリスク・ファクターをモデルに取り込み，**3 ファクターモデル**を提唱しました。実務でも使われることの多い 3 ファクターモデルとは，**マーケット・ファクター**（市場ポートフォリオの期待リターンから無リスク利子率を引いたもの），**サイズ・ファクター**（小型ポートフォリオリターンから大型ポートフォリオリターンを引いたもの），**バリュー・ファクター**（簿価/時価比率の高いポートフォリオリターンから簿価/時価比率の低いポートフォリオリターンを引いたもの）といった 3 つのリスク・ファクターでリターンの変動を説明するモデルです。

　CAPM の実証分析で示したとおり，マーケット・ファクターはクロスセクションでの株式リターンの変動をあまり説明することはできませんが，変動のほとんどを企業規模と簿価/時価比率で説明することができるというのは衝撃的な結果でした。また，市場はきわめて合理的であることを主張し，価格は常に利用可能な情報を完全に反映しているという**効率的市場仮説**（第 6 章で詳述）を示したファーマが CAPM に否定的な実証結果を発表したことは当時，大きな話題になりました。

4. CAPM の応用

　ロールの批判以外にも CAPM の実証方法にはいくつかの問題が指摘されており，CAPM が現実の市場に当てはまるかどうかという問題は，理論に疑問を呈する学派と実証方法が改善されれば理論を正当化できると主張する学派で意見が分かれました。しかし，CAPM は実務に非常に大きな影響を与えたことは疑いのない事実であり，現在でもさまざまな場面で CAPM が使われています。

┃ インデックス運用 ┃

CAPM が実務に与えた大きな貢献の1つは，**インデックス運用**という株式運用手法に理論的根拠を与えた点です。インデックス運用とは，日経平均株価指数（日経 225）や TOPIX などの株価指数（インデックス）と連動するように投資信託を運用することをいいます。

CAPM によれば，最も効率的なポートフォリオは市場ポートフォリオだけですから，数多くある投資対象銘柄を分析し，株価の予想を行ってポートフォリオを組んだとしても，市場ポートフォリオを超える効率的なポートフォリオを組成することは困難です。したがって，株価指数に連動した投資信託やETF（上場投資信託）に投資することがリスク対比のリターンで見て最も優れていることになります。

このように運用目標とされるベンチマーク（株価指数など）に連動する運用成果を目指す運用手法は**パッシブ運用**と呼ばれ，投資する銘柄を選んでベンチマークを上回る運用成果を目指す運用手法である**アクティブ運用**と対をなす運用方法です。アクティブ運用では過小・過大評価されている銘柄の選定や投資戦略の立案などが伴いますが，パッシブ運用ではそのような銘柄選択の必要性がなく，ベンチマークに連動するように機械的にポートフォリオを構築すればいいので，運用コストを節約できるという長所があります。

カーハートの研究では，アクティブ運用の代表としてアメリカのミューチュアル・ファンド（いつでも換金可能なオープンエンド型の投資信託）の毎年のリターンを計測したところ，それらが市場の平均リターンを上回った年が約3分の1しかないことを明らかにしています（Carhart, 1997）。投資信託は低ベータ株や大型株といった特定の銘柄だけに集中投資しているため，そのような特徴を考慮したうえでパフォーマンスを比較しても結果は変わりませんでした。さらに，信託報酬などの経費を差し引いた後のリターンでは市場平均を下回る収益しか上げられていないという驚きの結果を示しています。

その後，ファンドごとにジェンセンのアルファが有意に正であるかを調べる研究が数多く行われました。リスク調整後のファンドのパフォーマンスを表すアルファを検定したところ，一部の投資信託やヘッジファンドには非常に優れ

た運用成績を上げるものや非常に劣ったものもありますが，大部分のファンドは市場平均に近いパフォーマンスであることが報告されています。これは，ファンド・マネジャーというプロの投資家でも市場を上回る運用成績を上げることが難しいことを表しています。

パフォーマンス評価

CAPM が厳密に成立しないことを逆手にとって，投資家間で異なるポートフォリオの投資パフォーマンス，もしくは同じ投資家の異時点間の投資パフォーマンスを評価する際に，CAPM の考え方が利用されています。CAPM が成立していれば，アクティブ・ファンドは市場ポートフォリオよりもリスク対比で高いリターンを上げることはできませんが，現実には，高いリターンを上げているものもあれば，低いものもあります。

ここでは，ファンドのパフォーマンスを評価する方法を4つ紹介します。

(1) シャープ・レシオ

シャープの提案した指標はリターン・リスク比率（シャープ・レシオ）であり，任意の証券やポートフォリオに対して以下のように定義されます。

$$SR_i = \frac{\bar{r}_i - \bar{r}_f}{\sigma_i}$$

ここで，$\bar{r}_i$ は証券の期間平均リターン，$\bar{r}_f$ は無リスク資産の期間平均リターン，σ_i は証券のリスク（標準偏差）です。第4章のポートフォリオ理論で学んだように，事前のシャープ・レシオは，ポートフォリオのリスク対比のリスク・プレミアムを表し，この値が大きいほどポートフォリオの効率がよいということになります。縦軸に期待リターン，横軸にリスクをとった平面では，資本市場線の傾きに相当します。

これに対し，ファンドのパフォーマンス評価では事後的なシャープ・レシオが使われます。それは過去のデータから得られるファンドの超過リターンをそのリスクで除したもので，リスク1単位の対価として得られる超過リターンを表しています。この指標を用いると，リスクを考慮したうえで超過リターンが最も高いファンドが最良ファンドとなります。

(2) トレイナー・レシオ

トレイナー・レシオもリスク1単位当たりの超過リターンですが，リスクの指標としてシャープ・レシオで用いられたトータル・リスク（標準偏差）ではなく，CAPMのβを使います。

$$TRi = \frac{\bar{r}_i - \bar{r}_f}{\beta_i}$$

CAPMが成立するならば，トレイナー・レシオは平均的には市場ポートフォリオ（たとえばTOPIX）の超過リターンに一致し，どのファンドに対しても同じ値になります。トレイナー・レシオは縦軸に期待リターン，横軸にβをとった平面に描かれた証券市場線の傾きを表しています。トレイナー・レシオは分散度の高いファンドのパフォーマンス評価に適しており，値が高いほどパフォーマンスが高いとみなされます。

(3) ジェンセンのアルファ

CAPMが成立しているかどうかを検証するための手法だったジェンセンのアルファは，今では市場リスク（βリスク）を上回る超過リターンをどれくらい得られるかを測定する指標として使われています。

$$r_{it} - r_{ft} = \alpha_i + \beta_i(r_{Mt} - r_{ft}) + \varepsilon_{it}$$

ファンドの超過リターンを市場ポートフォリオの超過リターンに回帰して得られる定数項の推定値が正（$\alpha_i > 0$）の場合は，CAPMを上回る超過リターンを得ていることを意味します（図表5.6）。αの高いファンドほど，パフォーマンスが高いファンドとみなされます。

(4) 情報レシオ

情報レシオ（インフォメーション・レシオ）は投資信託などのファンドの運用成績を測るための指標の1つで，アクティブ・ファンドの効率性を表します。ファンドのベンチマーク（たとえば株価指数）に対する超過収益率の平均値を超過収益率の標準偏差で割って求められます。これは，リスクを加味した超過リターンの尺度で，

$$IR_i = \frac{\bar{r}_i - \bar{r}_{ベンチマーク}}{\sigma(r_i - r_{ベンチマーク})}$$

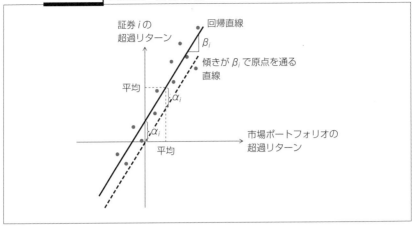

で表されます。

　一般に，情報レシオはリスクをとってより高いリターンを目指すアクティブ運用において，実際にとったリスクに見合った超過リターンが得られたかどうかを検証する際に用いられます。この数値が大きいほど，リスク1単位当たりの超過収益が高いことを示し，アクティブ運用の効率が高いということになります。

● 参考文献

森平爽一郎（2007）『物語（エピソード）で読み解くファイナンス入門』日本経済新聞出版社

若桑カズヲ（2023）「デリバティブを奏でる男たち【55】元株式仲買人の経済学者リカード（後編）」MINKABU PRESS コラム（https://fu.minkabu.jp/column/1950）

Carhart, M. (1997), "On Persistence in Mutual Fund Performance," *The Journal of Finance*, Vol. 52, No. 1, 57-82.

Fama, E. and K. French (1993), Common Risk Factors in the Returns on Stocks and Bonds. *Journal of Financial Economics*, Vol. 33, Issue 1, 3-56.

Roll, R. (1977), "A Critique of the Asset Pricing Theory's Tests Part I: On Past and Potential Testability of the Theory," *Journal of Financial Economics*, Vol. 4, Issue 2, 129-176.

Column ❼　マーケットモデル

　本章では，CAPM の β が，被説明変数を個別銘柄の超過リターン，説明変数を市場ポートフォリオの超過リターンとする推計式を最小二乗法で推計したときの係数として求められることを学びました。無リスク資産のリターンが定数である（つまり，確率変数ではない）ならば，被説明変数を個別銘柄のリターン，説明変数を市場ポートフォリオのリターンとする推計式でも同じ β が得られます。このことを利用してシャープは，以下のような**マーケットモデル（市場モデル）**を考案しました。

$$r_i = a_i + b_i r_M + e_i$$

　個別銘柄のリターン r_i は，定数項 a_i，市場ポートフォリオのリターンに連動する部分 $b_i r_M$，市場ポートフォリオと相関を持たない誤差項 e_i に分解できるというものです。マーケットモデルの β は「個別銘柄の市場全体に対するリターンの感応度」を表し，CAPM と同じ解釈が可能ですが，誤差項 e_i については①期待値ゼロで，②時点が異なる誤差項は無相関，③市場ポートフォリオのリターンと無相関という仮定が課されます。これによって，被説明変数を個別銘柄のリターン，説明変数を市場ポートフォリオのリターンとする回帰分析の手法を用いて β を求めることができます。

　市場ポートフォリオのリターンの期待値を $E(r_M)$，分散を σ^2_M，非市場リターンの期待値を $E(e_i)=0$，分散を σ^2_i と表すと，個別銘柄の期待リターン $E(r_i)$ は

$$E(r_i) = E(a_i + b_i r_M + e_i) = a_i + b_i E(r_M)$$

であり，個別銘柄の分散 σ^2_i は

$$\begin{aligned}
\sigma^2_i &= V(a_i + b_i\, r_M + e_i) = V(b_i\, r_M + e_i) \quad \because a_i\ は定数 \\
&= b_i^2\, \sigma^2_M + \sigma^2_i + 2b_i\, \mathrm{Cov}(r_M,\, e_i) \\
&= b_i^2\, \sigma^2_M + \sigma^2_i \qquad\qquad\qquad \because r_M\ と\ e_i\ は無相関
\end{aligned}$$

となります。

　マーケットモデルは計算が簡単で，実務で重宝されていますが，現実には誤差項の仮定が満たされていないことから，マーケットモデルで個別銘柄のリターンを表すことには限界があります。

① A 証券および市場ポートフォリオの収益率に関する以下のデータに基づいて，A 証券のベータ値を計算した場合，最も適切なものを下記の解答群から選べ。

〔データ〕

	標準偏差
A 証券	10%
市場ポートフォリオ	5%

A 証券と市場ポートフォリオとの相関係数は 0.4

〔解答群〕

1. 0.4　　2. 0.5　　3. 0.8　　4. 2

（「2014 年度 中小企業診断士 第 1 次試験」財務・会計 第 18 問）

② CAPM が成立する市場において，マーケット・ポートフォリオの期待収益率が 6%，安全利子率が 1% のとき，当該資産の期待収益率が 10% となるベータ値として，最も適切なものはどれか。

1. 1.5　　2. 1.8　　3. 2.0　　4. 3.0

（「2017 年度 中小企業診断士 第 1 次試験」財務・会計 第 20 問）

③ ある投資家は，X 株式と Y 株式の 2 銘柄のうち，リスクの低い方に投資資金の 60% を，リスクの高い方に投資資金の 40% を投資しようとしている。この投資家は，各銘柄の β 係数，安全利子率，および市場期待収益率について，以下のとおり予想している。CAPM に基づいて投資をするとき，当該ポートフォリオの期待収益率として最も適切なものを下記の解答群から選べ。

X 株式の β	1.5	安全利子率	2%
Y 株式の β	0.8	市場期待収益率	5%

〔解答群〕

1. 4.90%　　2. 5.24%　　3. 5.45%　　4. 5.66%

（「2007 年度 中小企業診断士 第 1 次試験」財務・会計 第 14 問）

④ 資本資産評価モデル（CAPM）に関する下記の設問に答えよ。

（設問 1）　資本資産評価モデルを前提とした場合の記述として，最も適切なものはどれか。

1. $\beta = -1$ である資産を安全資産と呼ぶ。

2. $\beta = 1$ であるリスク資産の期待収益率は，市場ポートフォリオの期待収益率と同じである。

3. $\beta = 2$ であるリスク資産の予想収益率の分散は，$\beta = 1$ であるリスク資産の

予想収益率の分散の 2 倍である。

4. 市場ポートフォリオのリターンが正のとき，$\beta = 0.5$ であるリスク資産の価格が下落することはない。

（設問 2）　資本資産評価モデルを前提とした場合，以下の資料に基づく株式の期待収益率として最も適切なものを，下記の解答群から選べ。

〔資料〕

市場ポートフォリオの期待収益率：8%

無リスク資産の期待収益率：3%

β：1.4

実効税率：40%

〔解答群〕

1. 4.4%　　2. 7%　　3. 10%　　4. 11.25%

（「2016 年度 中小企業診断士 第 1 次試験」財務・会計 第 12 問）

5　資本資産評価モデル（CAPM）に関する記述として最も適切なものはどれか。

1. β が 0 以上 1 未満である証券の期待収益率は，無リスク資産の利子率よりも低い。

2. β がゼロである証券の期待収益率はゼロである。

3. 均衡状態においては，すべての投資家が，危険資産として市場ポートフォリオを所有する。

4. 市場ポートフォリオの期待収益率は，市場リスクプレミアムと呼ばれる。

（「2015 年度 中小企業診断士 第 1 次試験」財務・会計 第 18 問）

市場の情報効率性と行動ファイナンス

市場は効率的か？ 投資家は合理的か？

イントロダクション

2021年1月，ニューヨーク証券取引所ユーロネクスト（NYSE Euronext）銘柄のゲームストップ（GME）の株価は，業績に関わる新情報がないにもかかわらず，1カ月足らずで急上昇し，昨年来安値の約188倍の483ドルまで急騰，その後，大暴落し，世界の注目を集めました。その背景にはSNS（交流サイト）掲示板「レディット」を通じて，株式取引に関連する情報を交換した不特定多数の個人投資家が，空売りを仕掛けていたヘッジファンドに対抗して買い上げていることが報じられました（図表6.1）。これによって，米ヘッジファンド大手のメルビン・キャピタル・マネジメントは，年初時点の運用資産の53%にあたる約66億ドル（約6930億円）もの巨額の損失を被りました。

個人投資家は，機関投資家やヘッジファンドといった市場のビッグプレーヤーと異なり，価格に対する影響力が小さい弱小勢力とみなされているため，SNSを通じた個人投資家の連携によって価格が急上昇したのは市場関係者に衝撃を与えました。

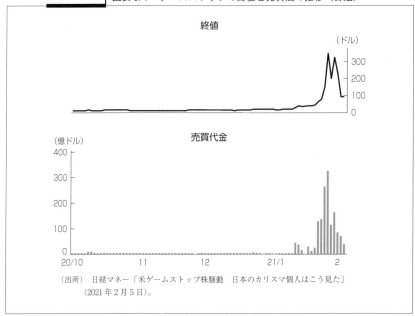

CHART | 図表6.1　ゲームストップの終値と売買高の推移（日足）

終値

（ドル）

300
200
100
0

20/10　　　11　　　12　　　21/1　　　2

売買代金

（億ドル）
400

300

200

100

0

20/10　　　11　　　12　　　21/1　　　2

（出所）　日経マネー「米ゲームストップ株騒動　日本のカリスマ個人はこう見た」
（2021年2月5日）。

　また，新たな企業情報がないなかで，株価が急騰，急落する事態は，現代ファイナンス理論では説明のつかない事象として注目すべきことでもあります。現代ファイナンス理論では，市場参加者による企業業績に関する合理的な予測に基づいて，株価が決まると考えられているからです。

　投資家の心理が株価を動かすという考え方は，ストーリー的に語られることもありましたが，それを理論化することは難しく，浸透するのに時間がかかりました。しかし，今日では，行動ファイナンスは現代ファイナンス理論と対峙するまでに発展しました。

　ポートフォリオ理論やそれに基づく CAPM など，投資家の合理性をもとに組み立てられた**現代ファイナンス理論**は，今でも学問的に確固たる地位を維持していますが，それでは説明できない現象（アノマリー）が数多くあることが明らかになりました。そのため，近年では合理的な投資家を想定しない**行動ファイナンス理論**に注目が集まりつつあります。これら2つの理論はお互いを否定しながら，今日までファイナンス研究は進歩を遂げてきました。本章では，ユージン・ファーマ（本章133頁の **Column ❾**を参照）によって確立された**効率**

的市場仮説について解説し，アノマリーや行動ファイナンスの理論の一端を紹介します。

1 効率的市場仮説

▌市場の情報効率性 ▌

　市場が効率的というとき，経済学では**資源配分の効率性**を指し，ファイナンスでは**価格が情報効率的**であることを表します。後者の意味で「市場は効率的である」という仮説を**効率的市場仮説**といいます。資源配分の効率性とは限られた資源が無駄なく利用できるかどうかを表す指標であり，価格が情報効率的というのは，証券価格がその**本源的価値**（ファンダメンタル・バリュー）に関する情報を十分に反映しており，価格と本源的価値が一致していることをいいます。本源的価値に基づく市場価格を**フェアバリュー**（公正価格）ともいいます。

　本源的価値とは，すべての合理的な投資家が経済状態や証券価格の理論に関して合意したときの均衡価格であり，証券の「正しい」価格を表します。しかし，現実には想定する理論が異なればそれに基づく本源的価値も異なりますし，どの理論が優れているかについても合意がなされていません。それゆえ，すべての投資家が理論や推計方法，推計結果について合意することはかなり難しいと考えられます。したがって，本源的価値とは概念的には存在するが，実際は投資家が市場での取引を通じて模索する理論値といえます。

　市場の取引において本源的価値が重要なのは，現在の証券価格が割高か割安かを判断するときの基準になるからです。投資収益を追求する投資家は自らが考える本源的価値に比べて割高な証券を売り，割安な証券を買うことで利益を上げています。価格が本源的価値よりも高い，つまり割高と多くの投資家から評価される証券には売り注文が多くなり，価格が下がっていきます。反対に，割安な証券には買い注文が多くなり，価格が上がっていきます。やがて，価格が本源的価値に近付くことで価格は情報効率的になります。

　市場が情報効率的で価格と本源的価値とが一致しているときに，経済主体が

価格に応じて最適な行動をとることで，効率的な資源配分が達成されます。市場が効率的な価格形成を行うことは市場参加者のみならず，価格情報をもとに消費や投資の意思決定を行う非市場参加者にとっても重要です。たとえば，証券価格から事業の資本コストを計測することができれば，事業の収益性に応じて効率的な投資を行うことができます。

証券価格と本源的価値との違いをファイナンスでは**ミスプライス**といいます（一般的には，バブルともいいます）。それが大きければ，経営者の意思決定を歪め，資源の有効利用を阻害し，経済の生産性を大きく損ねることになります。証券価格がその本源的価値を超えて上昇し続けているならば，企業は過度に低いコストで資金調達できるので収益性の低い事業に投資したり，実物投資よりも金融投資に傾斜したりするようになり資源配分に歪みをもたらします。このように市場の情報効率性は資源配分の効率性と密接な関係があります。

▎情報に対する価格の反応 ▎

価格に影響するニュースが市場に入ってくると，その情報を反映して証券の本源的価値が変化します。ただし，そのニュースがすでに予想されているものなら変化させることはできません。証券価格に織り込み済みだからです。したがって，価格に影響するニュースとは人々が予想していなかった新規の情報に限られます。

次に，市場が情報効率的な場合と情報効率的でない場合の新しい情報に対する価格の反応を見てみましょう（**図表6.2**）。もし，市場が効率的ならば，価格はその情報をすぐに織り込み，新しい均衡価格（本源的価値と同じ水準）までジャンプします（(1)のケース）。一方，市場が効率的でないならば，価格は情報に対して過小反応する場合（(2)のケース）と過剰反応する場合（(3)のケース）に分かれます。

過小反応する場合（(2)）では投資家が情報を過小評価しているため，価格がその情報を完全に反映するまでには時間がかかります。そのため，価格が本源的価値に近付くまでの間に右上がりのトレンドが生じ取引を通じた収益機会が発生します。一方，過剰反応する場合（(3)）は投資家が情報を過大評価しており，価格が本源的価値を超えてしまいます。やがて，投資家はその情報が過大

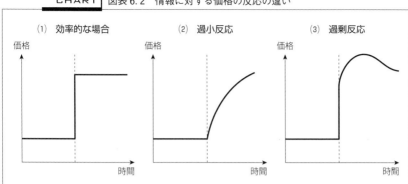

CHART │ 図表6.2　情報に対する価格の反応の違い

(1) 効率的な場合　　　(2) 過小反応　　　(3) 過剰反応

価格　　　　　　　　価格　　　　　　　　価格

時間　　　　　　　　時間　　　　　　　　時間

評価されていたことに気付き，価格が修正されますが，本源的価値に近付くまでの間に右下がりのトレンドが生じるため取引を通じた収益機会が発生します。

　市場が情報効率的であるならば，価格に影響する情報は価格に織り込まれるため，その情報を知った後に価格が上がるか下がるかを予測することができず，取引から収益を上げることがきわめて難しくなります。(1)のケースで収益を上げるためには，情報が入ってくる前に価格が上がることを予想するしかありません。しかし，将来価格に影響しそうな情報を予想するのは損失を被るリスクを伴います。このことは効率的な市場には**裁定機会**がないことを表しています。裁定機会とはリスクなしに利益を得られる取引機会です。

　もし，企業の合併や倒産といった株価に確実に影響する情報を手にしたら，ほぼリスクなしに確実に儲けることができます。裁定機会がある場合，情報が価格に織り込まれていないので，市場は情報効率的とはいえません。このようなインサイダー情報を用いて取引を行って収益を上げることは法律で禁止されていますが，仮にそのような儲け話があったとしても，それに飛びつく投資家は市場には多いので，情報が投資家に漏れ伝わったときから（噂の段階で）徐々に株価が動き，最終的にはその情報を使っても利益をもたらさない水準（本源的価値）に到達することがほとんどです。

　投資家の利益追求行動が盛んであればあるほど，市場のミスプライスは発見されやすく，市場は効率的になりやすいのです。このように，ミスプライスは一時的に生じることがあっても，長期にわたって持続することは現実にはありません。

ただし，市場価格が観察可能であるのに対し本源的価値は観察できないため，現在の価格が効率的なのか，あるいはミスプライスが生じているのかは客観的に判断しがたいのです。そのため，価格が上昇している場合，価格が本源的価値より低いから買われているのか，あるいは市場は効率的で本源的価値が上昇しているから買われているのかは，その時点では容易に区別できないものです。バブルが発生しているのかについて，発生している時点ではわからずに，かなりの月日が経って「あのころの証券価格はバブルだった」といわれるのもそのためです。

▌情報効率性の3つの基準▌

市場の情報効率性を検証する方法としては，「特定の情報を使った取引戦略が平均的に投資収益を上げることができるか」を調べることが代表的です。「平均的に」というのは，偶然ではなく，何度も同じ投資戦略を繰り返し試みたときに平均的に正の投資収益を上げることができるという意味です。ファーマ（本章133頁の **Column ❾** を参照）は証券価格が織り込んでいる情報の中身に応じて，「市場の情報効率性」を3つのタイプに類型化しました（図表6.3）。

(1) ウィーク型（弱基準）の効率性

ウィーク型（弱基準）の効率性とは，現在の証券価格が**過去の証券価格**の情報を迅速かつ完全に織り込んでいることをいいます。過去の価格を利用して今日の価格を予測することができ，その予測のもと取引で儲けることができるならば，ウィーク型の効率性が満たされてはいません。つまり，効率的でないと判断します。

反対に，過去の価格を利用して取引しても平均的に投資収益を上げることができないならば，ウィーク型の効率性が成立します。本日の価格には過去の価格の情報が完全に反映されているため，明日の価格を予測するには，本日の価格があれば十分であり，昨日以前の価格は無駄な情報となります。そこで，ウィーク型の効率性が成立すると，証券価格はランダム・ウォークするといわれています（次項で詳述します）。

したがって，ウィーク型の効率性が成立するならば，過去の価格の動きから将来の価格の動きを予測する**テクニカル分析**（チャート分析やシステム取引）の

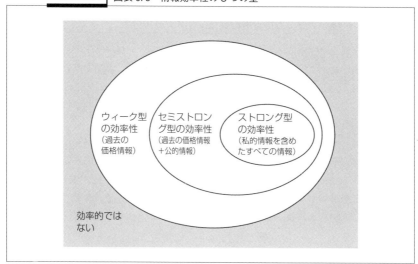

有効性は否定されることになります。

(2)　セミストロング型（準強基準）の効率性

　セミストロング型（準強基準）の効率性とは，現在の価格が過去の価格に関する情報に加えて，すべての**公開情報（公的情報）**を迅速にかつ完全に織り込んでいることをいいます。セミストロング型の効率性が満たされるとき，企業の利益や配当に関する発表や企業買収のニュース，経済成長率やインフレなどのマクロ経済に関するニュースなどさまざまな種類の公開情報を入手した後で，それらを分析して，それに基づいた投資戦略を立てても平均的に投資収益を上げることができません。したがって，**ファンダメンタル分析**の有効性は否定され，パッシブ運用が正当化されます。逆に，公開情報をもとに企業分析を行って平均的に投資収益を上げることができれば，セミストロング型の効率性が成立していないことになり，ファンダメンタル分析は有効であり，アクティブ運用が正当化されることになります。

(3)　ストロング型（強基準）の効率性

　ストロング型（強基準）の効率性とは，現在の証券価格が過去の証券価格に関する情報やすべての公開情報に加えて，企業の内部情報や一部の投資家にしか知られていない情報など**私的情報**まで含んだあらゆる情報を迅速にかつ完全

　　株式投資を行う場合，テクニカル分析とファンダメンタル分析のどちらが有効なのでしょうか？ 市場の効率性によって，それぞれの分析手法の有効性が決まってくることは上記のとおりなのですが，株式市場は絶えず効率的というわけではなく，銘柄によっても効率性が異なりますので，いずれの分析手法も知っておいて損はありません。

　　ただし，それぞれの分析手法にはメリットとデメリットがあります。過去の値動きからトレンドやパターンなどの規則性を把握し，将来の株価を予測するテクニカル分析は，株価の動きを視覚的に把握できることや自分の分析力次第で予測精度を上げられるというメリットがある一方で，実際の値動きが必ずしも過去のパターン通りではないことがあるといったデメリットがあります。

　　一方，ファンダメンタル分析はニュース，決算報告書などから企業収益などの分析を行い，現在の株価が割高か割安かを判断する手法です。今ではネット上で簡単に，企業分析指標（PER，PBRなど）を入手することが可能なため，以前よりは分析が容易になりました。業績の将来予測に自信が持てるようになると，短期的な値動きの変化に迷わされることがなくなります。ただし，さまざまな情報や専門的な知識が必要であり，そのための労力がかかるというのがデメリットでしょう。

　　結局は自分のトレードスタイルにあった分析をすればいいのですが，どちらの分析手法にもメリットとデメリットがあるため，双方を駆使することが必要になってきます。

に織り込んでいることをいいます。私的情報とは企業の決算，M&A（企業の合併や買収）などの情報が公開される前の情報であり，当該企業だけでなく，関連企業や金融機関が業務上の重要な情報として知りうることもある情報です。これらは**インサイダー情報**ともいわれます。ストロング型の効率性が満たされるとき，インサイダー情報を使って投資収益を上げようと思っても，証券を売買するときにはその情報が価格に織り込まれてしまい，平均的に投資収益を上げることができないことになります。

　　現在はインサイダー取引に対する規制があり，企業の内部情報を利用して投資収益を上げたならば厳しい罰則が科されます。私的情報を利用すると高い確

率で将来の価格の方向性を予測することができるので，ストロング型の効率性は厳密な意味で成立していないことが知られています。一方，ウィーク型の効率性やセミストロング型の効率性が成立しているかどうかは，成立している場合としていない場合があることが報告されています。

　これら3つの基準の情報の範囲からわかるように，ストロング型の効率性が満たされればセミストロング型の効率性は満たされ，セミストロング型の効率性が満たされればウィーク型の効率性が満たされることになります。反対に，ウィーク型の効率性が満たされてもセミストロング型の効率性やストロング型の効率性が満たされるとは限りません。

┃ランダム・ウォークする証券価格┃

　効率的市場仮説が成立するならば，価格は**ランダム・ウォーク**します（厳密にいえば，ウィーク型の効率性が成立すれば）。効率的な市場では証券価格がその時点で入手可能な情報を完全に織り込んでいるので，次に価格が変動するのは新たな情報が発生したときです。証券にとって良いニュース（情報）がくれば価格は上昇し，悪いニュース（情報）がくれば価格は下落します。良い情報と悪い情報はランダムに発生するので，価格はランダムに動くことになります（**図表6.4**）。もちろん，良い情報の後に良い情報が続き，価格も上昇した後にまた上昇するということもあるでしょう。ここでいう「ランダムに発生する」というのは，将来，良い情報がくるか悪い情報がくるかの予想がつかない，つまり**確率予想**が50％ずつということであり，良い情報と悪い情報の事後的な発生確率が50％ずつというわけではありません。同様に，「ランダムに動く」というのも各時点において価格が上がるか下がるかの予想確率が50％ずつということであり，長期では上下に揺れながらも上昇トレンドや下落トレンドをたどっていることはありえます。

　将来，良い情報がくるか，悪い情報がくるか予測できないので，将来の価格が上がるか下がるかも言い当てることはできません。このとき，来期の価格を予想するとすれば，価格が上がるか下がるかの確率も50％ずつなので，平均的には現在の価格と変わらないというのがもっともらしい予想でしょう。したがって，価格変化の期待値（期待リターン）がゼロということになります。

CHART 図表6.4 ランダム・ウォーク

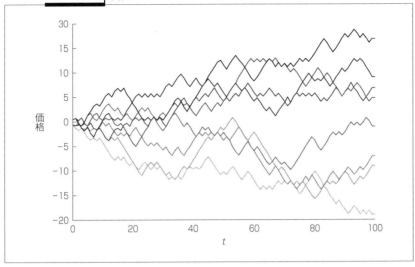

t期の価格を P_t とすると,

$$E(P_{t+1}) = P_t$$

であり, t期のリターンを $r_t = (P_t - P_{t-1})/P_{t-1}$ とすると, 次のようになります。

$$E(r_{t+1}) = \frac{E[(P_{t+1} - P_t)]}{P_t} = \frac{(P_t - P_t)}{P_t} = 0$$

　本源的価値は定義上, ランダム・ウォークに従います。なぜならば, 本源的価値は合理的な投資家の情報をすべて反映した価格だからです。そこで, 価格がランダム・ウォークすることがデータから検証できれば, それだけで価格と本源的価値が一致しているとはいえませんが, 少なくともウィーク型の効率性が満たされるといえます。

　価格が中長期的に本源的価値に近付くのであれば, 価格はランダムではなく, スムーズに調整されると考える人もいるでしょう。実際, ランダム・ウォーク仮説が世に出るまで, 伝統的な経済学者たちは証券の需給が不均衡な状態から需給を均衡させる均衡価格に向かうと考えていたため, その過程がランダム・ウォークであるはずがないと考えていました。しかし, 過去の価格変動を利用して将来の価格の方向を予測できるならば, ウィーク型の効率性が満たされな

くなります。つまり，ウィーク型の効率性が満たされているならば，証券価格はランダムに動きつつ本源的価値に近付いていくのです。

 アノマリー

　効率的市場仮説の登場によって，70年代にはこの仮説に関する数多くの実証研究が報告されました。多くの結果がこの仮説を支持するものでしたが，やがて，バリュー株効果や小型株効果などの**アノマリー**が発表され，80年代から90年代にかけて効率的市場仮説をめぐる論争が盛んに行われました。アノマリーとは「投資家の合理性を想定する現代ファイナンス理論では説明できない証券価格の規則性」を表します。したがって，アノマリーを利用する投資戦略を採用すると，リスクや手数料を考慮したうえで利益を上げることができます。ただし，アノマリーが明らかになったことで，それを収益源とする投資戦略を採用する投資家が多く出現し，裁定機会が消滅した（もはやアノマリーではない）ものも多くあります。

▌テクニカル分析にまつわるアノマリー▌

⑴　リターン・リバーサルとモメンタム

　ウィーク型の効率性が満たされる市場では過去のいかなる価格変動も将来の予測には役に立たないとされます。しかし，過去に価格が大幅に下落した銘柄は将来大きな価格上昇を遂げ，大幅に上昇した銘柄は将来大きく下落するという現象が知られています。リターンが平均回帰するこの現象のことを**リターン・リバーサル**といいます。大きく値を下げた株式を買い，大きく値を上げた株式を**空売り**する（借りてきた証券を売る）ことで超過リターンを得られることになり，いわゆる**逆張り戦略**が有効であることを示しています。日本の株式市場では，過去3カ月間，1年間，3年間，5年間にリターンが低い「敗者株」のその後のリターンが過去リターンの高い「勝者株」を大きく上回っています（図表6.5）。

　一方，アメリカの株式市場においては，過去3年から5年の長期ではリター

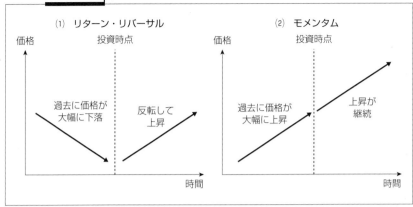

CHART 図表6.5 モメンタムとリバーサル

(1) リターン・リバーサル

価格 　　投資時点

過去に価格が
大幅に下落　　反転して
　　　　　　　上昇

時間

(2) モメンタム

価格 　　投資時点

過去に価格が
大幅に上昇　　上昇が
　　　　　　　継続

時間

ン・リバーサルが見られますが，過去6〜12カ月の短期，中期では，リターン
が高い企業は次の3〜6カ月のリターンも引き続き高くなり，過去にリターン
が低い企業は次の期間も低くなる現象が見られます。このように価格が弾みを
つけたようにパフォーマンスが持続することから，この現象を**モメンタム**とい
います。

(2) カレンダー効果

特定の曜日や月，年次イベントにおいて，株式のリターンが平均的に高く
（低く）なる現象を**カレンダー効果**といいます。その中でも最も有名なのは，
1月効果です。1月の株式リターンが他の月よりも突出して高いことをいいま
す。会計年度の終わる前に，含み損を抱えている株式を売却すると，課税所得
を圧縮することができるので，株価の見通しが悪い株式の売り注文が12月に
集中し，その月の株価指数が下がる一方で，1月には過小評価された株式への
買い付けラッシュが起こるので，株価が大幅に上昇するというのが原因とみな
されてきました。

週末効果とは金曜日の株式リターンが高く，月曜日のリターンが低い現象を
いいます。この現象を利用して月曜日に株式を購入し，金曜日に売却すると投
資収益を上げることができます。また，月の前半に株式のパフォーマンスが良
く，後半に悪いという**月替わり効果**や休日の前日の株式リターンがそれ以外の
株式リターンを上回るという**休日効果**も報告されています。

外国の市場関係者によく知られているのが"Sell in May"（5月になったら株

を売れ）という格言です。これは**ハロウィン効果**（または**5月売り効果**）と呼ばれているアノマリーに基づいています。10月末のハロウィン後の11月から4月の株式リターンが5月から10月の株式リターンよりも高い現象が世界中の多くの株式市場で見られています。日本では欧米と異なり，1月から6月までの暦年上半期の株価パフォーマンスが7月から12月までの暦年下半期のリターンと比べて高いという**上半期効果**が報告されています。

　このようなカレンダー効果は明確な理由があったとしても，それらを利用して投資収益を出すことができるならば，アノマリーは消えるはずであり，実際，1月効果が見られたアメリカでは効果が見られなくなりました。週末効果や休日効果などもアノマリーを利用した投資を実行しやすいことから必ずしも儲かるわけではなくなっています。それに対し，ハロウィン効果については半年間だけ株式を保有し，残りの半年間は現金を保有するという長期の不確実性を伴う投資戦略を実行する必要性があることから，結果として，今でも季節的ミスプライスが残っています。

┃ ファンダメンタル分析にまつわるアノマリー ┃

(1) 小型株効果

　小型株効果とは，時価総額の小さい小型株のリターンが時価総額の大きな大型株のリターンを上回っていることをいいます。時価総額とは発行済み株式数×株価のことです。企業規模の小さい小型株企業は利益急上昇の可能性が大きい反面，市場から退出させられるような企業も存在し，その分リスクが高いといえます。そのため，投資家がリスク・プレミアムを要求していると考えられます。しかし，分散投資すれば小型株企業の倒産リスクは消去できるはずなので，合理的な説明がつかないアノマリーといえます。

(2) 割安株効果

　株価の簿価とは純資産を発行済み株式数で割ったものであり，時価とは市場で決まる株価です。簿価が時価に比べて高い株式は，企業の成長性や経営者の潜在能力が低く評価されていることを表しています。これを潜在的に価値がある株式という意味で**バリュー株**（割安株）といい，反対に簿価時価比率（B/M）が低い株式は市場の評価が高い株式であり**グロース株**（割高株）といいます。

このとき，**割安株効果**とは将来の成長性が低く評価されているバリュー株の方が，高く評価されているグロース株よりも将来の株式リターンが高いことをいいます。このような割安株効果は簿価時価比率のみならず，株価収益率（PER，株価/1株当たりの利益），株価純資産倍率（PBR，株価/1株当たりの純資産），配当利回り（1株当たりの配当/株価），キャッシュフロー利回り（CF/P，1株当たりのキャッシュフロー/株価），売上高利回り（S/P，1株当たりの売上高/株価）など，さまざまな指標に基づく割安株効果が報告されています。

イベント情報にまつわるアノマリー

企業の公表する新情報に対する株価の反応も投資家が過剰反応する場合と過小反応する場合があります。新情報としては，株式増資，自社株買い，配当の変更など経営者の意思決定に関わる情報と，売上高，利益など企業の業績に関する情報が含まれます。

(1) 経営者の意思決定に関わる情報

株式増資や減配を行った企業の株価は長期にわたって低迷し，一方，自社株買い，増配を行った企業の株価は長期に上昇することが知られています。市場が効率的ならば，株価は企業価値を反映しているので，市場価格で資金調達を行ったり，買い戻したりすることは企業価値，つまり株価に影響しないはずです。これらの現象については，第10章と第11章で詳しく説明しています。少なくとも，市場が効率的ならば，このような企業活動に関する公的情報が公になってから株式を売買しても儲からないはずです。

(2) 企業の業績に関わる情報

事前の期待を大きく上回る，もしくは下回る業績を発表した企業の株価が，決算発表後に数カ月にわたって，サプライズと同方向の異常リターンを上げることが知られています。市場が効率的ならば，情報が明らかになると直ちに株価に織り込まれるはずなので，決算発表の情報や業績予想の修正の情報は収益機会を提供していることになります。これらを**業績モメンタム**といいます。このように，株式市場における情報処理は効率的市場仮説が想定しているよりも遅れたり，過小であったりします。投資家は業績発表時にはそれほど反応せず，さらなる情報を得るにつれて，業績発表時の情報価値を再認識していると考え

Column ❾ ファーマとシラー

　2013年のノーベル経済学賞を受賞した3人のうち、「市場の正しさ」を前提とするユージン・ファーマと、「市場は群集心理に左右される」と見るロバート・シラーでは、市場に対する見方が異なっているので彼らの同時受賞は大きな話題を呼びました。

　ユージン・ファーマ（Eugene Fama, 1939-）は、マサチューセッツ州ボストン生まれのシカゴ大学ブース・ビジネススクールの教授。ファーマは証券市場に関する数多くの業績で知られています。効率的市場仮説を提唱し、価格に反映される3つの情報の内容に応じて市場を類型化しました。また、CAPMを発展させ、複数のリスク・ファクターを組み合わせたファクターモデルを提唱しました。為替の理論として有名な金利平価説によると、金利が高い国の通貨が将来的に減価するはずですが、実際にはその国の通貨が増価する傾向にあるという理論に反する実証的事実を提示したことでも知られています。

　一方、ロバート・シラー（Robert Shiller, 1946-）は、アメリカ・ミシガン州デトロイト出身のイェール大学教授。シラーは金融市場における投機的バブル、とくに1990年代後半のドットコムバブルと2008年の金融危機に先立つ住宅市場バブルを分析し、広く注目されました。投資家の心理や非合理的な行動が市場の変動に影響を与え、株式市場や不動産市場のバブル形成と崩壊をもたらすことを示しました。

　なお、同時受賞となったラース・ハンセン（Lars Hansen, 1952-）はシカゴ大学教授。ファイナンスに限らず、さまざまな分野における計量経済学の理論に大きな貢献を果たしました。長年にわたるリスクの推定・評価を行う研究が評価されました。

左からファーマ，ハンセン，シラー（写真提供：AFP＝時事）

られます。

行動ファイナンス

　数多くのアノマリーが紹介された80年代半ばから90年代にかけて行動ファイナンス学派による効率的市場仮説批判が盛んになりました。しかし，2000年代に行動ファイナンスの研究者が増加するまでは，効率的市場仮説は依然として有力でした。現代ファイナンス学派と行動ファイナンス学派はお互いを批判することで学問の発展を遂げていったのです。

期待効用理論への反例

　現代ファイナンス理論では，合理的投資家が期待効用を最大化するように意思決定することが想定されています。しかし，期待効用理論では現実の人間の行動を上手く描写できないことが明らかになってきています。期待効用理論の公理と矛盾する人間の選好を示したものとして有名な「アレのパラドックス」を見てみましょう。

【アレのパラドックス】
問題1　次の選択肢のうちで好ましい方を選択しなさい。
　A：確実に100万円の賞金をもらえる。
　B：10％の確率で500万円，89％の確率で100万円の賞金がもらえるが，1％の確率で何ももらえない。
問題2　次の選択肢のうちで好ましい方を選択しなさい。
　C：11％の確率で100万円の賞金をもらえるが，89％の確率で何ももらえない。
　D：10％の確率で500万円の賞金をもらえるが，90％の確率で何ももらえない。

　この問題に対して，多くの被験者は問題1で確実に100万円を手に入れることができるAを選択する一方で，問題2において得られる金額が大きいDを選択することが知られています。しかし，この選好は期待効用理論に反してい

ます。

効用関数 $U(x)$ を用いて，問題 1 で A を選択することを数式で記述すると，

$$U(100 万円) > 0.1U(500 万円) + 0.89U(100 万円) + 0.01U(0 万円) \quad (6.1)$$

となり，(6.1) 式の両辺から $0.89U$（100 万円）を引くと

$$0.11U(100 万円) > 0.1U(500 万円) + 0.01U(0 万円) \quad (6.2)$$

と表せます。

同様に，問題 2 で D を選択するという意思決定は

$$0.11U(100 万円) + 0.89U(0 万円) < 0.1U(500 万円) + 0.9U(0 万円) \quad (6.3)$$

となり，(6.3) 式の両辺から $0.89U$（0 万円）を引くと

$$0.11U(100 万円) < 0.1U(500 万円) + 0.01U(0 万円) \quad (6.4)$$

と表せます。(6.2) 式と (6.4) 式は両辺が同じにもかかわらず不等号が逆になっており，意思決定に矛盾が生じていることがわかります。

どうしてこのような矛盾した選択をするのでしょうか？ ダニエル・カーネマンとエイモス・トベルスキーは，このような期待効用理論に反した選好を持つ一例として**確実性効果**を指摘しています。確実性効果とは 100% 確実に起こる選択肢をほとんど確実という選択肢に比べて過大評価する傾向をいいます。

そこで，それぞれの選択肢の期待値を計算してみましょう。問題 1 の A では 100 万円が期待値であるのに対し，B の期待値は 139 万円です。問題 2 の C の期待値は 11 万円，D の期待値は 50 万円です。リスク中立の被験者ならば，問題 1 では B を選択し，問題 2 では D を選択するでしょう。つまり，多くの被験者が問題 1 で A を選択したのは，1% という小さな確率であっても 100 万円という大金を得られない可能性を避けて，確実に 100 万円得られる方を選択したのです。

次に，期待効用理論に反する別の事例として，**曖昧さの回避**に注目する実験結果を見てみましょう。

【エルズバーグのパラドックス】

　壺の中に赤玉が 30 個，黒玉と黄玉が合わせて 60 個入っているが，黒玉と黄玉の内訳はわかりません。壺からランダムに 1 個取り出すときに次の選択をするとしましょう。

問題 3　次の選択肢のうちで好ましい方を選択しなさい。

　A：赤玉が出たら 100 万円の賞金をもらえる。

　B：黒玉が出たら 100 万円の賞金をもらえる。

問題 4　次の選択肢のうちで好ましい方を選択なさい。

　C：赤玉か黄玉が出たら 100 万円の賞金をもらえる。

　D：黒玉か黄玉が出たら 100 万円の賞金をもらえる。

　問題 3 では黒玉の個数は 0〜60 個のいずれかであり，黒玉が出る確率は不確実で曖昧ですが，赤玉は 1/3（＝30/90）の確率で出ることがわかっています。そのため，たとえ黒玉が 30 個以上入っているとしても，大多数の被験者は不確実で曖昧な B を避けて A を選択します。また，問題 4 では黒玉か黄玉が出る確率は 2/3（＝60/90）であるため，確率がわかっている D を選択する傾向にあります。しかし，問題 3 で A を選んだならば，赤玉の出現確率は黒玉よりも高いと予想しているはずなので，それらの選択肢に黄玉が付け加えられた問題 4 では C を選ぶべきでしょう。曖昧さを回避するという人間が持つこのような選好は，複数の選択肢のすべてに共通した条件が付加されたとしても，元の選好関係が維持されるという期待効用理論の独立性の公理に反しています。

プロスペクト理論

　ファイナンスの世界には，「損小利大」または「損を切って利を伸ばせ」という有名な相場格言があります。投資家は得てして購入価格よりも値下がりして含み損を抱えている証券を売却して損失を実現する，いわゆる「損切り」をしたがらず，反対に値上がりして含み益を抱えている証券をすぐに売却して利益を確定しがちです。これを戒める格言です。このように「損失を抱えている株式をいつまでも持ち続け，利益を出している株式をすぐに利食いしてしまう」という投資行動を**気質効果**といいます。

このような**心理バイアス**はどうして起こるのでしょうか？　カーネマンとト
ベルスキーは次のような心理実験を行いました（Kahneman and Tversky, 1979）。

【フレーミング効果の実験】

問題5　100万円を与えられたうえで，次の賭けに参加する場合，好ましい方
　　　　を選択しなさい。

　A：50％の確率でさらに100万円を得られるが，50％の確率でそれ以上は得
　　　られない。

　B：確実に50万円を追加的に得られる。

問題6　200万円を与えられたうえで，次の賭けに参加する場合，好ましい方
　　　　を選択しなさい。

　C：50％の確率で100万円を失うが，50％の確率で何も失わない。

　D：確実に50万円を失う。

実験の結果，問題5では確実に50万を得られるBを選択する被験者の割合
が84％で，AよりもBを選択する人の割合が多くなりました。一方，問題6
では50％の確率で損失がゼロとなるCを選択する人の割合が69％となり，D
を選択する人の割合よりも多くなりました。

ところが，各選択肢の期待効用は，

A：$0.5U(100万+100万)+0.5U(100万)=0.5U(200万)+0.5U(100万)$

B：$U(100万+50万)=U(150万)$

C：$0.5U(200万-100万)+0.5U(200万)=0.5U(100万)+0.5U(200万)$

D：$U(200万-50万)=U(150万)$

であるので，期待効用理論によると，AとCの期待効用は同じであり，Bと
Dの期待効用も同じはずです。

この実験結果は問題がどのような枠組み（フレーム）で提示されるかによっ
て被験者の選好が変わることを示しています。このように，人々の意思決定の
問題が，提示される問題の枠組みに左右されることを**フレーミング効果**といい
ます。

さらに，利得領域と損失領域において選好が非対称になっています。つまり，
問題5の利得領域ではリスク回避的な選択を行っているのに対し，問題6の損
失領域ではリスク愛好的な選択を行っています。このような**利得と損失の非対**

称性をカーネマンとトベルスキーは**プロスペクト理論**を使って説明しました。

プロスペクト理論では損益を価値に変換する関数として価値関数を用います。価値関数の特徴は，①意思決定主体が設定する参照点を中心として価値関数の形状が変化しており，②利得領域ではリスク回避的，損失領域ではリスク愛好的であること，③損失領域での関数の傾きが利得領域での傾きよりも急になるということです（**図表6.6**）。

プロスペクト理論の利得領域と損失領域を分ける参照点は，意思決定主体が損失を考える水準です。問題5では現在保有している金額に100万円を加えた額が参照点となるのに対し，問題6では現在保有している金額に200万円を加えた額が参照点となります。参照点がどこに置かれるかによってフレームが変化します。問題5と6では参照点が異なっているので，人々は異なる意思決定を行うようになるのです。

参照点を境に利得領域での価値関数はリスクを回避する凹型になり，損失領域ではリスクを愛好する凸型になっています。したがって，問題5ではリスクを回避して確実に50万円得られる方を選ぶのに対し，問題6ではリスクをとって損益が不確実な選択肢を選ぶことになります。

さらに，利得領域よりも損失領域では価値関数の曲線が急になるというのも価値関数の重要な特徴です。これによって，同じ金額の変化であっても利得領域よりも損失領域の方が価値の変化が大きくなります。たとえば，50万円の利得による喜びと50万円の損失による悲しみを比べると，50万円の損失が大きな悲しみをもたらします。そのため，参照点を基準としたとき，たとえ小さな損失だとしても，それを過剰に回避しようとする**損失回避**という行動を引き起こすことになります。

投資家が損切りできない理由もプロスペクト理論によると，投資家の価値関数における利得と損失の非対称性によって説明されます。投資家は利得領域ではリスク回避的なので含み益が出ると利益を確定しがちですが，他方，損失領域ではリスク愛好的なので，含み損が出ている証券の値上がりを期待して，すぐには損失を実現しようとしません。このようにして，購入価格を参照点として価格が購入価格に戻るまで売りを渋る結果，損失の実現を先送りすることになるのです。

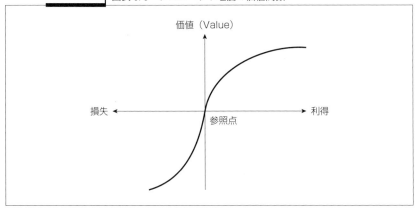

価値（Value）

損失 ← 参照点 → 利得

Column ⑩　投資にまつわる行動バイアス

　行動ファイナンスは，さまざまな心理的要因（行動バイアス）によって合理的な投資行動が妨げられ，結果的に損失を被ることを明らかにしています。ここで紹介した損失回避以外にも，次のような行動バイアスが指摘されています。

(1)　大きな損失を抱えたとき

①**認知的不協和**　　認知的不協和とは，矛盾した思考や行動を同時に抱えた状態，またその際に覚える不快感やストレスのことをいいます。証券投資でいうと，損切りは自らの投資判断の誤りを認めることになり，認知的不協和が起きることになります。また，含み損を抱える株式に関する悪いニュースを見聞きしても，それを受け入れようとせず，自分の都合のよい解釈をするならば，損失を被ることになりかねません。

②**参照点依存性**　　参照点依存性とは，価値を絶対的ではなく，相対的に判断する心理作用のことです。本来，株価が安いときに買い，高いときに売るのが投資の原則ですが，株式を購入したときの買値に戻るまでは売りたくないという心理が働くと，売るタイミングを逃し，損失を膨らませることになります。

(2)　早く投資しないといけないと感じるとき

①**ヒューリスティックス**　　ヒューリスティックスとは，意思決定の場面において，緻密な論理で1つ1つ確認しながら判断するのではなく，経験則や先入観に基づいて素早く判断することです。メディアやSNSで頻繁に目にするテーマや企業を魅力的に感じ，客観的な比較や検討をしないで，投資す

るのが「利用可能ヒューリスティック」の一例です。

②権威付け効果　権威付け効果とは，有名人や権威のある人の意見は正しく感じることを指します。そのような人に推奨された企業の株式は投資されやすくなります。同じような行動バイアスとして，**ハロー効果**があります。これも見た目や肩書といった目立ちやすい特徴によって，評価内容が歪められてしまうバイアスです。権威付け効果は肯定的な評価にのみ使いますが，ハロー効果は肯定的な評価だけでなく否定的な評価にも使われるという違いがあります。

③ハーディング　ハーディング（群集心理）とは多くの人々と同じ行動をとることに安心感を抱き，他人の行動に追随してしまうことをいいます。周りの人やメディアで利益を出している人を見聞きすると，乗り遅れまいと慌てて投資すれば，高値づかみすることになりかねません。

(3)　情報を集めるとき

①**現状維持バイアス**　現状維持バイアスとは，未知のものや変化を受け入れず，現状維持を望む心理的傾向のことをいいます。好景気で市場平均株価が高いときに，証券投資を始めたり，株式を買い増ししたりする人が多いのは，多くの人が良好な市場環境がこれからも続くという予想をしていることを表しています。

②**外挿バイアス**　外挿バイアスとは，未来を予想するときに，過去データの延長線上で考える傾向をいいます。今期の業績がよければそのまま来期も業績がいいと考えたり，株価が上昇していれば，今後も上昇すると考えて株式を買ったりする人は高値づかみになりやすいと考えられます。

（参考文献）日本経済新聞電子版「しくじり投資，行動経済学で斬る　心のワナ避けるには」（2023 年 2 月 7 日付）。

リスク許容度は，現代ファイナンス理論が想定するように絶えず一定ではなく，損失を被っている場合と利益を上げている場合といったフレーム次第で，高くなったり低くなったりすると考えるのが行動ファイナンスの考え方です。

● **参考文献**

Kahneman, D. and A. Tversky（1979）, "Prospect Theory: An Analysis of Decision under Risk," *Econometrica*, vol. 47, 263-291.

1 効率的市場仮説に関する記述として，最も適切なものの組み合わせを下記の解答群から選べ。

a. 市場が効率的であるとき，市場は完ぺきな予測能力をもっている。

b. 効率的市場では，市場価格はすべての入手可能な情報を反映している。

c. 効率的市場では市場価格は変動しない。

d. 投資家間の激しい競争によって市場効率性は高まる。

〔解答群〕

1. a と b　　2. a と c　　3. b と c　　4. b と d　　5. c と d

（「2014 年度 中小企業診断士 第 1 次試験」財務・会計 第 14 問）

2 市場の効率性に関する記述として，最も不適切なものはどれか。

1. ウィーク型仮説とは，現在の株価は，過去の株価，取引高などを織り込んでいる結果，過去のデータから，将来の株価の変動を予測することは不可能であるとする仮説である。

2. 効率的市場仮説とは，情報が即座に価格に織り込まれることを通じて，市場では効率的な価格形成が達成されているとする仮説である。

3. 資本市場における取引上の効率性とは，手数料，税金，制度，法律などの面で取引を円滑に実施するための取引システム全般が機能しているかどうかを意味する。

4. セミストロング型仮説とは，市場の効率性は限定的であるので，ファンダメンタル分析を使って超過収益獲得の機会が存在することを示す仮説である。

（「2018 年度 中小企業診断士 第 1 次試験」財務・会計 第 20 問）

3 効率的市場仮説（セミストロング型）に関する記述として，最も適切なものはどれか。

1. インサイダー取引によっても，市場の期待を上回る過大なリターンを獲得できない。

2. 市場価格は公に入手可能な情報を反映する。

3. 市場価格は規則的に変動する。

4. すべての証券の将来の価格は確実に予測できる。

（「2023 年度 中小企業診断士 第 1 次試験」財務・会計 第 19 問）

4 ある企業において，業績が良くなると判断される新情報が市場に流れた場合（$t=0$），投資家が合理的に行動するならば，この企業の株式の超過収益率をグラフにしたものとして，最も適切なものはどれか。

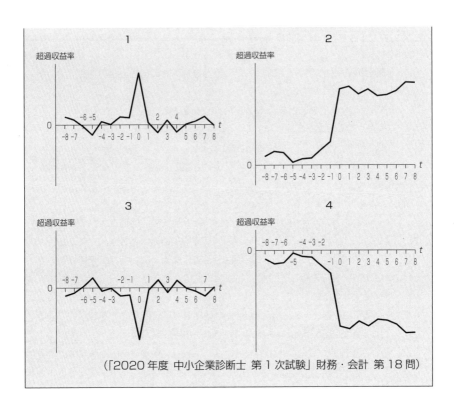

(「2020年度 中小企業診断士 第1次試験」財務・会計 第18問)

第 **7** 章

債　券

債券の利回りや金利はどのように決まるのか？

イントロダクション

　わが国の中央銀行である日本銀行は，2016 年 9 月に「長短金利操作付き量的・質的金融緩和」の導入を決定しました。この「長短金利操作」がイールド・カーブ・コントロール（以下，YCC）といわれるもので，日銀の当座預金の短期金利を −0.1% に据え置きつつ，長期国債（10 年物）の金利をゼロ% 程度で推移するように，市場から国債を買い入れて金利をコントロールしようとするものです。

　YCC が導入されたことによって，10 年国債利回りは，導入されなかった場合に比べると，おおむね 1% 程度低下したと日銀自身が政策効果を分析しています。しかし，金融政策によって決まる短期金利とは異なり，長期金利は本来，市場で決まるべきものであり，中央銀行が長期にわたって長期金利を固定化することによる副作用が懸念されています。

　YCC の副作用としては，まず国債の取引が成立しないなど，国債市場の機能低下（流動性の低下など）があげられます。また，長きにわたる低金利が金融

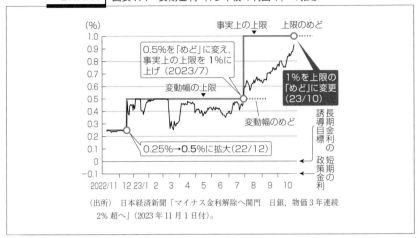

CHART 図表7.1 長期金利（10年債の利回り）の推移

（出所）日本経済新聞「マイナス金利解除へ関門　日銀，物価3年連続 2%超へ」（2023年11月1日付）。

機関収益を圧迫することによって，収益が低下した金融機関が経済に必要な融資を提供できなくなるリスクや，収益低下に直面した金融機関が高リスクな投融資を行い，金利が反転した際に金融システムの安定性に障害が出てくるリスクが高まっています。また，超低金利の長期化が政府の歳出拡大を助長し，水面下において財政リスクを高めている面もあります。

　世界的な金利の上昇に加え，日本国内でもかつてないほどにインフレが高まっていることから，長期金利の上昇圧力は日増しに強まってきました。そこで，日銀は2022年12月，23年7月，10月と3回にわたってYCCの修正を行いました。23年10月には長期金利の目標を引き続きゼロ%程度とする一方で，「上限のめど」を1%とする方針に改めました。長期金利が1%を超えて上昇するのを容認することで，インフレや円安の加速を防ぐねらいがあります。このように，日銀は非伝統的金融政策の出口に向かって前進しつつあります（2023年11月1日時点）。

1 債券の基本

債券は株式と並んで最も活用されている証券市場を通じた資金調達手段です。

とりわけ株式での資金調達（エクイティ・ファイナンス）のできない公的機関にとってはきわめて重要といえます。

　債券は借入金と同様，負債に分類されます。債券と借入金の違いは，借入金が資金調達者と銀行による当事者間の相対取引であり，転売されるのが難しいのに対し，債券は満期までの間，流通市場で容易に売買することができることです。株式との関係でいうと，市場を通じて多くの投資家に所有され取引されるという点で共通した特徴を持っている一方，株式は自己資本であり返済の必要がないが，債券は他人資本であり返済の義務があります。

▌債券の仕組み▐

　債券は資金調達後に，一定期間，定期的に**利息（クーポン）**を支払い，**満期日（最終償還日）**に最初に借りた元本（**額面金額**，もしくは**償還金**）を支払うことが約束されています。つまり，利息の金額や**支払日**，最終償還日が債券を発行する時点で確定している有価証券です。その支払いが滞り，**デフォルト（債務不履行）**にならないかぎり，満期日までに支払われるキャッシュフローは確定しているため，債券は**確定利付証券**とも呼ばれています。ちなみに，株式などの出資の場合には，あらかじめ配当の支払いを約束しているわけではないため，たとえ配当を支払わなくても（これを**無配**という）デフォルトにはなりません。これは債券とは大きく異なる特徴です。

　1年間に支払われるクーポンの額面に対する比率を**利率**（表面利率，またはクーポンレート）と呼び，クーポン（額）ではなくクーポンレート（％）が債券に記載されています。日本では半年ごとにクーポンレートの半分のクーポンが支払われる形の債券がほとんどです。

　債券が電子化される前は，債券に付随して印刷されるクーポン（利札と呼ばれていました）にはミシン目が入っていて，1枚ずつ切り離せるようになっていました。利払日（もしくはそれ以降）に当該分の利札を切り取って証券会社等の支払窓口に提出すると，利札に記載されている金額を受け取れました。現在では債券が電子化（ペーパーレス化）され，現物は発行されていないため，金融機関に開設した口座を通して，利払日にシステム処理によって自動的に利息を受け取れるようになっています。

（写真提供：（上）読売新聞社，（下）時事通信フォト）

　このように定期的にクーポンが支払われる債券を**利付債**，クーポンがなく満期に額面のみが返済される債券を**割引債**（ゼロクーポン債）といいます（図表7.2）。たとえ発行時には利付債であっても，クーポン部分が取り外されて元本部分だけが取引されている債券は事実上，割引債です。そのような債券は，「クーポンを剝ぎ取られている」ことから**ストリップ債**と呼ばれています。

　債券の券面上に記載されている金額を**額面**といい，債券を売買する際の最低取引単位になります。債券が償還される日（満期日，償還日）には額面が債券購入者に戻ってくることになります。たとえば，一般の利付国債の最低額面金額が5万円ですが，個人向け国債については，個人が購入しやすいよう，最低額面金額を1万円に設定しています。

額面 （または額面金額）	債券を購入する際の単位金額，また償還日に返済される金額。 銘柄によってさまざま（5 万円，100 万円など）。 額面は価格とは異なる。
表面利率 （クーポンレート）	額面金額に対する 1 年間の利息の割合。
発行価格	債券が新規発行されるときの価格。 額面（100 円）と異なる価格で発行されることもある。
償還日	債券の額面金額が償還される日。
利払日	利付債でクーポンが支払われる日。

「額面 100 円当たり発行価格が 100.5 円」というように，債券の価格は額面を 100 円に基準化したうえでの相対価値で表示されます。このような価格表示は 1 万円や 5 万円といった異なる額面の債券を比較するために，便宜上用いられています。したがって，額面 10 万円で，額面 100 円当たり発行価格が 100.5 円の債券の売買代金は，100,000 円 ÷ 100 円 × 100.5 円 = 100,500 円です。この債券が償還を迎えると額面 10 万円が戻ってきます。また，この例のように，債券の発行価格は必ずしも額面 100 円につき 100 円で発行されるとは限りません。たとえば，利付国債は毎月発行されていますが，額面 100 円につき 99.95 円で発行されるときもあれば，100.05 円で発行されるときもあります。

債券の種類

　国内で発行されている債券は総称して**公社債**といいます。発行体が公共部門か民間部門かによって分類され，発行体が公共部門である**公共債**には，国が発行する**国債**，地方自治体が発行する**地方債**，政府関係機関が発行する**政府機関債**があります。一方，発行体が民間部門である**民間債**は事業法人が発行する社債が基本ですが，オプション（第 8 章参照）が付されていない普通社債は**事業債**とも呼ばれます。普通社債の中には，特定の金融機関が発行する**金融債**があります。一方，オプション付きの債券には，あらかじめ定められた価格で債券を株式に転換できる**転換社債型新株予約権付社債**（CB〔Convertible Bond〕，かつての転換社債）や，あらかじめ定められた価格で新株を購入できる権利を付した**新株予約権付社債**（ワラント債，かつての新株引受権付社債）などがあります。

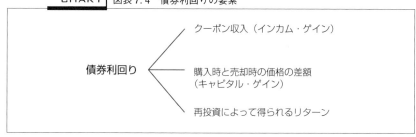

債券利回り
- クーポン収入（インカム・ゲイン）
- 購入時と売却時の価格の差額（キャピタル・ゲイン）
- 再投資によって得られるリターン

　外国債券とは，発行市場，発行体，通貨のどれかが外国である債券のことを指し，略して**外債**といいます。公共債，民間債，国際機関債のように発行体によって分類されるほか，発行市場が国内か海外かでも分類されます。国際機関や外国の政府，法人が国内で発行する外国債券として円建外債（**サムライ債**），海外の市場で発行される円建債券（**ユーロ円債**）などがあります。海外のユーロ市場では規制が緩いことを反映して，多くの変形債券が発行されています。クーポンと償還金が異なる通貨で支払われるデュアル・カレンシー債や株価指数に連動して償還金が増減するインデックス・リンク債などがあります。

 債券の利回りの求め方

　額面に対する利息（クーポン）の割合が**利率（クーポンレート）**であるのに対し，投資元本に対する収益の割合を**利回り**といいます。クーポンレートも新聞紙上で利回りと呼ばれていることがあるので混同しないよう注意が必要です。クーポンレートは満期まで変わることがないのに対し，利回りは債券の価格変動によって変化します。

　債券投資の利回りは3つの要素からなります。それらは①あらかじめ定められたクーポンレートに基づいて定期的に支払われるクーポン収入（インカム・ゲイン），②債券購入時の価格と償還（売却）時の価格の差額である利益（キャピタル・ゲイン），③クーポンを再び投資することによって得られる**再投資収入**です。

　利回りには単利と複利があります。単利利回りはクーポン収入と償還／途中

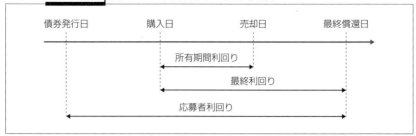

債券発行日 購入日 売却日 最終償還日

所有期間利回り

最終利回り

応募者利回り

売却による収益のみに着目していますが，複利利回りは投資期間中に得られた利息を元本に加えて再投資したときの再投資収入を含んでいます。日本では商慣習上，計算が簡単な単利の利回りが用いられてきましたが，欧米では複利の利回りを用いることが一般的です。

┃ 単利利回りの計算の仕方 ┃

単利利回り（単利）は次の一般式で算出されます。この式は，購入価格に対して，1年当たりにどれだけのクーポン収入とキャピタル・ゲインが得られたかを表したものです。

$$\text{単利利回り（単利・年率）} = \frac{\text{1年間のクーポン}+\text{1年当たりのキャピタル・ゲイン}}{\text{購入価格}}\times 100\ (\%)$$

なお，1年当たりのキャピタル・ゲインを無視して，購入価格に対する1年間のクーポン収入の割合を**直接利回り**（直利）といいます。

$$\text{直接利回り（直利・年率）} = \frac{\text{1年間のクーポン}}{\text{購入価格}}\times 100\ (\%)$$

さらに，所有期間に応じて以下の3つの種類があり，債券を所有している期間に応じて呼び名が異なります（**図表7.5**）。ただし，利回りを導出する考え方は同じです。

(1) 応募者利回り：新発債券を発行時から最終償還日まで所有した場合の利回り

(2) 最終利回り：発行後の債券を購入し，最終償還日まで所有した場合の利

回り

(3) 所有期間利回り：発行後の債券を購入し，満期を待たずに売却した場合の利回り

　単利の利回りには次のような問題点があるといわれています。①償還時や売却時にしか支払われないキャピタル・ゲインを毎年均等に受け取っていると仮定していること，そして，②時点の異なるクーポンを異なる割引率で割り引かずに同じ価値と考えていることです。単利の最終利回りが手計算でも求められるのに対し，複利の計算は複雑なので，日本では単利の利回りが用いられることが多かったですが，近年コンピュータや複利計算用の電卓が普及するに伴い，複利の最終利回りも頻繁に用いられるようになってきました。

複利利回りの計算の仕方

　複利の利回りは第2章で学習した IRR 法（内部収益率法）の考え方を利用して計算されます。各時点で支払われるクーポンの現在価値の和が債券価格と同じになるような割引率が複利最終利回りです。以下のように，複利の債券利回りは，額面を 100 円，クーポン C と価格 P を既知として，最終利回り r が計算されます。

年複利最終利回り

$$P = \frac{C}{1+r} + \frac{C}{(1+r)^2} + \frac{C}{(1+r)^3} + \cdots + \frac{C+100}{(1+r)^n}$$

年 m 回複利の場合

$$P = \frac{\dfrac{C}{m}}{\left(1+\dfrac{r}{m}\right)} + \frac{\dfrac{C}{m}}{\left(1+\dfrac{r}{m}\right)^2} + \cdots + \frac{\dfrac{C}{m}+100}{\left(1+\dfrac{r}{m}\right)^{mn}}$$

P：債券価格（円）

C：クーポン（円）

n：残存期間（年）

r：複利最終利回り　（％表示を 100 で割ったもの）

クーポンが年1回払いの場合の複利利回りを年複利（あるいは年1回複利），年2回利払いの場合の複利利回りを半年複利（あるいは年2回複利）といいます。日本では半年ごとにクーポンレートの半分のクーポンが支払われる形の債券が多いので，半年複利の最終利回りを見てみましょう。

$$P = \frac{\frac{C}{2}}{\left(1+\frac{r}{2}\right)} + \frac{\frac{C}{2}}{\left(1+\frac{r}{2}\right)^2} + \cdots + \frac{\frac{C}{2}+100}{\left(1+\frac{r}{2}\right)^{2n}}$$

半年後のクーポン$\frac{C}{2}$を$\left(1+\frac{r}{2}\right)$で割り引き，1年後のクーポン$\frac{C}{2}$を$\left(1+\frac{r}{2}\right)^2$で割り引くというように，各時点のクーポンも割引率も半年分として2で割っています。

インカム・ゲインとキャピタル・ゲインのみに着目している単利利回りに対し，複利利回りではクーポンの再投資収入を考慮しています。この違いについて，具体例を使って説明しましょう。たとえば，クーポンレート10％，残存期間2年の年1回利払いの債券が価格90円で取引されていたとすると，その債券の複利最終利回りはいくらでしょうか？

$$90 = \frac{10}{1+r} + \frac{10+100}{(1+r)^2} \tag{7.1}$$

（7.1）式のように，価格90円とクーポンおよび額面の現在価値の和を一致させる利回りrがそれに相当します。では，90円を投資したときの2年後の収入はいくらでしょうか？ まず，単利のケースを考えます。1年後に支払われるクーポン10円を再投資しないで現金のまま保有すれば，

$$10 + 10 + 100 = 120 \text{（円）}$$

です。次に，複利のケースを考えます。1年後に支払われる10円を2年後までrのリターンで再投資したならば，

$$10(1+r) + 10 + 100 \text{（円）}$$

となります。当然のことながら，rが正であるかぎり120円よりも多くなります。

ここで，（7.1）式の両辺に $(1+r)^2$ をかけると以下の式が得られます。

$$90(1+r)^2 = 10(1+r) + 10 + 100 \qquad (7.2)$$

（7.2）式の左辺は 90 円を年率 r のリターンで複利運用したときの 2 年後の収入を示しており，右辺はクーポンを再投資したときの収入と一致しています。つまり，複利最終利回りはクーポンを r のリターンで再投資すると仮定したときの利回りを表しているのです。明らかに複利最終利回りがクーポンの再投資を考慮していない単利最終利回りよりも大きくなっています。

利回りと価格は逆方向に動く

最終利回りの式が示すように，利回りと価格には密接な関係があります。金融政策や景気を反映して市場金利が上昇すると債券の最終利回りも影響を受けて上昇します。クーポンは債券発行時に確定されるのでインカム・ゲインは一定ですが，利回りの上昇によって将来のキャピタル・ゲインは増加します。しかし，額面は決まっているので，最終利回りの式を満たすためには現在の債券価格は低下することになります。反対に，最終利回りが下落する場合，債券価格は上昇します。つまり，最終利回りと価格は絶えず反対の方向に変化することになるのです。

利回りが上昇することは投資すれば高い収益が得られるということなので，利回りの上昇によって価格が低下するというのに疑問を感じる読者もいるでしょう。しかし，利回りが上がって好ましいのはこれから投資を始める投資家であって，すでに債券を保有している投資家にとって，債券の価格が低下することは短期的に投資収益を低下させることになるのです。

利回りの上昇	⇔	債券価格の低下
利回りの低下	⇔	債券価格の上昇

価格と最終利回りの関係を図に表すと，利回りが上昇するにつれ債券価格が低下するという右下がりの線が描けます。**図表 7.6** では，価格が額面と同じ 100 円になるときの最終利回りが 1.6% であり，それを上回ると価格が 100 円よりも下がり，それを下回ると 100 円よりも上がる様子が描かれています。

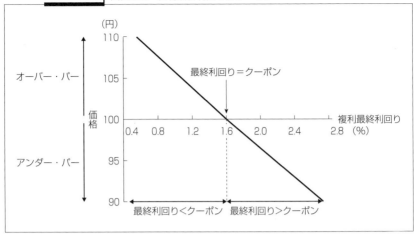

CHART 図表7.6　複利最終利回りとクーポン

（円）

オーバー・パー

価格

アンダー・パー

最終利回り＝クーポン

複利最終利回り

0.4　0.8　1.2　1.6　2.0　2.4　2.8　（％）

最終利回り＜クーポン　最終利回り＞クーポン

オーバー・パーとアンダー・パー

　債券価格が額面と同じ100円である債券は**パー債券**，価格が100円を上回る債券は**オーバー・パー債券**，100円を下回る債券は**アンダー・パー債券**と呼ばれます。価格100円のパー債券はキャピタル・ゲインがゼロなので，運用益に相当する分はすべてインカム・ゲインであるクーポンから得られます。したがって，パー債券では最終利回りとクーポンレートが一致します。

　もし，最終利回りがクーポンレートよりも高い場合，インカム・ゲインだけでは高いリターンを賄えないので，キャピタル・ゲインが正にならないと辻褄が合いません。そのため，価格が額面よりも低いアンダー・パー債券でなければならないのです。反対に，最終利回りがクーポンレートよりも低い場合，価格が額面よりも高いオーバー・パーとなります。

　以上をまとめると，オーバー・パー，アンダー・パー，最終利回り，クーポンレートの関係は以下のとおりです。

最終利回り＜クーポンレート　⇔　額面100円＜価格（オーバー・パー）

最終利回り＝クーポンレート　⇔　額面100円＝価格（パー）

最終利回り＞クーポンレート　⇔　額面100円＞価格（アンダー・パー）

図表 7.6 では，最終利回りが 1.6% を上回ると，価格が 100 円を下回り，アンダー・パーとなりますが，そのときは必ず，最終利回りがクーポンレートを上回っている様子が描かれています。反対に，価格が 100 円を上回り，オーバー・パーとなるときには，最終利回りがクーポンレートを下回ることになります。

③ スポットレートと債券価格

▍割引債の利回りと価格の求め方 ▍

本節では，クーポンがない割引債を取り上げます。割引債のキャッシュフローは満期時の 1 回のみですので，複利最終利回りは額面と価格から以下のように算出されます。

> **割引債の価格の決定式**
> $$P = \frac{100}{(1+r)^n} \tag{7.3}$$

利付債の最終利回りが残存期間とクーポンに依存していたのに対し，割引債はクーポンがないことから，最終利回りが残存期間に応じて決定されます。割引債の最終利回りを**スポットレート**といいます。1 年物，2 年物，3 年物の割引債のスポットレートは以下のように決定されます。

$$r_1 = \frac{100}{P} - 1, \quad r_2 = \sqrt[2]{\frac{100}{P}} - 1, \quad r_3 = \sqrt[3]{\frac{100}{P}} - 1$$

逆に，スポットレートが与えられると残存期間に応じて債券価格がいくらになるかを (7.3) 式から算出できます。**図表 7.7** に示されているように，たとえば最終利回りが 5% の債券は毎年 5% 価格が上昇します。

▍利付債の価格の求め方 ▍

スポットレートは利付債の価格を求めるときにも重要な役割を果たします。

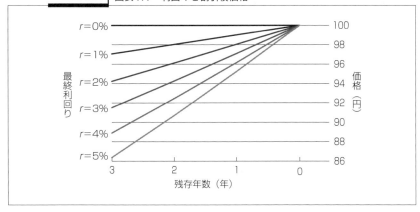

利付債の複利最終利回りを算出する際には価格を所与として，各期のクーポンを同じ割引率で割り引いて利回りを求めていました。しかし，価格を求めるときに各期のクーポンを同じ割引率で割り引くことは問題になります。1年物の定期預金の金利と10年物の定期預金の金利が異なるように，運用期間が異なればその期間に応じた利回りがあってしかるべきだからです。

そこで，1年後に支払われるクーポンは1年物の割引債の利回り（スポットレート），2年後に支払われるクーポンは2年物のスポットレートで割り引くというように，各年のクーポンをその発生時に満期になるような割引債の利回り（スポットレート）で割り引くことにします。つまり，利付債のクーポンをそれぞれ別々の割引債の額面とみなし，割引債の価格合計をもって利付債の価格とすることが利付債価格の適切な算出方法となります。

利付債の価格の決定式

$$P = \frac{C}{1 + r_1} + \frac{C}{(1 + r_2)^2} + \frac{C}{(1 + r_3)^3} + \cdots + \frac{C + 100}{(1 + r_n)^n}$$

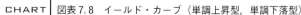

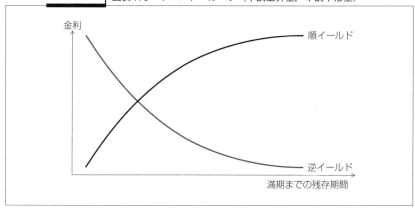

4 金利の期間構造

イールド・カーブとは

　債券の利回りは，国債などの安全資産の金利である無リスク金利に加えて，元本の貸し倒れリスクに対する**信用リスク・プレミアム**（クレジット・プレミアム）と満期までの残存期間まで元本の返済がなされないことから生じる**期間プレミアム**（ターム・プレミアム）によって構成されています。国債のように貸し倒れリスクがゼロとみなされている債券では，ある時点の金利の違いは満期までの残存期間の違いによって説明できます。

　横軸に残存期間，縦軸に最終利回りをとって，ある時点の利回りと残存期間の関係をグラフにしたものを**イールド・カーブ**（利回り曲線）といいます。通常，長期金利は短期金利よりも高く，右上がりのイールド・カーブになりますが，資金需要が旺盛な金融逼迫時など長期金利が短期金利よりも低くなり，イールド・カーブが右下がりになることもあります。右上がりのイールド・カーブを**順イールド**といい，右下がりのイールド・カーブを**逆イールド**といいます（図表7.8）。

　また，金利は時間とともに変化するものなので，イールド・カーブは時間と

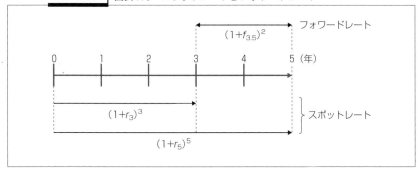

CHART 図表7.9　スポットレートとフォワードレート

ともに形状が変わります。長期金利と短期金利が同程度変化することを**パラレル・シフト**，長短金利差が拡大し，イールド・カーブが立ってくることを**スティープニング**，長短金利差が縮まることを**フラットニング**といいます。

　債券投資はこのように時々刻々と変化するイールド・カーブを参考にして，どのような銘柄のどの満期の債券に投資すべきかを検討することから始まります。どのような債券に対してもイールド・カーブは存在するのですが，利付債の価格や最終利回りは割引債の利回り（スポットレート）を基に算出されるので，イールド・カーブの中でもスポットレートと残存期間の関係をグラフにした**スポットレート・カーブ**が最も重要です。

フォワードレート

　将来のある時点から，さらに先の将来時点までの期間にわたる証券の取引をあらかじめ現在時点で約束する契約を「先渡し契約」，あるいは**フォワード取引**といい，債券市場においても金利先渡し契約が行われています。これによって将来の金利変動リスクをヘッジ（回避）することができます。先渡し契約の金利を**フォワードレート**といいます。フォワードレートは期間の異なる2種類のスポットレートから求めることができます（**図表7.9**）。

　資金を2年先までの債券で運用する場合を考えましょう。これには2つの方法があります。1つは，2年目に満期がくる割引債を購入する方法です。この場合，2年後に受け取る収益率 X は

$$X = (1 + r_2)^2$$

になります。r_2 は現在購入することができる満期 2 年の債券のスポットレートです。

2 つ目は 1 年債を乗り換える（ロールオーバーする）方法です。1 年満期の割引債を購入すると同時に 1 年後から始まる 1 年物の割引債の先渡し契約を現時点で行います。この場合，2 年後に受け取る収益率 Y は

$$Y = (1 + r_1)(1 + f_{1,2})$$

となります。r_1 は 1 年債のスポットレートであり，$f_{1,2}$ は 1 年後から 2 年目までのフォワードレートです。フォワードレートは 1 年後ではなく，現時点で決まっているので，将来の収益率に対する不確実性はありません。

投資家は 2 つの方法のどちらを選ぶでしょうか？ 取引費用のない完全資本市場の仮定のもと，X が Y よりも大きければ投資家は 2 年債で運用し，小さければ 1 年債をロールオーバーすることでしょう。そのため，もし，X と Y に差があれば，その差を利用して収益を上げようとする裁定取引が発生するため，どちらで運用しても損得がないように債券価格が調整されることになります。その結果，2 つの運用方法の収益率は同じになり，

$$(1 + r_2)^2 = (1 + r_1)(1 + f_{1,2}) \tag{7.4}$$

が成立します。この（7.4）式から 1 年後の 1 年物フォワードレートが導かれます。

$$f_{1,2} = \frac{(1 + r_2)^2}{1 + r_1} - 1$$

すべての残存期間に対応するスポットレートが存在すれば，将来の各時点に始まるすべての満期に対応するフォワードレートを計算することができます。たとえば，3 年先から始める 2 年物のフォワードレート $f_{3,5}$ をを算出するには，5 年物の割引債のスポットレート r_5 と 3 年物の割引債のスポットレート r_3 を用いて（7.5）式のように算出します。

$$f_{3,5} = \sqrt{\frac{(1+r_5)^5}{(1+r_3)^3}} - 1 \tag{7.5}$$

このように，フォワード取引は，現時点で将来の金利を確定できるので，将来の金利が上がるか下がるかわからないという不確実性を解消してくれるという特性を持っています。

金利の期間構造の理論

残存期間別の金利の決まり方を**金利の期間構造**といいます。金利の期間構造に関する理論の中でも，イールド・カーブの形状を説明する理論として，(1)純粋期待仮説，(2)流動性プレミアム仮説，(3)市場分断仮説，(4)特定期間選好仮説を紹介します。

(1) 純粋期待仮説

純粋期待仮説とは，長期金利が将来の短期金利の期待値によって決定するという理論です。先ほどの2年先まで債券で運用する例に戻りましょう。先ほどと同様に，満期が2年の割引債を購入するならば，2年後に受け取る収益率 X は

$$X = (1+r_2)^2$$

です。2つ目の方法として，1年満期の割引債を購入し，1年後から始まる1年物債券については債券先物ではなく，その時点で1年物の割引債を購入するとします。この場合，2年後に受け取る収益率 Z は

$$Z = (1+r_1)(1+r_{1,2}^e)$$

となります。$r_{1,2}^e$ は1年後の1年物のスポットレートですが，1年後という将来時点で購入する債券であり，現時点ではわからないので期待値の意味で r の右上に e が付いています。

取引費用のない完全資本市場の仮定のもと，今度は投資家がリスク中立的であり，リスクを気にしないでリターンのみを比べるならば，その投資家は2つの方法のどちらを選ぶでしょうか？ ここでも，X と Z に差があるなら裁定機会が生じるため，両者のどちらで運用しても損得がないように債券価格が調整

されることになります。その結果,

$$(1+r_2)^2 = (1+r_1)(1+r_{1,2}^e) \tag{7.6}$$

が成立します。これは長期金利が各時点の短期金利の予測値をもとに決定されることを表しています。

純粋期待仮説が成立するもとでは, (7.4) 式と (7.6) 式から (7.7) 式が導かれます。

$$r_{1,2}^e = f_{1,2} \tag{7.7}$$

したがって, 純粋期待仮説は「投資家の将来金利の予想値はフォワードレートと絶えず一致している」ことを表しています。純粋期待仮説の導出方法がフォワードレートのそれと似ているので, 2つの違いがわかりにくいですが, 純粋期待仮説では投資家のリスク中立性は仮定されていますが, フォワードレートの決定ではそれが仮定されていないというのが重要な違いです。つまり, フォワードレートは絶えず成立しますが, 純粋期待仮説が成立するのはより限定された条件のもとです。

また (7.6) 式を変形すると, (7.8) 式が導かれます。

$$\frac{1+r_2}{1+r_1} = \frac{1+r_{1,2}^e}{1+r_2} \tag{7.8}$$

(7.8) 式によると, もし長期金利 r_2 が短期金利 r_1 を上回っているならば ($r_2 > r_1$), 左辺は1よりも大きくなるので, 右辺も1より大きくなります。そのため, 1年後からの短期金利の期待値 $r_{1,2}^e$ は2年物金利 r_2 よりも高くなければいけません ($r_{1,2}^e > r_2$)。そして, それは現在の短期金利 r_1 よりも高くなります ($r_{1,2}^e > r_2 > r_1$)。これは短期金利 r_1 よりも長期金利 r_2 が高く, イールド・カーブが右上がり (順イールド) ならば, 投資家は将来の短期金利が現在の短期金利よりも高くなっていく, つまり短期金利が将来にわたって上昇していくと予想することを意味します。反対に, イールド・カーブが右下がり (逆イールド) ならば, 将来の短期金利は低下すると予想していることになります。

現実のイールド・カーブの形状は順イールドであることがほとんどでした。これは純粋期待仮説によると, 「イールド・カーブが右上がりであることが多

いのは投資家が将来の金利上昇を予想しているからだ」と解釈することになります。しかし，将来の金利予想について，上昇するという予想が下落するという予想を頻繁に上回ることはないので，この仮説は必ずしも現実的とはいえません。

(2) 流動性プレミアム仮説

　一般的に長期金利が短期金利よりも高いことを説明する仮説として，**流動性プレミアム仮説**があります。長期債は短期債と比べて取引高が小さく，流動性が低い債券です。したがって，長期債を売却するには時間がかかるか，低い価格でしか売れないということがあります。そのため，流動性の低さを反映して長期債の価格は短期債よりも安く，利回りは相対的に高くなっています。そこで，長期債の利回りの高さは流動性の低さから生じる流動性プレミアムによって生じていると説明されるのが，この流動性プレミアム仮説です。ところが，この仮説では逆イールドを説明できません。長期債が短期債に比べて流動性が低いことや価格変動が大きいことは逆イールドのときでも変わらないのです。

(3) 市場分断仮説

　市場分断仮説とは，短期金利と長期金利の市場には投資期間の異なる参加者がいることから，別々の需給要因で決定しているという仮説です。銀行は預金で資金調達を行うため，リスク管理の観点から比較的短期の国債を保有しており，反対に，生命保険契約が負債サイドにある生命保険は比較的長期の国債を購入する傾向があります。この仮説では，それぞれの満期の金利はそれを選好する投資家の投資額と債券発行額の相対的な需給によって決まることになり，それぞれの満期の金利がお互いに影響することはないということになります。現実には，短期的に長短金利が逆方向に動くときもありますが，中長期的には，ある程度，裁定が働いており連動しています。そこがこの仮説の欠点です。

(4) 特定期間選好仮説

　特定期間選好仮説は，市場分断仮説と同様に投資家や債券の発行体ごとに選好する特定の残存期間があるとするものの，プレミアムが十分であれば他の残存期間の債券も選好するという仮説です。したがって，特定期間選好仮説によれば，どのようなイールド・カーブもありうることになります。

5 金利リスクと債券価格

金額デュレーションと修正デュレーション

　本節では，債券投資のリスクのうち，金利リスクが価格に与える影響を考えます。金利リスクとは，景気変動や金融政策によって無リスク金利（短期金利）が変化することによって，債券の利回りが影響を受け，それが債券価格を動かすことをいいます。ところが，クーポンの支払回数が多い利付債の場合，利回り r の変化に対して価格 P がどのくらい変化するかを計測するのは容易ではありません。そこで，近似する方法として微分を使います。

　変数の変化幅を表す $\varDelta$（デルタ）という記号を使って，金利の変化幅を $\varDelta r$，価格の変化幅を $\varDelta P$ と表すと，金利変化幅 $\varDelta r$ が小さいときの金利変化に伴う価格の変化 $\varDelta P$ は，P を r で微分して次のように表されます。

$$\varDelta P \approx \frac{dP}{dr}\varDelta r$$

　ここで，dP/dr は P を r で微分した微分係数を表しており，$\approx$ は近似的に等しいという意味です。縦軸に価格，横軸に利回りをとった平面上で価格と利回りの関係を描くと，その曲線は右下がりとなり，微分係数 dP/dr は曲線上にある点に接する接線の傾きを表します（**図表7.10**）。dP/dr は利回りと価格が逆相関しているため負の値をとります。利回りが1%上昇すると，その点は曲線に沿って右下に移動し，価格は低下します。その低下幅を接線に沿って点が移動すると考えるのが，ここでの近似の仕方です。したがって，近似できないほど大きな金利変化のときは，この近似方法は適用できません。

　1%の金利上昇（下落）に伴う債券価格の下落額（上昇額）を表す微分係数 dP/dr の絶対値をとったものを**金額デュレーション**といいます。

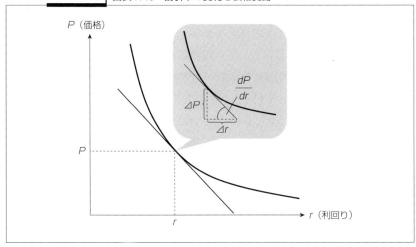

CHART 図表 7.10 割引率の変化と価格変動

金額デュレーション

$$\triangle P \approx \frac{dP}{dr} \triangle r$$

$$= -D_\$ \triangle r$$

ここで，金額デュレーション $D_\$$ を以下のように定義する。

$$D_\$ = \left| \frac{dP}{dr} \right|$$

$$= \frac{1}{1+r} \left(1 \cdot \frac{C}{1+r} + 2 \cdot \frac{C}{(1+r)^2} + 3 \cdot \frac{C}{(1+r)^3} + \cdots + n \cdot \frac{C+100}{(1+r)^n} \right)$$

$$= \frac{1}{1+r} \left[\sum \left(\begin{array}{c} \text{各期のクーポンが支} \\ \text{払われるまでの期間} \end{array} \times \begin{array}{c} \text{クーポンの割} \\ \text{引現在価値} \end{array} \right) \right]$$

式の導出は省略しますが，利付債の利回りの決定式である以下の（7.9）式を r で微分することで金額デュレーションを導出することができます。ぜひ，計算して確認してみてください。

$$P = \frac{C}{1+r} + \frac{C}{(1+r)^2} + \frac{C}{(1+r)^3} + \cdots + \frac{C+100}{(1+r)^n} \tag{7.9}$$

金額デュレーションは金利変化に対応する債券価格の変化額を表しており，金利リスクを測る尺度として考案されましたが，実際には利用しづらい側面があります。1% の金利上昇に対して，債券価格が 10 円下がるといっても，変化前の債券価格が 100 円の場合と 200 円の場合では影響の大きさが異なるからです。そこで，金利変動に対して何% 変化するのかという変化率を使うようになりました。

金利変化幅 Δr に対応した債券価格の変化率 $\Delta P/P$ は金利変化幅 Δr の $-D_{mod}$ 倍で近似できます。マイナスの符号をとって正の値にした D_{mod} は**修正デュレーション**と呼ばれます。修正デュレーションは金額デュレーションを変化前の価格 P で除したものに相当します。

修正デュレーションは利回りの変動に対する債券価格の感応度であり，現時点での金利リスクの大きさを表しています。同じ金利変化幅でも，債券価格の変化率は修正デュレーションに比例して大きく変化することになるので，債券購入後の価格変動リスクを管理したり，それによって利益を得ようとしたりする場合に修正デュレーションが用いられます。

$$\frac{\Delta P}{P} \approx -\frac{1}{P}\frac{dP}{dr}\Delta r$$

$$= -D_{mod}\Delta r$$

ここで，修正デュレーション D_{mod} を以下のように定義する。

$$D_{mod} = \frac{1}{P}\frac{1}{1+r}\left(1\cdot\frac{C}{1+r}+2\cdot\frac{C}{(1+r)^2}+3\cdot\frac{C}{(1+r)^3}+\cdots+n\cdot\frac{C+100}{(1+r)^n}\right)$$

$$= \frac{1}{P}\frac{1}{1+r}\left[\sum\left(\begin{matrix}\text{各期のクーポンが支}\\\text{払われるまでの期間}\end{matrix}\times\begin{matrix}\text{クーポンの割}\\\text{引現在価値}\end{matrix}\right)\right]$$

クーポンレート 3%（年 1 回支払い），残存期間 3 年の利付債（額面 100 円）について，現在の利回りを 2% として金額デュレーションと修正デュレーションを計算してみましょう。1 年目のクーポンの現在価値は 2.94 円，2 年目のクーポンの現在価値は 2.88 円，3 年目のクーポンと額面の現在価値は 97.06 円であり，足し合わせると現時点の債券価格 P は 102.88 円と算出されます。

$$D_\$ = \frac{1}{1+0.02}\left(1 \cdot \frac{3}{1+0.02} + 2 \cdot \frac{3}{(1+0.02)^2} + 3 \cdot \frac{3+100}{(1+0.02)^3}\right)$$

$$\fallingdotseq 0.98(1 \times 2.94 + 2 \times 2.88 + 3 \times 97.06)$$

$$\fallingdotseq 294.01$$

$$D_{mod} = \frac{D_\$}{P} = \frac{D_\$}{102.88} \fallingdotseq 2.86$$

　金額デュレーションが 294.01，修正デュレーションが 2.86 と計算でき，利回り 1% ポイントの上昇（$\varDelta r = 0.01$）によって，債券価格は近似的に 2.94 円，率にして 2.86% 下落することがわかります。

$$\varDelta P \approx -D_\$ \times 0.01 = -294.01 \times 0.01 = -2.94$$

$$\frac{\varDelta P}{P} \approx -D_{mod} \times 0.01 = -2.86 \times 0.01 = -0.0286\,(-2.86\%)$$

　債券投資において修正デュレーションは頻繁に活用されています。近い将来に金利が低下すると予想するならば，修正デュレーションの高い債券を買うと，実際に金利が低下したときに大きな値上がり益を得ることができます。反対に，将来，金利が上昇することが予想されるならば，修正デュレーションの小さい債券を選べば，値下がり損を抑えることができます。

▎満期の違いと価格変動性▎

　一定の金利の変化に対する債券価格の変化率を債券の**価格変動性**といいます。価格変動性は先に説明した修正デュレーションの大きさに依存しており，修正デュレーションが大きい債券では同じ金利変化幅でも債券価格の変化率が大きく変化します。

　では，残存期間が長い長期債と短い短期債のどちらの価格変動性が高いのでしょうか？ **図表 7.11** では，クーポン 3%（年 1 回支払い）の利付債の最終利回りが 1〜5% のときの等利回り曲線を描いています。等利回り曲線とは最終利回り別に債券価格と残存期間の関係を示した曲線です。3 年債において，3% から 1% に利回りが低下すると価格は 100 円から 5.88 円（5.88%）上昇します（**図表 7.12**）。反対に 3% から 5% に上昇すると価格は 100 円から 5.45 円（5.45%）下落します。1 年債の場合，同じ 3% から 1% へ利回りが低下すると，価格は 100 円から 1.98 円（1.98%）上昇します。反対に 3% から 5% に上昇する

CHART 図表 7.11　最終利回りが 1〜5% のときの等利回り曲線

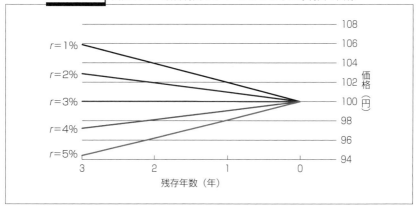

CHART 図表 7.12　残存期間別・最終利回り別の債券価格

（単位：円）

残存期間		3 年	2 年	1 年	0 年
最終利回り	1%	105.88	103.94	101.98	100.00
	2%	102.88	101.94	100.98	100.00
	3%	100.00	100.00	100.00	100.00
	4%	97.22	98.11	99.04	100.00
	5%	94.55	96.28	98.10	100.00

と価格は 100 円から 1.90 円（1.90％）下落します。

　図表 7.13 に示したように，長期債は短期債よりも修正デュレーションが大きいために，一定の金利変化に対して長期債の価格変動の方が短期債よりも大きくなります。このことから，将来，金利が変化すると予想されるときに，長期債と短期債のどちらを選択するのが望ましいかがわかります。同じ金利変化幅に対して，価格の上昇率は長期債の方が大きいため，金利低下局面では長期債を保有すれば価格の上昇率が高くなります。反対に，金利の上昇局面では，その下落率は短期債の方が小さいため，短期債を保有することが望ましいことになります。

残存期間		3 年	2 年	1 年
最終利回り	1%	2.887	1.952	0.990
	2%	2.858	1.932	0.980
	3%	2.829	1.913	0.971
	4%	2.800	1.895	0.962
	5%	2.772	1.877	0.952

クーポンレートが同じならば，

　　　金利低下を予想　→　価格上昇率の高い長期債を保有

　　　金利上昇を予想　→　価格下落率の低い短期債を保有

クーポンの違いと価格変動性

　次に，クーポンレートが高い高クーポン債とクーポンレートが低い低クーポン債のどちらの価格変動性が高いのでしょうか？ **図表 7.14** は最終利回りが 3％ のときの残存期間別，クーポン別修正デュレーションを示しました。ここでも，一定の金利変動に対する価格変動性は修正デュレーションの大きさに比例します。

　残存期間が 5 年のとき，クーポンレート 3％（年 1 回支払い）の修正デュレーションは 4.580，クーポン 2％ の修正デュレーションは 4.662，クーポン 1％ の修正デュレーションは 4.754 となっています。つまり，残存期間が同じならば，低クーポン債の価格変動性が高くなります。また，同じクーポンレートであれば，残存期間が長い債券ほど修正デュレーションが大きく，価格変動性が高くなります。

残存期間が同じならば，

　　　金利低下を予想　→　価格上昇率の高い低クーポン債を保有

　　　金利上昇を予想　→　価格下落率の低い高クーポン債を保有

クーポンレート	1%	2%	3%
1年	0.971	0.971	0.971
2年	1.932	1.923	1.913
3年	2.883	2.855	2.829
4年	3.824	3.768	3.717
5年	4.754	4.662	4.580

（残存期間）

平均回収期間を表すデュレーション

　金利の上昇は債券価格を下落させ，現時点でキャピタル・ロスを発生させますが，一方で金利上昇によってクーポンを再投資する利回り（再投資レート）が上昇するので，将来にわたってクーポンを高い利回りで運用できます。このように金利の変化は2つの相反する効果を生み出します。短期的に金利の上昇によって損失が生じたとしても，長期的にはクーポン収益の上昇が現時点のキャピタル・ロスを上回り，債券の資産価値が増えることもありえるのです。

　投資期間によっては金利変動によって生じる価格変動リスクと再投資リスクをちょうど相殺させることができます。**図表7.15**ではn^*がその運用期間に相当します。つまり，債券投資後に金利が変動しても，n^*年という年数が経過した時点で運用をやめれば，資産価値は金利変化前の予定資産価値と変わらないことになるのです。この特別な運用期間を**デュレーション**といいます。そこで，デュレーションを活かして収益変動を小さくすることを目指した運用方法を**イミュニゼーション運用**といいます。イミュニゼーション（immunization）とは「免疫化」という意味ですが，資産額が金利変動に対して免疫化されていることを示しています。イミュニゼーション運用は金利動向に対する判断を放棄して一定の資産を確保するパッシブ運用です。一方，金利が低下すると予想するときには，デュレーションが大きい債券に投資し，逆に金利が上昇すると予想する場合には，デュレーションが小さい債券に投資をするというように，デュレーションを利用して積極的に金利リスクをとる戦略もあります。

　金利の変動が将来の資産価値に与える影響を分析し，デュレーションを求め

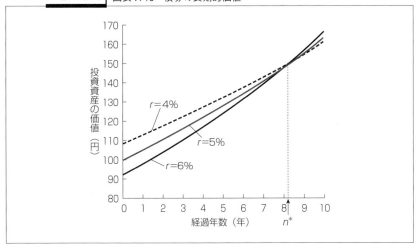

てみましょう。残存期間4年の利付債に投資したときの，2年先の資産価値 V_2 は，2年間に受け取る利息の運用益（$C(1+r)+C$）と残存期間が2年の債券の価値 $\left(\dfrac{C}{1+r}+\dfrac{C+100}{(1+r)^2}\right)$ の合計です。

$$V_2 = C(1+r) + C + \frac{C}{1+r} + \frac{C+100}{(1+r)^2}$$

これを現時点の債券価格 $P=\dfrac{C}{1+r}+\dfrac{C}{(1+r)^2}+\dfrac{C}{(1+r)^3}+\dfrac{C+100}{(1+r)^4}$ と比べると $V_2 = P(1+r)^2$ であることがわかります。そこで，残存期間を n 年と一般化すると，n 年目の資産価値 V_n は

$$V_n = P(1+r)^n$$

と表せます。金利に対する債券価格の感応度を求めるために，V に対して r で微分すると，

$$\frac{dV_n}{dr} = \frac{dP}{dr}(1+r)^n + Pn(1+r)^{n-1}$$

であり，金利が変化しても資産価値が変動しない n^* は $dV_n/dr=0$ となる年数です。よって，

$$n^* = -\frac{1}{P}\frac{dP}{dr}(1+r) = D_{mod}(1+r)$$

とデュレーションが算出されます。修正デュレーションに（1+r）をかけたものになります。

　デュレーションは投資家から見ると，投資額が回収されるまでの「平均回収期間」，あるいは利付債の「平均残存年数」と考えることができます。デュレーションは発案者であるフレデリック・マコーレーにちなんで**マコーレー・デュレーション**とも呼ばれます。

> **デュレーション** $D = D_{mod}(1+r)$
>
> $$D = 1 \cdot \frac{\dfrac{C}{1+r}}{P} + 2 \cdot \frac{\dfrac{C}{(1+r)^2}}{P} + \cdots + n \cdot \frac{\dfrac{C+100}{(1+r)^n}}{P}$$
>
> $$= \left[\sum \left(\begin{array}{c} \text{各期のクーポンが支払} \\ \text{われるまでの期間} \end{array} \times \begin{array}{c} \text{クーポンの現在価値が} \\ \text{価格に占める割合} \end{array} \right) \right]$$

　たとえば，クーポンレート5％（年1回払い）で残存期間3年の利付債の価格が100円であったとします。現在の利回りを3％として計算してみると，1年目のクーポンの現在価値は4.854円，2年目のクーポンの現在価値は4.713円，3年目のクーポンの現在価値は4.576円，額面の現在価値は91.514円です。よって，これらを足し合わせることで債券価格は105.657円になります。これらの現在価値にクーポンが支払われるまでの期間をかけて，足し合わせたものを価格で割ると，デュレーションは2.86と計算できます。残存期間の3年より小さいですが，3年に近い値となっています。よって，2.86年を満期に設定することで金利リスクのない債券となります。

$$D = \frac{1 \times 4.854 + 2 \times 4.713 + 3 \times (4.576 + 91.514)}{4.854 + 4.713 + (4.576 + 91.514)} \fallingdotseq 2.86$$

EXERCISE ● 練習問題

　① 額面が121万円，償還までの期間が2年の割引債の市場価格が100万円であった。このとき，この割引債の複利最終利回り（年）として，最も適切なものはどれか。

1.　10.0%　　2.　11.0%　　3.　17.4%　　4.　21.0%

（「2020 年度 中小企業診断士 第 1 次試験」財務・会計 第 20 問）

[2]　K 社は次の条件で，普通社債を発行した。この普通社債の資本コスト（r）を算定するための計算式として最も適切なものを下記の解答群から選べ。ただし，税金は考えないものとする。また，式において，−（マイナス）はキャッシュ・アウトフローを意味している。

- 額面 100 円につき 97 円で発行
- 償還期限 3 年
- クーポンレート 4%（1 年後より年 1 回支払）
- 社債発行費は額面 100 円につき 2 円（発行時に現金支払）

〔解答群〕

1.　$95 - \dfrac{3.88}{(1+r)} - \dfrac{3.88}{(1+r)^2} - \dfrac{103.88}{(1+r)^3} = 0$

2.　$95 - \dfrac{4}{(1+r)} - \dfrac{4}{(1+r)^2} - \dfrac{104}{(1+r)^3} = 0$

3.　$97 - \dfrac{3.88}{(1+r)} - \dfrac{3.88}{(1+r)^2} - \dfrac{103.88}{(1+r)^3} = 0$

4.　$97 - \dfrac{4}{(1+r)} - \dfrac{4}{(1+r)^2} - \dfrac{104}{(1+r)^3} = 0$

（「2008 年度 中小企業診断士 第 1 次試験」財務・会計 第 15 問）

[3]　1 年物のスポット金利は 5% であり，2 年物のスポット金利は 6% である。期待理論が成立すると，1 年後に 1 年物の金利はいくらになるか。最も近い値を選べ。

〔解答群〕

1.　1%　　2.　5%　　3.　6%　　4.　7%

（筆者作成）

[4]　債券の利回りについて書かれた次の記述のうち，正しくないものはどれか。

1.　パー債券の最終利回りは，クーポンレートに等しい。

2.　スポットレートは，ゼロ・クーポン債の最終利回りである。

3.　債券の最終利回りとは，債券を満期まで保有した場合の内部収益率である。

4.　利付債の修正デュレーションは残存期間より大きい。

（筆者作成）

[5]　金利に関する記述として，最も適切なものはどれか。

1.　将来の利払い額が変動するリスクを考慮すると，固定金利での借り入れが常に有利である。

2.　日本における短期金利の代表的なものとして，インターバンク市場で取引さ

れる公定歩合がある。

3. 名目金利とは，実質金利から物価上昇率（インフレ率）を控除した金利水準を指す。

4. 歴史的に長期金利と短期金利では，長期金利の方が高い傾向にあるが，金利水準の低下局面では逆のケースも観察されている。

（「2019 年度 中小企業診断士 第 1 次試験」財務・会計 第 18 問）

第**8**章

デリバティブ（金融派生商品）

どうすればリスクをコントロールできるのか？

イントロダクション

　デリバティブの起源は，古代ギリシャ時代の哲学者・天文学者のターレスによるオリーブ圧搾機の権利取引にまでさかのぼります。オリーブ油はオリーブの実を搾って作られるのですが，オリーブの実の収穫量は天候に大きく左右されます。天候に恵まれオリーブの実が豊作の年は「圧搾機」は引っ張りだこで，レンタル料は高騰します。しかし不作の年は借り手が少なく圧搾機屋は商売になりません。ある年の春，ターレスはその年の秋の豊作を予想し，圧搾機屋に圧搾機を借りる権利だけを売ってもらうことをお願いしました。権利だけなので，圧搾機のレンタル料より安く手に入れることができます。圧搾機屋はおかしなことをいう客だと思いつつも，もし秋の天候が悪かったら収入が激減することを考え，権利を売ることにしました。結果的に，ターレスの予想は的中し，ターレスは圧搾機を借りる権利を高く売ることができ，大儲けしました。このときに用いられた「約束した価格で将来，売買する権利」がオプションの考え方です（佐藤，2008）。現在のような形に整備されたのは1973年にアメリカの

堂島米市の図 （写真提供：大阪府立中之島図書館）

シカゴで始まった株式のオプション取引です。

　一方，先物取引の起源は，江戸時代（1730年代）に大阪の堂島米会所で行われていたコメを対象にした帳合米取引といわれています。「帳合米」という呼び名は，帳簿上の「売り」と「買い」を付け合せることに由来しています。現物のコメの受け渡しを伴わず，「買ったものは転売」「売ったものは買い戻し」という差金決済による先物取引の原型は堂島米会所によって初めて確立されました。大阪・堂島米会所が世界で最初の先物取引所といわれるゆえんです。しかし，この取引は江戸時代の終焉とともに消滅し，次に，先物取引が行われるようになったのは，アメリカのシカゴで穀物を対象に取引された1850年頃でした（高槻，2018；三次，2020）。

　デリバティブ（derivatives）は英語の derive（派生する，引き出す，由来する）の名詞形であり，金融の世界では派生商品または派生商品の取引を表します。株式や債券といった資産から派生した商品，言い換えると原資産の価値に関連して価格が決定される商品です。資産の価格変動リスクのみを取り出して取引することができるため，デリバティブはリスクをコントロールするために使われます。これをデリバティブによるリスク管理といいます。デリバティブの元となっている原資産には農作物や貴金属，金利・為替・債券・株価指数などの金融商品，さらに天候や信用リスクなどの無形物などさまざまな原資産があります。このうち，金融商品を対象としたデリバティブを金融派生商品といいま

す。デリバティブの種類として，(1) 先物，(2) スワップ，(3) オプション，および それらを組み合わせたものがあります。

1 先 物

▍先物取引の仕組み▍

　先物とは，将来時点で売買する取引を現時点で契約することです。先物取引 を契約した現時点でのお金のやり取りはなく，代金決済は取り決めた特定期日 に行われます。売買契約が成立した時点と，代金の支払いや商品の受け渡しの 時点が同じである**現物取引**とは異なり，ある程度時間を経た将来の時点に受け 渡しが行われるのが**先物取引**の特徴です。書店で買いたい本が見つからないと きにする「本の取り寄せ注文」も先物取引の一種と見ることができます。注文 した本の受け取りと代金の支払いは本を購入するという約束をしてからしばら くの期間が空くからです。

　先に述べたように，世界で最初の先物市場は，江戸時代に大阪の堂島で開設 された**堂島米会所**でした。その後，1800 年代に穀物取引の中継地点として発 展を遂げたアメリカのシカゴで先物取引が盛んになりました。当時のシカゴは 穀物を農家から買い付ける商人や加工する製粉業者が集まる商業地であったか らです。このように先物市場はもともと，コメや小麦といった天候によって収 穫量が変動する農作物の価格を安定させるために開発されたという経緯があり ます。

　農作物の生産農家にとってのリスクは，農作物価格が不安定であり，収入が 安定しないことです。もし，将来の農作物の価格を前もって決めることができ れば，価格変動リスクを回避することができます。このようにデリバティブを 使ってリスクを軽減することを「ヘッジ」(hedging) といいます。先物取引の 利用法として，このようなヘッジ目的ではなく，商品の取り扱いを生業として いない投資家が利益を追求するために取引することもあります。これを**投機** (スペキュレーション) といいます。将来，価格が上昇すると予想して，先物を

	先渡し取引	先物取引
取引の形態	先渡し取引は売り手と買い手の当事者間の相対取引	取引所が売り手と買い手を仲介
取引の対象商品	売り手と買い手が合意した商品	取引商品の品質・規格・格付けなどが標準化
取引の決済方法	決済日に受け渡し	通常，受け渡し前に反対売買が行われ，売買損益が確定される，いわゆる差金決済
取引履行の保証	相対取引の相手方の信用力	証拠金を差し入れており，取引所が取引を保証

買い，実際に将来の引き渡し時点の直物価格（スポット価格）が先物価格よりも高い場合，割安な先物価格で手に入れた商品を高い価格で売ることができ，その差額分の利益を上げられます。一方，将来，価格が下落すると予想して，先物を売り，決済日の現物価格が先物価格よりも安い場合には，決済日に購入した直物商品を割高な先物価格で売却すれば利益を上げられます。しかし，反対に，「先物買い」をしたのに予想が外れて将来の直物価格が下落する場合や「先物売り」をしたときに価格が上昇する場合には，その差額分の損失が生じることになります。

先渡し取引と先物取引

　先物取引は，厳密には**先渡し取引**（フォワード）と**先物取引**（フューチャーズ）に分類されます。いずれも証券や商品を現時点で決めた価格で，特定の将来時点に引き渡す契約ですが，以下のような相違点があります（**図表 8.1**）。

　第 1 に，先渡し取引は売り手と買い手の当事者間の**相対取引**であるため，どのような商品でもいかなる価格でも，売り手と買い手の間で合意できれば契約が成立します。しかし，どちらか一方が取引を破棄したり，取引時点で倒産していたりするときには取引が実行されず，取引相手に大きな損害を与えかねません。このような相手方の契約不履行リスクを**カウンターパーティ・リスク**といいます。

　取引所が売り手と買い手を仲介することによって，このような問題を解消し

（単位：円）

	先物価格	価格変化	当日の損益	証拠金入出金額	証拠金残高
T日	100.00			100,000	100,000
T+1日	101.00	1.00	10,000		110,000
T+2日	100.50	−0.50	−5,000		105,000
T+3日	100.00	−0.50	−5,000		100,000

たのが先物取引です。先物取引は不特定多数の投資家が関わる**取引所取引**であるがゆえに，カウンターパーティ・リスクはありませんが，その代わりに多くの市場参加者の要望を満たすように取引商品の品質・規格・格付けなどが標準化されています。

　第2に，先渡し取引は決済日に現物（証券）の受け渡しが行われますが，先物取引は実際に現物の受け渡しが行われることはまれで，通常，受け渡し前に反対売買（買った後に売る，または，売った後に買うこと）が行われ，売買損益が確定されます。これを**差金決済**といいます。

　第3に，先渡し取引は当事者間の取引であるため，原則キャンセルができず，第三者へ転売もできませんが，先物取引は第三者への転売は可能であり，先物の「買い」の後に新たに「売り」を入れて契約を解消することが可能です。

　差金決済の多い先物取引では，証券や商品の購入額を準備する必要はなく，取引所の会員になっている証券会社や商品取引業者に，建玉（ポジション）に応じた**証拠金**を差し入れることになります。建玉とは新規約定後に残っている未決済の約定総数のことであり，証拠金とは契約履行のために預託された保証金です。たとえば，ある商品の先物取引のために，証拠金を10万円差し入れ，先物価格が100円の商品を1万枚購入したとします（**図表8.2**）。10万円の証拠金に対して，購入額が100万円なので，元手の10倍にあたる取引になっています。元手の何倍にあたる取引なのかを表した比率は，**レバレッジ**と呼ばれます。このように差し入れる証拠金の必要額は建玉に比べるとはるかに少なく，少ない額で大きな取引を行うことができます。レバレッジを大きく効かすと利益も損失も多額になるためリスクが高くなります。

先物価格は日々変動しており，価格変動を反映して建玉が時価評価され，発生した損益がその日のうちに清算されます。この作業を**値洗い**といいます。次の日に，価格が 101 円になれば 10,000 円（1 円×1 万枚）の評価益が証拠金に入金され，100.5 円に価格が下落して 5,000 円（0.5 円×1 万枚）の評価損が発生すればその額が証拠金から差し引かれることになります。そして，差し入れた証拠金が一定金額を割り込むと，追加の証拠金差し入れ（追加証拠金，**追証**）が求められます。もし，追証がない場合はその時点の価格で仲介業者によって強制的に反対売買され，損失額が確定すること（ロスカット）になります。

▌先物価格の決定（通貨先物）▐

先渡しと先物では取引の仕組みが異なっているので，先渡し価格と先物価格が絶えず一致するわけではありませんが，その差は小さいので両価格は同じものとして説明されます。

通貨先物を使って，先物価格がどのように決まるのか考えてみましょう。通貨先物（為替予約）は将来の決められた日に決められた為替レートで通貨を交換する約束です。今から 1 年後にドル建てで輸入代金を支払うことが決まっている輸入業者が為替変動リスクを避けるために為替予約をするとしましょう。そのときの先物為替レートは今から 1 年間，ドルで運用しても円で運用しても満期日に受け取る金額が変わらないように決定されるレートになります。

今の円ドルレートが 1 ドル 100 円であり，10,000 円を円建ての割引短期債券で運用したとすると，1% の円金利がついて 1 年後には 10,100 円になります（図表 8.3）。一方，米ドル建てのアメリカ国債（米国財務証券）のドル金利は 5% だとすると，10,000 円をドルに換えることによって手にする 100 ドル（10,000 円÷100 円/ドル）を 1 年間運用すると 105 ドルとなります。円建て債券もドル建て債券もともに無リスクで，為替手数料もないとすると，円建て債券で運用した 10,100 円とドル建て債券で運用した 105 ドルは同じ価値になるはずです。

もし，105 ドルが 10,100 円よりも価値が高ければ，合理的な投資家は円建て債券で運用することをやめてドル建て債券を購入することになるでしょう。ドル建て債券の購入を増やすために，投資家は円を売ってドルに交換することで現在の為替レートはドル高円安に動きます。ドル建て債券の購入が増えると，

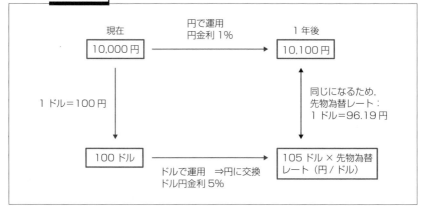

CHART 図表 8.3 先物為替レートの決まり方

ドル資金の供給増からドル金利が低下します。一方、円資金の供給は減少するため、円金利は上昇します。さらに、先物での円買いドル売りを反映して先物レートはドル安円高に動きます。その結果、最終的には円建て債券とドル建て債券の運用リターンは等しくなるところで値動きが止まります。したがって、1年後の為替レート（先物レート）は 10,100 円を 105 ドルで除した1ドル 96.19 円となります。

　もちろん、日々刻々と変化する為替レート（直物レート）は1年後に1ドル96.19 円と一致するとは限りません。その時々のさまざまなニュースを織り込んで直物レートは変化します。一方、1年後の先物為替レートは、現時点の情報をもとに買い手と売り手の両者が納得する形で決定され、1年後の取引が約束されます。

　これを数式で表してみましょう。今日の為替レートが1ドル E 円、円建て債券の金利を r_{JP}、ドル建ての金利を r_{US}、1年後に取引される先物為替レートを1ドル F 円とします。まず、1円を円建て債券で運用したときの1年後の円建て金額は $1+r_{JP}$ になります。一方、1円をドルに替えた後、ドル建てで運用して、1年後に約束していた先物為替レートで円転すると、円建てで $\frac{1}{E}(1+r_{US})F$ になります。両者の金額が同じ価値になるというのは以下のように表せます。

$$1+r_{JP}=\frac{1}{E}(1+r_{US})F$$

ここから，先物為替レートFは

$$F = E \times \frac{1 + r_{JP}}{1 + r_{US}}$$

と計算できます。

　このように，通貨間の金利差によって先物為替レートが決まる仕組みを「カバー付き金利平価」といいます。カバーというのは先物取引で将来の為替リスクがカバー（ヘッジ）されているという意味です。低金利の通貨で調達した投資資金で高金利通貨を購入し，金利差に相当する利益を得る取引を**キャリートレード**といいますが，カバー付き金利平価は，その際に，為替リスクをヘッジしながら高金利国の通貨で運用しようとしても儲からないことを意味します。金利の高い通貨は先物では金利差分だけ減価するので，金利収入（インカム・ゲイン）が為替変化による損失（キャピタル・ロス）で相殺されてしまうからです。たとえば，円を調達資金として高金利のオーストラリア・ドルに投資してキャリートレードで利益を得るには，オーストラリア・ドルの将来の為替レート（直物レート）が日豪金利差ほどは減価しないこと，言い換えると，先物レートに比べて通貨高になっていないといけません。

　現在の為替レート（1ドル100円）に対して，先物為替レート（1ドル96.19円）が円高になっている状態を**ディスカウント**，反対に，先物為替レートが円安な状態を**プレミアム**といいます。現在，日本は他国に比べて金利が低いので，ほとんどの通貨に対してディスカウントになっています。また，先物為替レートと直物為替レートとの開き（100円 − 96.19円 = 3.81円）は**直先スプレッド**と呼ばれています。

┃ 先物価格の決定（債券先物） ┃

　債券の先物価格も「リスクをとらない儲け話はない（ノーフリーランチ）」という，いわゆる裁定条件から導かれます。自己資金ゼロの投資家が，今，債券価格S_0と同額の資金を銀行から金利rで借りて，その債券を1単位購入するとしましょう。その投資家は1年後に$S_0(1+r)$を返済しなければいけませんが，1年間の債券保有期間中には債券保有によって生じるクーポンCを受け取ることができます。1年後の債券価格がS_1になるとすると，収入は$S_1 + C$，支

出は $S_0(1+r)$ なので，$S_1 + C - S_0(1+r)$ がプラスであれば債券投資から利益を得ることになり，マイナスであれば損失を被ります。

　債券価格 S_0 とクーポン C，金利 r は契約時に確定していますが，S_1 は現時点ではいくらになるか未定です。そこで，1年後にこの債券を売る先物取引を行うことで価格変動リスクをヘッジすることにしましょう。

　債券の売却価格を F とすると，$F + C - S_0(1+r)$ がプラスであれば儲かり，マイナスであれば損失を被るという点は先と同じですが，F は債券を購入する現時点で確定している価格です。これによって，すべての変数が現時点で確定し，将来時点での不確実性がなくなりました。自己資金をまったく使わずに，先物を売ると同時に現物を借入で購入し，期日までにそのポジションを解消する運用戦略（キャッシュ＆キャリー戦略）によって裁定利益が発生するならば，裁定機会がなくなるまで市場参入が相次ぐため，最終的には収益はゼロになります。このことから先物価格は

$$F = S_0(1+r) - C \tag{8.1}$$

というように算出されます。(8.1) 式は (8.2) 式のように書き換えることができ，

$$F = S_0 + S_0 \times \left(r - \frac{C}{S_0} \right) \tag{8.2}$$

「先物価格＝現物価格＋キャリングコスト（将来まで保有するための費用と収益の差）」と解釈できます。また，(8.3) 式のように変形すると，「先物価格の現在価値＝現物価格－クーポンの現在価値」と解釈することもできます。

$$\frac{F}{1+r} = S_0 - \frac{C}{1+r} \tag{8.3}$$

　この関係式は債券先物に限らず，株式先物でも使えます。その際は，C を1年間の株式保有期間中に得られる配当と解釈することになります。

② スワップ

スワップとは，英語の「交換」を意味しており，将来発生する異なるタイプのキャッシュフローを交換する取引です。スワップには固定金利と変動金利を交換するものや異なる通貨間の元本と金利を交換するものなどがあります。取引所取引はなく，企業と金融機関の間で，あるいは，金融機関と金融機関の間で相対で取引されます。

スワップは金利リスクや為替リスクを削減するために行われますが，その結果，市場の歪みを是正する効果もあります。現在のスワップ取引の始まりは，1981 年に，世界銀行のドル建て債務と IBM 社のスイス・フラン建て債務を交換したことでした。アメリカでもヨーロッパでも国際機関である世界銀行の信用力が IBM の信用力を上回っていましたが，ヨーロッパと比べてアメリカでは信用力の格差がより大きいと見積もられていました。そこで，世界銀行はスイス・フラン建てでの資金調達，IBM はドル建てでの資金調達を望んでいましたが，世界銀行はアメリカ，IBM はヨーロッパの方が相対的に有利に資金を調達することができたのです。それぞれの債務者が互いの比較優位を活かして資金調達を行い，両者の間でスワップを行うことで，どの市場でどのように資金調達しても同じ条件になる「一物一価」が実現されていくことになります。

▎金利スワップ▐

金利スワップ取引とは，特定の元本に対する変動金利と固定金利の交換といった同一通貨での異なる種類の金利を交換する取引です。金利スワップには，固定金利と変動金利の交換のほかにも，異なる種類の変動金利の交換（ベイシス・スワップ）などがあります。

図表 8.4 は金利スワップの中でも典型的な固定金利と変動金利の交換の例を図示しています。このタイプのスワップはプレーン・バニラ・スワップと呼ばれています。企業 A は大型のプロジェクト遂行のため，長期の固定金利での資金調達を望んでいますが，短期の変動金利での融資しか組むことができま

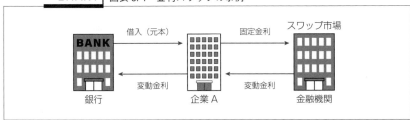

CHART 図表8.4 金利スワップの事例

せんでした。将来的に借入金利が低下していくならば問題はありませんが，今後，金利が上昇するならば利息の支払いが増えることになり心配です。そこで，変動金利での支払いと固定金利での支払いをスワップする契約を金融機関と結ぶことにしました。企業Aの抱える借入元本は動かさずに，固定金利を金融機関に支払い，変動金利を受け取るという取引です。これによって，名目上は借入に対する利息の支払いを変動金利で行うのですが，その変動金利はスワップによって相殺されるので，実質的には固定金利を支払うことになります。

　金利スワップは元本の移動が伴わないオフバランス取引（事業主体の財務諸表に記載されない取引）です。資産や負債が増えることなく，効率よく利益を上げることができるので，企業や金融機関にとって資産効率の改善などが期待できます。

通貨スワップと為替スワップ

　通貨スワップは，異なる通貨間のキャッシュフローを交換する取引です。アメリカでのビジネスを遂行するためにドル資金が必要な日本企業と，日本でのビジネスを遂行するために円資金が必要なアメリカ企業があるとします（図表8.5）。互いに国内での信用力により，自国で資金調達する方が外国で調達するよりも金利を低くすることができます。この場合，それぞれの国において自国通貨建てで資金調達をして，その元本と金利を交換すると低金利での資金調達が可能となります。つまり，日本企業は日本円で資金調達し，それをアメリカ企業へ渡し，反対に，アメリカ企業からドル資金を受け取ります。金利については，アメリカ企業が円金利を支払い，日本企業がドル金利を支払うという契約を結びます。この場合の通貨スワップは金利スワップと異なり元本も交換しますが，取引開始時と取引終了時の元本の交換を省略し，期中の利息の支払い

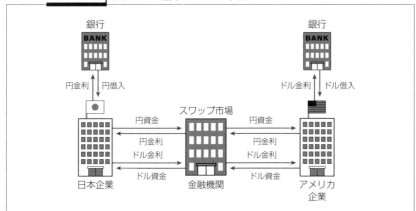

だけを行う取引（クーポン・スワップ）もあります。

　通貨スワップと似た取引に「為替スワップ」があります。これは，「現時点において直物為替レートで円と外貨を交換し，現時点において決定した先物為替レートで，将来時点で外貨と円を交換し直す取引」をいいます。通貨スワップとの違いは，取引終了時に通貨を交換し直す際のレート（先物レート）を取引開始時において決めてしまうという点です。また，両者の利息の支払い（固定金利）を金利差として先物レートに織り込む形で交換するので，通貨スワップのように，期中に利息の交換が行われるということもありません。両者とも外貨調達を主要な目的としていますが，一般に通貨スワップは1年超〜10年程度の中長期の契約，為替スワップは数カ月〜1年前後の短期の契約が主流です。

┃ 金利スワップの価値（スワップレート）の決まり方 ┃

　スワップの価値の決まり方については，紙幅の関係から，固定金利と変動金利の間の金利スワップに限定して解説しますが，いかなるスワップも「交換されるキャッシュフローの現在価値の合計が取引開始時点で同じになる」ということから価値が決まります。変動金利はそのときの市場レートに伴って決まるので，スワップ取引によって決まる固定金利のことをスワップレートといいます。

割引債	最終利回り	債券価格
残存期間 1 年	2%	98.04
残存期間 2 年	3%	94.26
残存期間 3 年	4%	88.90

　ここでは，**図表8.4** で表された企業 A とスワップの相手となる金融機関の間で契約された固定金利と変動金利のスワップを例にとります。契約期間は3年として，企業 A は「固定金利を支払い，変動金利を受け取る」，金融機関は「変動金利を支払い，固定金利を受け取る」という契約であり，年1回，固定金利と変動金利の差額分を支払う（または，受け取る）ことにします。

　まず，契約時点でのスポットレート（割引債の最終利回り）が**図表8.6** のようになっているとします。

　このとき，固定金利を支払う企業 A は何％ の金利を支払えばいいのでしょうか？ 期間3年の金利スワップなので，残存期間が3年の割引債の最終利回り4％ と思われがちですが，そうではありません。交換される金利の現在価値の総和が両者の間で一致する水準で固定金利（スワップレート）が決まることになります。

　そこで，企業 A が支払う固定金利を毎年，X%（額面を 100 円とすると X 円），金融機関が支払う変動金利を1年後に Y_1%，2年後に Y_2%，3年後に Y_3%（額面を 100 円とすると Y_1 円，Y_2 円，Y_3 円）とします。変動金利は円の基準金利である無担保コール翌日物金利（TONA，「トナー」と呼びます）の変動に伴って，毎年，変わっていくとして，TONA の上乗せ金利はないものとします。なお，TONA とは 2023 年6月の LIBOR（ロンドン市場における銀行間取引金利）の廃止に伴って世界的に採用されている円の無リスク金利です。米金利は SOFR（「ソーファー」または「ソフラ」と呼びます）が基準金利になっています。

　まず，企業 A が支払う（金融機関が受け取る）固定金利の現在価値の合計を計算しましょう。固定金利の現在価値は，毎年，額面が X 円の割引債を購入すると想定して，それらの現在価値を割引債の最終利回りから計算することができます。

図表 8.7　固定金利の現在価値の算出

	残存 1 年の割引債を額面 C 円で購入	残存 2 年の割引債を額面 C 円で購入	残存 3 年の割引債を額面 C 円で購入	合計
現時点	$-Z_1$	$-Z_2$	$-Z_3$	$-Z_1,\ -Z_2,\ -Z_3$
1 年後	$+X$			$+X$
2 年後		$+X$		$+X$
3 年後			$+X$	$+X$

図表 8.8　変動金利の現在価値の算出

	残存 3 年の割引債額面 100 円を空売り	1 年物の TONA で運用	1 年物の TONA で運用	1 年物の TONA で運用	合計
現時点	$+88.90$	-100			-11.10
1 年後		$100+Y_1$	-100		$+Y_1$
2 年後			$100+Y_2$	-100	$+Y_2$
3 年後	-100			$100+Y_3$	$+Y_3$

$$Z_1 + Z_2 + Z_3 = \frac{X}{1+0.02} + \frac{X}{(1+0.03)^2} + \frac{X}{(1+0.04)^3} = 2.81 \times X$$

Z_1, Z_2, Z_3 はそれぞれ毎年 X 円支払う（受け取る）ときの現在価値で，$-Z$ は Z 円支払うと X 円受け取ることができることを表しています（図表 8.7）。

　次に，企業 A が受け取る（金融機関が支払う）変動金利の現在価値の合計を計算しましょう（図表 8.8）。変動金利 Y_1％，Y_2％，Y_3％ は現時点では確定していません。しかし，それらの現在価値の合計は次のような取引を組み立てることで求められます。まず，現時点で残存期間 3 年の割引債（額面 100 円）を空売りします。すると，債券価格が 88.90 円とわかっていますので，88.90 円が手元に入ります。同時に，1 年物の TONA で 100 円を運用します。変動金利を Y_1％ とすると，1 年後に $100+Y_1$ 円が入金されます。この入金額のうち，100 円を再び 1 年物の TONA で運用します。このときの変動金利を Y_2％ とすると，2 年後には $100+Y_2$ 円が入金されます。さらに，この入金額のうち 100 円で再び 1 年物の TONA で運用します。このときの変動金利を Y_3％ とすると，3 年後には $100+Y_3$ 円が入金されます。この入金額の中から 100 円を支払って

空売りした債券の買い戻しを行います。

　取引をまとめると，現時点で 11.1 円（＝ 100 − 88.90）を支払うと 1 年目に Y_1 円，2 年目に Y_2 円，3 年目に Y_3 円受け取ることができます。これは Y_1 円，Y_2 円，Y_3 円の現在価値の合計が 11.1 円であることを示しています。

　固定金利の支払いの現在価値の合計と変動金利の支払いの現在価値の合計が等しくなるように固定金利 X（スワップレート）が決まりますので，

$$2.81 \times X = 11.10$$

から $X \fallingdotseq 3.95$（％）となります。残存期間が 3 年の割引債の最終利回り 4％ よりもわずかに低い値となりました。

　これによって，企業 A は毎年，3.95％ を支払い，TONA の変動に従って変動金利（Y_1％，Y_2％，Y_3％）を受け取ることがわかりました。実際は 3.95％ が各年の変動金利より大きければ，企業 A が差額（想定元本 × 金利差）を支払い，小さければ差額を受け取ることになります。よって，契約開始日以降に，金利が上昇していけば，固定金利を支払う企業 A は得をして，下落していけば損をすることになります。このように，金利スワップは契約時ではキャッシュフローの等価交換ですが，その後の市場金利の変動によって等価ではなくなります。

3 オプション

　オプションとは英語の「選択権」を意味しており，ある特定の商品（原資産）をあらかじめ決めた期日に（あるいは期日までに）あらかじめ決めた価格で「買う権利」または「売る権利」のこと，あるいはそれらを売買する取引のことをいいます。オプションは先物と異なり，「権利」の売買なので，その権利を行使するか放棄するかは買い手の自由です。あらかじめ決めた価格は**行使価格**（ストライク・プライス）と呼ばれており，行使価格で買うことのできる**コール・オプション**（call option）と，行使価格で売ることのできる**プット・オプション**（put option）があります。オプションを購入する対価として支払われるオプシ

ョン料を**プレミアム**といい，取引が成立すると買い手は売り手にプレミアムを支払います。オプションには原資産の価値損失分を補填する損害保険と同じ効果があるため，オプションの価格は保険料（プレミアム）といわれるようになりました。買い手は権利行使によって決済する方法のほかに，反対売買によって決済することもできます。

オプションは取引所でも相対でも取引されます。株価指数オプション，株式オプション，金利オプション，債券オプション，通貨オプションなど，さまざまな原資産に対応したオプションがあり，行使価格ごとに売買が行われています。満期日にしか権利行使できないタイプを**ヨーロピアン・オプション**と呼び，満期日までの間，いつでも権利行使できるタイプを**アメリカン・オプション**と呼びます。

┃ オプションの損益 ┃

コール・オプションの買い手は原資産の価格が行使価格を上回れば権利を行使して利益を得ることができ，行使価格以下ならば権利を放棄することができます。つまり，買い手の利益に上限がないのに対して，損失はプレミアムに限定されるというのがオプションの利点です。

一方，オプションの売り手は，買い手が権利を行使しなければ，プレミアムはそのまま利益になりますが，買い手が権利を行使する場合はそれに応じる義務があり，損失の可能性は無限大になります（図表8.9）。

たとえば，「1カ月後にある企業の株式を100円で買う権利」を購入したオプションの買い手は満期日の株価を見て，この権利を行使するべきか否かを決めることができます。オプションの費用を考慮しない場合，もし，満期日の株価が120円であれば，それは行使価格の100円よりも高いので100円で買う権利を持っているオプションの買い手はこの権利を行使し，100円で購入した株式をすぐさま現物市場で売却することで20円の利益を出すことができます（図表8.9の点線）。反対に，満期日の株価が100円よりも低ければ，オプションの買い手はこの権利を行使することはないでしょう。

では，損益分岐点はいくらでしょうか？ コール・オプションは買い手にとって大きな損失を防ぎながら，大きな利益を上げることができるので非常に高

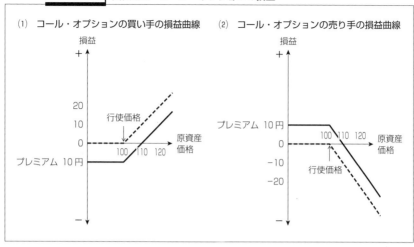

CHART 図表8.9 コール・オプションの損益

(1) コール・オプションの買い手の損益曲線

(2) コール・オプションの売り手の損益曲線

い経済的価値を有しています。そのため，売り手に対してプレミアム（オプションの価格）が支払われます。

　仮に，プレミアムが10円とすると，株価が110円（行使価格100円＋プレミアム10円）を超えると利益がプラスになり，それを下回るとマイナスになりますが，株価が100円を下回る場合には権利を放棄するのでプレミアム（10円）よりも大きな損を出すことはありません（**図表8.9の左図**）。したがって，満期日の株価が120円であれば，100円で株式を購入する権利を行使し，それを売却することで20円（＝120－100）のキャピタル・ゲインを得ることができます。よって，プレミアム10円を差し引いても10円の利益があります。

　一方，コール・オプションの売り手の損益は買い手の損益と正反対になります。株価（原資産価格）が行使価格を上回って110円よりも上昇すると損失となり，さらに株価が高くなるにつれ損失は大きくなっていきます。仮に，満期日の株価が120円であれば，コール・オプションの売り手はオプションを売ることで10円の売却益を得ますが（プレミアム代金），行使価格100円の株価を調達するのにその時点の時価120円で株式を購入しないといけないので20円のキャピタル・ロスが発生し，合計10円（＝10－20）の損失になります。オプションの買い手と売り手の収支は合わせるといつもゼロになり，ゼロサム・ゲームになっています。

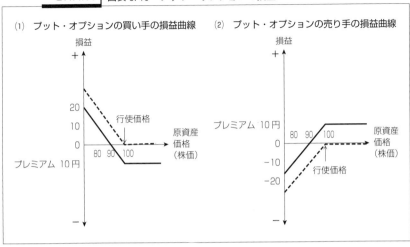

(1)　プット・オプションの買い手の損益曲線

損益
+

20
10
行使価格
0
80　90　100
原資産
価格
（株価）

プレミアム 10 円

(2)　プット・オプションの売り手の損益曲線

損益
+

プレミアム 10 円
80　90　100
0
-10
-20
行使価格
原資産
価格
（株価）

—

　では，満期日の株価が100円より高く110円を下回る場合，どうなるでしょうか？　コール・オプションの買い手は権利を放棄すると10円の損失が確定します。一方，権利を行使して100円で手に入れた株式を売却すると10円未満のキャピタル・ゲインを得ることができるので，プレミアム分の損失の一部を補てんすることができます。よってコール・オプションの買い手は損失になるものの権利を行使します。反対に，コール・オプションの売り手はプレミアム10円から買い手の株式売却分を引いて，10円未満の利益になります。

　次は，「1カ月後にある企業の株式を100円で売る権利」（プット・オプション）の買い手は満期日の株価がどのようになれば，この権利を行使するのかを見てみましょう。図表8.10に示したように，プレミアムがゼロの場合，満期日の価格が100円よりも高ければ，100円で売る権利を放棄しますが，100円よりも低ければ売る権利を行使することになります（点線）。そこで，プレミアムを10円とすると，株価が90円を下回ると，原資産を買うと同時に，100円で売る権利を行使し，利益を上げることができます（実線）。反対に，株価が90円を上回ってくると，100円で原資産を売ってもプレミアムというコスト（10円）を考慮すると損失になります。しかし，株価が100円を超えてくると，キャピタル・ゲインがマイナスになるため，権利を行使しないのが合理的判断です。

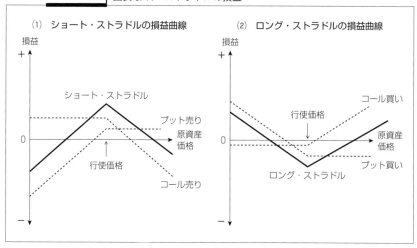

CHART 図表8.11 ストラドルの損益

(1) ショート・ストラドルの損益曲線　　(2) ロング・ストラドルの損益曲線

　たとえば，株価（原資産価格）が80円の場合，行使価格100円のプット・オプションを保有しているプットの買い手は権利を行使することで20円（＝100－80）のキャピタル・ゲインを得ることができ，プレミアム10円を差し引いて10円の利益をあげることができます。反対に，プットの売り手は10円の損失を出すことになります。

オプションの組み合わせ

　原資産価格が上がると予想される場合はコール・オプションを買い，下がると予想される場合はプット・オプションを買うというのが合理的な選択ですが，それでは値上げも値下げもしないと予想される場合はどうすればいいのでしょうか？ オプション取引は，現物取引や先物取引と組み合わせることで，投資家のニーズに合った多様なポジションを作ることができます。複数のオプション取引を同時に行うとき，そのポジションを**合成ポジション**（または，オプション・スプレッド）といいます。

　原資産価格が大きく変動しないと予想するならば，同じ行使価格のコール・オプションとプット・オプションを同時に売ることで，**図表8.11**の左図のような，原資産価格が行使価格に近いときに利益を得られるポジションを作ることができます。これは**ショート・ストラドル**と呼ばれます。ショートとは「短

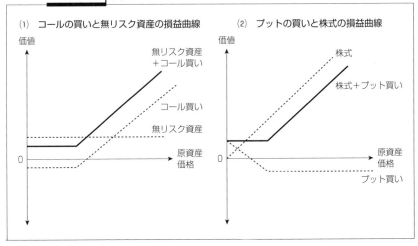

CHART | 図表 8.12　プット・コール・パリティ

(1)　コールの買いと無リスク資産の損益曲線

価値

無リスク資産
＋コール買い

コール買い

無リスク資産

0　　　　　　　　　　　　　　　　　　原資産
　　　　　　　　　　　　　　　　　　価格

(2)　プットの買いと株式の損益曲線

価値

株式

株式＋プット買い

0　　　　　　　　　　　　　　　　　　原資産
　　　　　　　　　　　　　　　　　　価格

プット買い

い」ではなく「売り」を意味し，ストラドルとは「またがる」を意味する言葉
です。

　図表 8.11 の右図では，それとは反対に，同じ行使価格のコール・オプショ
ンとプット・オプションを同時に買うポジションを表しています。原資産価格
が上昇するか，下落するかはわからないものの，大きく価格が変動しそうと予
測される場合に使われます。これを**ロング・ストラドル**といいます。ロングは
「買い」を意味します。

　コール・オプションとプット・オプションの間には一定の関係があり，これ
を**プット・コール・パリティ**といいます。「コールを買う＋満期時に行使価格
となるようにその現在価値を無リスク資産に投資する」という戦略と「プット
を買う＋株式の現物を買う」戦略は満期時の価値が同じになります。**図表 8.12**
は両者の損益曲線（実線）が同じになっていることを示しています。両者の満
期時の価値が同じであることから，契約時点でのコストも同じになります。つ
まり，「コールのプレミアム＋満期時に行使価格となる無リスク資産の現在価
値＝プットのプレミアム＋株価」であり，コール・オプションとプット・オプ
ションの間には以下の関係が成り立ちます。

> プットのプレミアム＝コールのプレミアム＋行使価格の現在価値−株価　(8.4)

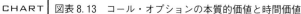

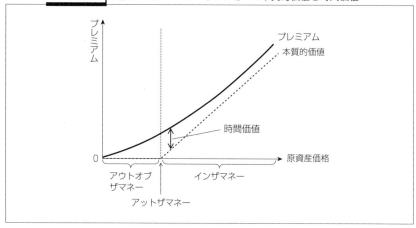

理論的には（8.4）式に見られる関係が絶えず成立するのですが，市場では，ときどきプットとコールのプレミアムがこの関係式から乖離することがあります。そのときには裁定取引をする投資家に収益機会が発生します。たとえば，プットのプレミアムがこの関係式よりも高い場合，プットを売ると同時にコールを買えば，リスクを負うことなく，利益を得ることができます。

プレミアムの本質的価値と時間価値

　オプションは契約時から満期までの間，流通市場でどのような価格で取引されるでしょうか？　オプションのプレミアムは，本質的価値と時間価値からなっています。オプションの本質的価値は，現時点でオプションを行使するといくらの価値があるかという含み益を表します。つまり，現時点の原資産価格と行使価格の差によって計算されます。本質的価値（intrinsic value）は，たまに本源的価値と表記されることもありますが，第6章の市場の情報効率性で学んだ本源的価値（fundamental value）と意味が異なりますので，留意してください。

　本質的価値がプラスのオプションはインザマネー（in-the-money），本質的価値がゼロのオプションはアウトオブザマネー（out-of-the-money），両者の境界で原資産価値と行使価格が同一のオプションはアットザマネー（at-the-money）と呼ばれています。

　図表8.13で示されているように，コール・オプションの場合，原資産価格

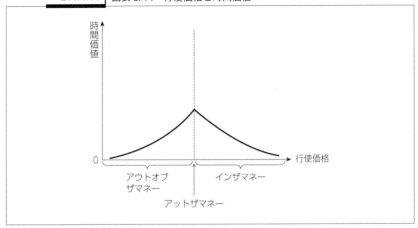

CHART | 図表8.14　行使価格と時間価値

（縦軸）時間価値

0

（横軸）行使価格

アウトオブ
ザマネー

インザマネー

アットザマネー

が行使価格を下回るとアウトオブザマネーとなり，本質的価値はゼロとなります。反対に，原資産価格が行使価格を上回るとインザマネーとなり，本質的価値はプラスになります。

　満期前のオプション価値は，常に本質的価値を上回っています。この差がオプションの時間価値になります。たとえ，アウトオブザマネーのオプションであっても満期になるまでにインザマネーになる可能性が少しでもあると，時間価値がプラスになります。反対に，原資産価格が行使価格を大幅に上回っているインザマネーのオプションは，将来，オプションを行使する可能性が高いので時間価値は小さくなり，本質的価値がプレミアムのほとんどを占めることになります。結果的に，時間価値はアットザマネーのときに最大となり，アットザマネーから離れるに従って小さくなります（図表8.14）。アットザマネーのときは権利を行使できるかどうかの不確実性が最も高いからです。

　時間価値は満期までの時間，原資産価格の変動度合い（ボラティリティ），短期金利，配当収入などによって決まります。満期までの期間が長いほど，またボラティリティが高いほど，原資産価格が変化する確率が高いので時間価値は大きくなります。満期までの期間が短くなると原資産価格のボラティリティも小さくなり，時間価値も低下します。このように時間の経過につれて，プレミアムの時間価値が低下することをタイム・ディケイといいます。

CHART | 図表 8.15 　コール・オプションの事例

株式 A　1,000 円 → 1,200 円　コール　C 円 → 200 円
　　　　　　　　　→ 800 円 → 0 円

2項モデルによるプレミアムの導出

　2項モデルは原資産価格が上昇するか下降するか，という単純な動きを繰り返すと仮定することによって，原資産価格の変動が説明できるモデルであり，ブラック＝ショールズ・モデル（次頁の **Column ⓫** 参照）のような高度な数学的テクニックを使わずに計算が行えます。ヨーロピアン・オプションにしか適用できないブラック＝ショールズ・モデルと違って，アメリカン・オプションやエキゾチック（非定型オプション）のプレミアムを算出できる点が特徴です。

　たとえば，株式 A の株価が現在，1,000 円であり，その株が上昇して 1,200 円になるか，下落して 800 円になるかのどちらかだとします（期間は現時点と 1 年後のみ）。無リスク金利が 10% のときに 1 年後に満期を迎えるコール・オプション（行使価格 1,000 円）のプレミアム（C 円）はいくらでしょうか（図表 8.15）？

　オプションのプレミアムを計算するには，1,000 円の株価が 1,200 円になる確率と 800 円になる確率が必要になると思うかもしれません。しかし，それは必要ないのです。

　コール・オプションは株価が 1,200 円になると 200 円の価値を持ちますが，800 円のときは価値を持ちません。このコール・オプションを使って株価変動リスクをヘッジすることにしましょう（図表 8.16）。現時点でこの株式を X 枚購入すると同時に，コール・オプションを 1 単位売ることにします。すると，株価が 1,200 円のときにはコールの売りが −200 円になるので，株式と合わせて $1,200X - 200$（円）の価値を持ちます。一方，株価が 800 円のときはコールの売りは価値がないので株式だけで $800X$（円）の価値を持ちます。そこで，どちらになっても同じ価値を持つように X を決めるとするならば，$1,200X - 200 = 800X$ を解いて，$X = 0.5$（枚）となります。

　したがって，株価の変動にかかわらず，満期に $1,200X - 200 = 800X = 400$

	現時点	1年後	
		状態 1	状態 2
株式購入	$-1,000$	$1,200X$	$800X$
コール売り	C	-200	0
合計	$C-1,000$	$1,200X-200$	$800X$

Column ⓫　オプション・モデルを開発したブラックとショールズとマートン

　オプションのプレミアムを算定する公式としては「ブラック＝ショールズ・モデル」が有名です。このモデルは直感的に理解するのは容易ではなく，その導出過程を説明することは本書の目的にそぐわないので，開発者のプロフィールと方程式のみを記します。

　フィッシャー・ブラック（Fischer Black, 1938-1995）は，アメリカ・ワシントン DC 出身の数学者，経済学者。ハーバード大学から博士号を受けた後，アーサー・D・リトル社に勤務しました。そこで CAPM 理論の創始者の一人ジャック・トレイナーと出会ったことで金融工学へ進むことになりました。シカゴ大学ブース経営学大学院教授，MIT スローン経営学大学院教授を歴任し，MIT でマイロン・ショールズとロバート・マートンに出会います。

　マイロン・ショールズ（Myron Scholes, 1941-）は，カナダ・オンタリオ州出身の経済学者。現在，スタンフォード大学教授。1968 年に MIT スローン経営学大学院の助教授として採用され，そこからブラックとショールズの共同研究が始まりました。同時期にオプション評価式の研究に取り組んでいたマートンとの議論はブラックとショールズの研究に大きな影響を与えました。両者の関係は共同関係であり，またライバル関係であったと後にブラックは述べています。

　ロバート・マートン（Robert Merton, 1944-）は，アメリカ・ニューヨーク市出身の経済学者。ブラックとショールズが 1973 年に金融工学の礎となるブラック＝ショールズ方程式を完成させた後，マートンがその数学的に厳密な理論を展開した論文を発表したことでブラック＝ショールズ方程式は不動の地位を確立しました。

　この功績で，ショールズとマートンは 1997 年のノーベル経済学賞を受賞しました。ブラックは惜しくも 1995 年に死去したため，ショールズと一緒にノーベル賞を受賞することはできませんでした。

　しかし，受賞直後の 1998 年，ショールズとマートンが名を連ねて運用面で

もこの理論が大きな役割を果たしていた投資会社ロングターム・キャピタル・マネジメント社がロシア経済危機のあおりを受け，空前の損失を出して倒産しました。アメリカの証券市場そのものを揺るがしかねない同社の破綻は，デリバティブの危険性を身をもって証明することになってしまいました。

〈ブラック＝ショールズ・モデル〉

コール・オプションのプレミアム　$C = S \cdot N(d) - K \cdot e^{-rt} \cdot N(d - \sigma\sqrt{t})$

プット・オプションのプレミアム　$P = -S \cdot N(-d) + K \cdot e^{-rt} \cdot N(-d + \sigma\sqrt{t})$

ここで，$d = \dfrac{\left[\ln\left(\dfrac{S}{K}\right) + \left(r + \dfrac{\sigma^2}{2}\right)t\right]}{\sigma\sqrt{t}}$

S：原資産価格，K：行使価格，t：残存期間，r：無リスク金利，σ：ボラティリティ，e：自然対数の底，$N(d)$：dのときの正規分布の密度関数，$\ln$：自然対数

左からブラック，ショールズ，マートン（写真提供：左はWikimedia Commons，右2人はAFP＝時事）

（円）を手にすることができます。このような無リスクのポートフォリオは無裁定条件のもとでは無リスク金利でしか実現できないので，400円の現在価値は $1{,}000X - C = 500 - C$（円）と一致するはずです。よって，$500 - C = 400/(1 + 0.1)$ を解いて，$C \fallingdotseq 136.36$（円）と求まります。

　2項モデルは，①原資産とオプションにより無リスク・ポートフォリオを生成する，②無リスク・ポートフォリオのリターンは無リスク金利に一致する，という2点が理解できれば比較的容易に理解できます。ブラック＝ショールズ・モデルも式は複雑なものの，その導出プロセスにおいては2項モデルと同じ考え方に立っています。

● **参考文献**

佐藤正和（2008）「歴史は繰り返す　オプション　第二話──オプション誕生の歴史」外為
　　オンライン（https://www.gaitameonline.com/academy03.jsp?GNO=97）

高槻泰郎（2018）『大坂堂島米市場──江戸幕府 vs 市場経済』講談社現代新書

三次理加（2020）『お米の先物市場活用法──未払いリスクを回避できる新たな販売先を確
　　保，仕入れ先を拡充できる！価格変動の不安がなくなる！』時事通信出版局

EXERCISE ● 練習問題

[1]　次の文章の空欄 A と B に入る最も適切な語句の組み合わせを下記の解答群か
　　ら選べ。ただし，手数料，金利等は考えないこととする。

　　　現在，1 ドル 105 円の為替相場（直物）である。1 か月後に決済日が来る 1
　　万ドルの債権を有する企業が，1 ドル 104 円で 1 万ドルのドル売り為替予約
　　（1 か月後の受け渡し）を行うとすると，1 か月後の為替相場にかかわらず，円
　　手取金を確定できる。このとき，1 か月後の為替相場（直物）が 108 円になる
　　と，為替予約をしなかった場合に比べて円手取収入は　A　。他方，1 か月後の
　　為替相場（直物）が 103 円になると，為替予約をしなかった場合と比べて円手
　　取収入は　B　。

　　　1．A：3 万円多くなる　　　B：2 万円少なくなる

　　　2．A：3 万円少なくなる　　B：2 万円多くなる

　　　3．A：4 万円多くなる　　　B：1 万円少なくなる

　　　4．A：4 万円少なくなる　　B：1 万円多くなる

　　　　　　　　　　（「2008 年度 中小企業診断士 第 1 次試験」財務・会計 第 21 問）

[2]　先渡取引（フォワード）と先物取引（フューチャー）に関する記述として，<u>最
　　も不適切なもの</u>はどれか。

　　　1．原則的に先物取引は取引所で，先渡取引は店頭（相対）で取引が行われる。

　　　2．先物取引では，契約の履行を取引所が保証しているため，信用リスクは少な
　　　　いといえる。

　　　3．先渡取引では，期日までに約定したものと反対の取引を行い，差金決済によ
　　　　り清算される。

　　　4．先渡取引では，原資産，取引条件などは取引の当事者間で任意に取り決める。

　　　　　　　　　　（「2017 年度 中小企業診断士 第 1 次試験」財務・会計 第 21 問）

[3]　行使価格 1,200 円のプットオプションをプレミアム 100 円で購入した。満

期時点におけるこのオプションの損益図として，最も適切なものはどれか。

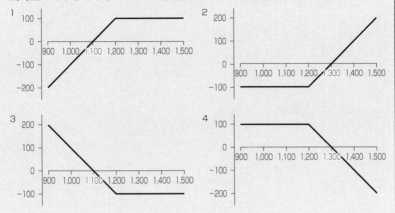

（「2017 年度 中小企業診断士 第 1 次試験」財務・会計 第 25 問）

4 オプションに関する記述として，最も適切なものはどれか。

1. 「10,000 円で買う権利」を 500 円で売ったとする。この原資産の価格が 8,000 円になって買い手が権利を放棄すれば，売り手は 8,000 円の利益となる。

2. 「オプションの買い」は，権利を行使しないことができるため，損失が生じる場合，その損失は最初に支払った購入代金（プレミアム）に限定される。

3. オプションにはプットとコールの 2 種類あるので，オプション売買のポジションもプットの売りとコールの買いの 2 種類ある。

4. オプションの代表的なものに先物がある。

（「2020 年度 中小企業診断士 第 1 次試験」財務・会計 第 15 問）

5 オプションに関する記述として，最も不適切なものはどれか。

1. オプションの価格は，オプションを行使した際の価値，すなわち本質的価値と時間的価値から成り立っている。

2. オプションの時間的価値はアット・ザ・マネーのとき，最大となる。

3. コール・オプションにおいて，原資産価格が行使価格を上回っている状態を，イン・ザ・マネーと呼ぶ。

4. 本質的価値がゼロであっても，時間的価値が正であれば，オプションを行使する価値がある。

（「2019 年度 中小企業診断士 第 1 次試験」財務・会計 第 14 問）

企業価値評価

企業の価値をどのように査定するのか？

イントロダクション

　本章では，企業価値の測り方について学びます。さまざまな場面で企業価値をできるだけ正確に計測することが求められますが，その1つがM&A（企業の合併や買収）のときです。かつての日本企業では「企業を買収する」という発想は一般的ではありませんでした。1980年代に入り，バブル期においてクロスボーダー型のM&Aが活発に行われるようになりました。当時の日本企業は好景気で，投資先として海外のリゾートホテルやマンションなどをこぞって買いあさっており，買う対象の1つに会社が入っているような感覚でした。2000年代に入るとITバブルで株価は上昇し，M&Aの件数も拡大していきます。企業価値評価のニーズが高まったのもM&Aが普及した2000年代です。

　2010年代には，とりわけ中小企業のM&Aが右肩上がりの「急成長フェーズ」に入りました。中小企業のM&A件数は近年増加傾向で推移しており，2019年には4,000件を超え，過去最高となりました。2020年は感染症流行の影響もあり前年に比べ減少しましたが，3,730件と高水準となっています（図

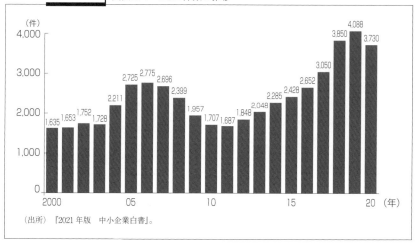

（出所）『2021 年版　中小企業白書』。

表 9.1）。これらはあくまでも公表されている件数なので，未公表のものも一定
数存在することを考慮すると，日本における M&A はさらに活発化している
と考えられます。最近では，「後継者不在を解消するための M&A」に加え，
「業界再編型の M&A」や「成長戦略型の M&A」についても拡大傾向が見ら
れます。企業の成長や再編には M&A が大きな役割を果たす時代になってき
たのです。

1 企業価値とは何か？

　企業の価値をどのように査定するのかを説明する前に，まず，企業価値とは
何かについて詳しく見ていきます。**図表 9.2** の左図は貸借対照表（B/S）です。
それに対し，右図は時価で評価した貸借対照表であり，時価ベースの B/S と
呼ぶことにします。通常，貸借対照表では純資産（自己資本）が簿価で表示さ
れていますが，時価ベースの B/S では時価で評価され，株式時価総額になり
ます。株式時価総額はおおよそ株価×発行済株式数で計算されます。株式時価
総額を純資産（自己資本）で割った値は**株価純資産倍率**（Price Book-value Ra-
tio：PBR）と呼ばれます。株式時価総額と純資産をともに発行済株式数で割る

(1) 貸借対照表（B/S）

〈資産の部〉　〈負債・資本の部〉

資産
（簿価）

負債

純資産
（簿価）

(2) 時価ベースのB/S

〈資産の部〉　〈負債・資本の部〉

資産
（時価）

負債
（債権者価値）

株式時
価総額
（株主価値）

と，株価と1株当たり純資産になるため，両者の比率としてもPBRを定義できます。

$$PBR = \frac{株式時価総額}{純資産} = \frac{株価}{1株当たり純資産}$$

　株式時価総額が純資産を上回ると，PBRが1よりも大きくなります。その場合，企業の抱える事業資産がより多くのキャッシュフローを生み出すという意味で，資産が市場で高く評価されています。あるいは，貸借対照表には計上されない無形の資産がこの企業にはあって，それらが市場で高く評価されていることもあります。いずれにしても，投資家がその企業を高く評価しているときに株価が1株当たりの純資産を上回り，PBRが高くなるので，PBRは企業の成長性の指標とされています。

　企業価値は，時価ベースのB/Sの運用サイド（借方）に計上されている資産の市場からの評価額（時価）と定義されます。これは同時に，調達サイド（貸方）の有利子負債と株式時価総額の合計でもあります。

企業価値 ＝ 有利子負債 ＋ 株式時価総額
　　　　　（債権者価値）　（株主価値）

株主に帰属する価値が株主価値であり，それが株式時価総額に相当します。また，債権者に帰属する価値は一般的に有利子負債と一致します。よって，株

主と債権者に帰属する企業価値は有利子負債と株式時価総額の合計となります。

第1章では、「株主は企業の出資者であり、所有者です。また、株主は経営陣に企業の経営を任せている委託者でもあることから、企業の利益や損失は最終的に株主に帰属します。そのため、経営者は株主の利益になるように株主価値を最大化すべきであるというのが伝統的な企業論の考え方です。そこでは、企業価値を向上させることは、株主価値を向上させることとほとんど同じ」ということを学びました。

企業価値には債権者価値が含まれるのに、なぜ株主価値の向上と企業価値の向上は同じなのでしょうか？ それは、債権者に帰属する負債の価値はキャッシュフローが確定的であるため、企業の利益の多寡に影響を受けないからです（債務不履行〔貸し倒れ〕の場合を除く）。そのため、企業価値を向上させることと株主価値を向上させることは、どちらも将来キャッシュフローの現在価値を最大化させるという意味で同義と考えられています。

しかし、このような企業価値の定義だと、借金を増やすことで企業価値が大きくなることに疑問を持つ人もいるかもしれません。企業価値とは、あくまで貸借対照表の資産サイド（借方）の資産価値であり、それを左右同額という貸借対照表の性質を使って貸借対照表の調達サイド（貸方）から計算しているにすぎません。企業価値を創造するのに、資金の調達方法は負債でも株式でも構わないのです。

なお、株式時価総額が純資産を下回る状態、PBRが1倍を下回る水準では、解散価値を下回るということになります。企業の借金をすべて返して残った土地や工場、設備、有価証券などを売って清算後に残る金額が解散価値です。PBRが1倍を下回ると、理論上はその企業を買収し、設備や有価証券を清算すると儲けが出ることになります（実際は、資産が帳簿上の価格で売却できる保証はありません）。また、市場では高く評価されていないけれども、経営者の交代によって成長することを見込んで、PBRが1倍割れの割安な企業が企業買収（M&A）のターゲットにされることも多いです。

② エンタープライズ DCF 法

定額成長モデルと定率成長モデル

第2章でプロジェクトに投資する価値があるかを判断するときに用いた DCF 法（割引キャッシュフロー法）を使って企業価値を査定するのが一般的で，実務で最も多用されています。また，事業会社の企業価値を算出するので，エンタープライズ DCF 法とも呼ばれています。

投資家が受け取るキャッシュフローを**フリーキャッシュフロー**といいます。フリーキャッシュフローは事業の成果に応じて事後的に確定されるものなので，その期待値である期待フリーキャッシュフローを割引率で割り引いて企業価値を求めます（フリーキャッシュフローについては本節の最後で，割引率については第3節で詳述します）。

その際，期待フリーキャッシュフローが一定であると仮定する定額成長モデルと一定率（g）で成長すると仮定する定率成長モデルがあります。今期の企業価値を V として，次期以降から将来にわたって得られる期待フリーキャッシュフローを FCF と表すと，企業価値 V は，期待フリーキャッシュフロー FCF，割引率 r，期待キャッシュフローの成長率 g を用いて求められます。

定額成長モデル（FCF の成長率 $g=0$ のケース）：

$$V = \frac{FCF}{1+r} + \frac{FCF}{(1+r)^2} + \frac{FCF}{(1+r)^3} + \cdots + \frac{FCF}{(1+r)^n} + \cdots$$

$$= \frac{FCF}{r}$$

定率成長モデル（FCF が成長率 g で成長するケース）：

$$V = \frac{FCF}{1+r} + \frac{FCF(1+g)}{(1+r)^2} + \frac{FCF(1+g)^2}{(1+r)^3} + \cdots + \frac{FCF(1+g)^{n-1}}{(1+r)^n} + \cdots$$

$$= \frac{FCF}{r-g}$$

式の導出は第2章を振り返ってください。エンタープライズDCF法によると、企業価値を向上させるには、*FCF*や*g*の上昇、つまり、期待キャッシュフローやその成長率を高めること、および、*r*の低下、つまり、割引率を低くすることが必要になります。

▌配当割引モデル（DDM）との比較▐

DCF法の応用として、第2章の第5節では配当を用いた株価の決定理論を学びました。今期の株価を*P*として、次期以降から将来にわたって得られる1株当たり予想配当を*D*と表すと、株価*P*は予想配当*D*、割引率*r*、予想配当の成長率*g*を用いて以下のように表されます。

定額成長モデル（*D*の成長率*g*=0のケース）：

$$P = \frac{D}{1+r} + \frac{D}{(1+r)^2} + \frac{D}{(1+r)^3} + \cdots + \frac{D}{(1+r)^n} + \cdots$$

$$= \frac{D}{r}$$

定率成長モデル（*D*が成長率*g*で成長するケース）：

$$P = \frac{D}{1+r} + \frac{D(1+g)}{(1+r)^2} + \frac{D(1+g)^2}{(1+r)^3} + \cdots + \frac{D(1+g)^{n-1}}{(1+r)^n} + \cdots$$

$$= \frac{D}{r-g}$$

このモデルを**配当割引モデル**（Dividend Discount Model：DDM）といいます。上式の*D*を1株当たり予想配当に発行済み株式数をかけた予想配当額とすることで、株主価値（株式時価総額）を算出することもできます。DDMは簡単に株価や株主価値が求められるというメリットがありますが、配当を出さない無配の企業には適用できないことや、配当政策が企業業績を反映していない場合、適用できないというデメリットがあります。

▌フリーキャッシュフロー（FCF）▐

フリーキャッシュフローとは、株主に配当しても内部留保として新規事業に充ててもいい「使途が自由な」キャッシュフローを指します。このフリーキャ

ッシュフローは第1章で学んだキャッシュフロー計算書のキャッシュフローとは異なり，以下の計算式で定義されます。

FCF
＝税引き後営業利益（NOPAT）＋減価償却費－設備投資額－運転資本増加額

NOPAT（Net Operating Profit After Tax，「ノーパット」と呼びます）は税引き後利益のことであり，キャッシュフローの計算では，まず，キャッシュの支払いを伴わない減価償却費を利益に足し戻します。次の設備投資額はキャッシュの支払いを伴うにもかかわらず会計上の利益として認識されていないので，利益から控除します。最後に，運転資本は営業活動に投下される資本であり，これが増えるとキャッシュの支払いが増えるので，利益から控除します。

　キャッシュフローが企業の抱える有形・無形の資産を使って行われた投資プロジェクトから生み出されたものであるという定義に照らすと，負債の支払利息など，企業の財務活動による収入と費用はキャッシュフローに含まれません。その代わり，DCF法では負債での資金調達を行っている企業は，フリーキャッシュフローを現在価値に割り引く際に使用する分母の割引率（資本コスト）を調整することにします。分子のキャッシュフローから支払利息など負債のコストを差し引くと分子と分母で二重に負債のコストを控除することになるので，それを回避しているのです。

③　資本コスト

　期待フリーキャッシュフローを割り引いて企業価値を算出する際に使う割引率は，企業に資金を提供する投資家にとっては要求収益率ですが，企業にとっては投資家に支払う費用ということで**資本コスト**といいます。市場において，それ以上，裁定取引ができない均衡状態では要求収益率と期待収益率が等しくなることを加味すると，

割引率＝要求収益率＝期待収益率＝資本コスト

が成立することになります。

　資本コストは，企業が将来どのような資金調達を行うか，企業の資本政策によって異なることになるので，株式のみで資金を調達する場合と，負債を組み合わせて調達する場合に分けて考察しましょう。

株主資本コスト

　株主の期待収益率である**株主資本コスト**の算出には CAPM が多く使われています。その理由は，CAPM はリスク・ファクターが 1 つのシングル・ファクターモデルなのでわかりやすく，データがとりやすいからです。

$$r_i(株主資本コスト) = r_f + \hat{\beta}_i(r_M - r_f)$$
$$\hat{\beta}_i = \frac{\mathrm{Cov}(r_i, r_M)}{\sigma_M^2}$$

　CAPM を用いて株主資本コストを算出する場合，無リスク金利 r_f，株式ベータ $\hat{\beta}_i$（ベータの推計値なので ^ を付けています），市場リスク・プレミアム $E(r_M) - r_f$ の事後的な値である市場超過収益率 $r_M - r_f$ を上式に代入する必要があります。無リスク金利と市場超過収益率はすべての株式で同じ値をとりますが，ベータは企業ごとに異なり，過去数年の株価指数の月次収益率と各企業の月次株式投資収益率を用いて計算されます。

　無リスク金利には，リスクがない金利の代表格として国債の利回りや金利を使います。企業価値評価や株主価値評価には，遠い将来にわたるキャッシュフローを割り引くので，長期国債（満期 10 年）の金利や利回りのデータを用いることが多いようです。

　一方，市場超過収益率は日本では TOPIX（東証株価指数），アメリカでは S&P500 などの代表的な株価指数の収益率から無リスク金利を引いた値であり，ベータは回帰分析によって求めます。求める企業の株式投資収益率から無リスク金利を引いた値を被説明変数，市場超過収益率と定数項を説明変数として回帰分析したときの市場超過収益率の係数がベータに相当します。個別銘柄のベータは推計誤差があったり，不安定であったりしますので，複数の類似企業のデータをまとめたり，同業種のデータを使ってポートフォリオベースの株式ベータを求めることもあります。いずれにしても，求めたベータ，無リスク金利，

市場超過収益率を CAPM の式に代入して，株主資本コストを算出します。

負債の資本コスト（負債コスト）

負債の資本コスト（**負債コスト**）は債権者の期待収益率です。負債には社債と借入があります。社債の場合，取引価格と将来のキャッシュフロー（元本と利息）が既知なので，満期まで保有することを想定して最終利回りを計算することが可能です。満期まで保有せずに市場で売却することもありえるので，最終利回りは期待収益率とは厳密には異なりますが，最終利回りを負債コストに代用することが多いです。一方，銀行からの借入は借入利率で代用します。

ただし，負債コストについて，以下の点に注意する必要があります。1つ目は，負債コストに使用する借入利率は長期の借入を行う場合の利率を用いることです。社債についても，長期の社債の満期利回りを用います。その理由は，企業が行う事業は中長期に及ぶものなので投資家は企業に対して中長期的な価値創造につながる事業活動の意思決定を望んでいるからです。

2つ目は，使用する借入利率は現時点で借り入れたらいくらになるかという利率で，現時点で企業がすでに負っている負債に適用されている利率ではないことです。投資家が求めるリターンは将来に関するもので，過去の借入とは関係ないからです。社債については最終利回りという将来のリターンを使いますので問題ないですが，借入の場合は注意が必要です。

3つ目に，負債コストについては「税引き後」のレートを使用することです。負債コストである支払利息については税法上の損金算入の対象となるため「節税効果」が発生することを考慮する必要があるからです。

WACC

株式のみで資金調達を行っている企業ならば株主資本コストがその企業の資本コストですが，株式と負債を組み合わせて調達しているならば，株主と債権者の期待収益率を調達比率で加重平均した WACC（Weighted Average Cost of Capital：加重平均資本コスト，「ワック」）が資本コストとなります。

$$WACC = \frac{E}{E+D} r_E + \frac{D}{E+D} r_D$$

節税効果を考慮した WACC は，次のようになります。

$$WACC = \frac{E}{E+D}\, r_E + \frac{D}{E+D}(1-t)r_D$$

株主資本コスト r_E と負債コスト r_D を加重平均する際のウエイトとして用いられている $\frac{E}{E+D}$ と $\frac{D}{E+D}$ は，株式資本の市場価値（株式時価総額）を E，負債資本の市場価値を D としたときの株式資本と負債資本の全体に占める比率になります。

負債コストに $1-t$ が乗じられていますが，t は実効税率を表しています。負債に伴う支払利息が税務上の費用として免除されることに伴う節税効果（資本コストを低減させる）を表しています。これによって，負債による資金調達の方が株式による資金調達よりも WACC で測った資本コストを引き下げるという効果が生まれます。

4 エコノミック・プロフィット法（EP 法）

企業価値向上の条件

どのようにしたら企業価値は向上するのでしょうか？「企業は収入から費用を差し引いた利潤を最大化する」とは，ミクロ経済学で最初に習う企業の行動原理ですが，それと同様に，資本の提供者が求める要求収益率（企業から見ると資本コスト）を上回る経営成果（**資本収益率**）を達成したとき，企業価値が創造されます。これは 1890 年にアルフレッド・マーシャル（Alfred Marshall, 1842-1924）が著書 *Principles of Economics* で書き記した言葉ですが，この考え方は今でも企業価値創造の基本原則となっています。企業は投資を通じて生産した財・サービスを販売し，利益を得ます。投資家への要求支払いを超える利益を上げられると価値創造が行われますが，それに見合う利益を上げられないならば企業価値が破壊されます。

資本収益率はそれに対応する資本コストと比べなければ，企業価値を創造しているか否かがわかりません。株主価値を査定する際に使われる資本収益率は

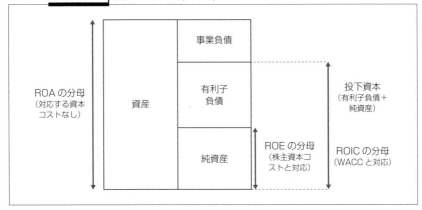

ROE（自己資本利益率）であり，それに対応する資本コストは株主資本コストです。一方，企業価値を査定する際に使われる資本収益率は ROIC（投下資本利益率）であり，それに対応する資本コストは WACC になります。

投下資本利益率（ROIC）

第1章では，ROE と ROA を学びました。

$$ROE = \frac{当期純利益}{純資産（自己資本）}$$

$$ROA = \frac{当期純利益または営業利益}{総資産}$$

ROE は分母が純資産（自己資本）となっているので株主から見た収益率，ROA は分母が総資産となっているため，株主と債権者の両者から見た収益率といわれています。しかし，ROA の分母の総資産には，貸借対照表の調達サイド（貸方）にある事業負債が含まれているため，厳密には ROA に対応する資本コストがありません（図表9.3）。事業負債とは，事業運営上で生じる負債であり，仕入債務（買掛金，支払手形等），未払金，未払費用，賞与引当金などであり，債権者からの負債には該当しません。

そこで，株主と債権者の両者から見た収益率として ROIC（Return On Invested Capital：投下資本利益率，「ロイック」）が注目されています。ROIC は有利子負債と自己資本で調達した資金を投資することによって得られるリターンの比

率を表す収益率指標です。

$$ROIC = \frac{当期利益}{投下資本}$$

$$= \frac{NOPAT\ （税引き後営業利益）}{有利子負債＋自己資本}$$

ROIC の分子には NOPAT（税引き後営業利益）を使用するのが一般的です。分母は有利子負債と自己資本を足し合わせた額で，これは**投下資本**といいます。分母の投下資本を運用サイドから見て，「運転資本＋固定資産」とすることもありますが，本書では調達サイドから見て「有利子負債と自己資本」を投下資本と呼ぶことにします。

有利子負債と自己資本をもとに獲得した資本収益率が ROIC ならば，それに対応する資本コストは WACC です。ROIC から WACC を差し引いた値（$ROIC - WACC$）は ROIC スプレッドと呼ばれます。

┃ エコノミック・プロフィット法の導出 ┃

ROIC スプレッドが企業価値の拡大に大きな役割を果たしていることを示したのが**エコノミック・プロフィット法**（EP法）です。エコノミック・プロフィット法は期初の投下資本（有利子負債＋自己資本）に EVA の現在価値を加算することで企業価値を求めます。

まず，**EVA**（Economic Value Added）を定義しましょう。EVA は NOPAT から投下資本に資本コスト（WACC）を乗じた投下資本コストを控除することで求められます。その特徴は，利益と資本コストを関連づけた点にあり，利益が資本コストを上回る部分を「経済的な付加価値」と捉えています。これまで，支払利息を控除して負債コストを考慮しても，株主資本コストを控除していない利益指標を使用していました。EVA は負債コストと株主資本コストをともに控除しており，利益に対して厳密な意味での資本コストを反映させている点も重要な特徴です。EVA は別名，**エコノミック・プロフィット**（EP）とも呼ばれており，EP と EVA は同じ概念ですが，EVA はスターン・スチュワート社の登録商標です。

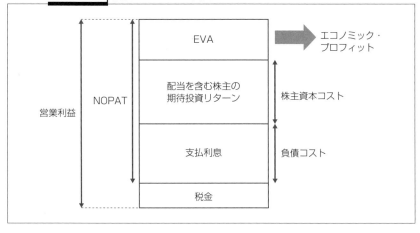

$$EVA = 税引き後営業利益 - 資本コスト$$
$$= NOPAT - 投下資本 \times WACC$$
$$= 投下資本 \times (ROIC - WACC)$$

EVA の式を展開することにより，ROIC が WACC を上回ると EVA がプラスとなることが明らかになります（**図表9.4**）。

この EVA が成長率 g で拡大していくとすると，企業価値 V は現時点の投下資本に将来得られる EVA の割引現在価値を足し合わせることで，以下のように表されます。

$$V = 投下資本 + \frac{EVA}{1+WACC} + \frac{EVA(1+g)}{(1+WACC)^2} + \frac{EVA(1+g)^2}{(1+WACC)^3} + \cdots + \frac{EVA(1+g)^{n-1}}{(1+WACC)^n} + \cdots$$

$$= 投下資本 + \frac{EVA}{WACC-g}$$

$$= 投下資本 + 投下資本 \times \frac{ROIC-WACC}{WACC-g} \tag{9.1}$$

（9.1）式は，企業価値 V が現時点の投下資本（有利子負債と自己資本の合計）を上回る額は，将来にわたって成長率 g で成長する EVA を WACC で割り引いた現在価値の総和と一致するというものです（**図表9.5**）。この式からわかることは，ROIC が WACC を上回れば企業価値が投下資本を上回るということ

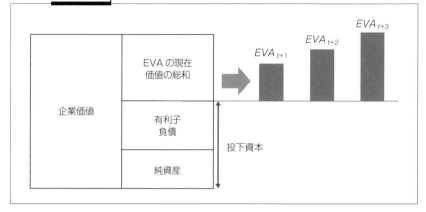

CHART | 図表 9.5　企業価値と EVA の関係

です。また，ROIC の上昇は企業価値にプラスに，WACC の上昇は企業価値にマイナスに，EVA の成長率 g の上昇は（$ROIC - WACC$ が正のもとで）企業価値にプラスに寄与することもわかります（$WACC - g$ は正であることを仮定しています）。

なお，営業資産関係（operating asset relation）が成立するもとでは，エコノミック・プロフィット法が DCF 法と一致することがわかっています（証明は割愛しますが，計算してみてください）。営業資産関係とは，前期末の投下資本と今期の投下資本の差額（追加的に資金を調達した額）が，その期の税引き後営業利益からフリーキャッシュフローを差し引いた額と等しいという関係です。つまり以下の関係式が成立することです。

$$\varDelta 投下資本 = NOPAT - FCF = 投資額$$

ここで，投下資本の変化額は投資額と等しいと仮定すると，EVA の成長率 g は

$$g = \frac{\varDelta EVA}{EVA} = \frac{\varDelta 投下資本}{投下資本}$$

$$= \frac{NOPAT}{投下資本} \times \frac{投資額}{NOPAT} = ROIC \times 投資比率$$

となります。EVA と投下資本は同じ変化率で成長していくからです。したがって，ROIC の上昇は EVA の成長率 g を高め，企業価値を向上させるのです。

⑤ 残余利益モデル（RIM）

残余利益モデルの導出

　前節で，ROIC と WACC の差である ROIC スプレッドがプラスのときに企業価値が創造されることを学びました。ここでは，ROE と株主資本コストの差（ROE−株主資本コスト，「エクイティ・スプレッド」）がプラスのときに株主価値が高まることを示した**残余利益モデル**を紹介します。

　残余利益モデルは期初の純資産（自己資本）E に残余利益 RI の現在価値を加算することで株主価値（株式時価総額）SV を求めます。残余利益とは当期純利益から株主が期待する利益を差し引いた利益を指します。

$$残余利益＝当期純利益−株式の期待収益率×純資産$$
$$RI = R - rE$$
$$= E(ROE - r)$$

　ここから，ROE（$=R/E$）が株主資本コスト r を上回ると残余利益がプラスとなることがわかります。この残余利益が成長率 g で拡大していくとすると，株主価値 SV は現時点の純資産 E に残余利益 RI の割引現在価値を足し合わせることで，以下のように表されます。

$$SV = E + \frac{RI}{1+r} + \frac{RI(1+g)}{(1+r)^2} + \frac{RI(1+g)^2}{(1+r)^3} + \cdots + \frac{RI(1+g)^{n-1}}{(1+r)^n} + \cdots$$

$$= E + \frac{RI}{r-g} = E + \frac{R-rE}{r-g} = E + \frac{E(ROE-r)}{r-g} \tag{9.2}$$

　エコノミック・プロフィット法と同様に，株主価値 SV が現時点の純資産（自己資本）を上回る額は，将来にわたって成長率 g で成長する残余利益を株主資本コスト r で割り引いた現在価値の総和と一致します（**図表9.6**）。（9.2）式は ROE が株主資本コスト r を上回れば株主価値が純資産（自己資本）を上回るということを示しています。また，ROE の上昇は株主価値にプラスに，r の

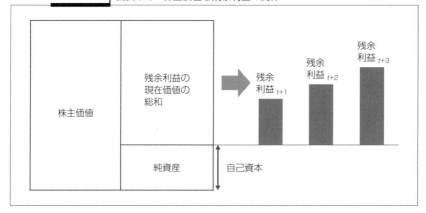

CHART | 図表9.6　株主価値と残余利益の関係

株主価値

残余利益の
現在価値の
総和

純資産

残余
利益 $_{t+1}$

残余
利益 $_{t+2}$

残余
利益 $_{t+3}$

自己資本

上昇は株主価値にマイナスに，残余利益の成長率 g の上昇は（$ROE-r$ が正のもとで）株主価値にプラスに寄与することもわかります（$r-g$ は正であることを仮定しています）。

　(9.2) 式の両辺を純資産 E で割ると，左辺は PBR（株価純資産倍率＝SV/E）になります。

$$PBR = 1 + \frac{ROE-r}{r-g} \tag{9.3}$$

　ここから，$r-g$ が正という仮定のもと，ROE が株主資本コストを上回ると PBR が 1 倍を上回ることがわかります。反対に，PBR が 1 倍割れしている企業は ROE が株主資本コストを下回っていることになります（**Column ⓬**参照）。

　残余利益モデル（(9.2) 式）で示された株主価値は**クリーン・サープラス関係**が成り立つとき，配当割引モデル（DDM）と一致することがわかっています（証明は割愛しますが，計算してみてください）。クリーン・サープラス関係とは，「前期末の純資産と今期の純資産の差額は，当期純利益から配当額を差し引いたもの」という関係です。

△純資産(自己資本)＝当期純利益－配当＝内部留保

ここで，純資産の変化額が内部留保に等しいと仮定すると，残余利益の成長率 g は

　2015 年 6 月より上場企業に義務づけられたコーポレート・ガバナンス・コードは，日本企業の ROE（自己資本利益率）が，欧米企業と比べ長期的に低迷していることを背景に，国の成長戦略の一環として導入されました。それに先駆けて発表された「伊藤レポート」では，グローバルな機関投資家が日本企業に期待する資本コストの平均が 7% 超という調査結果をもとに，8% を上回る ROE を達成することが日本企業の持続的な成長に不可欠であるとの結論を出しています。

　2022 年 4 月には東京証券取引所が大きな改革を行いました。それまでの 5 市場（東証 1 部，2 部，マザーズ，ジャスダックスタンダード，ジャスダックグロース）を，「プライム」「スタンダード」「グロース」の 3 市場に再編し，2023 年 3 月には，プライムとスタンダードに上場する企業に対して，資本コストや株価を意識した経営の実現に向けた対応を求める通知を出しました。とくに PBR（株価純資産倍率）が長期にわたって 1 倍を下回る企業などに，中長期の価値創造に向けて市場評価を引き上げるための具体策を開示・実行するよう，強く要請しています。

　東証の改革以前では，東証 1 部上場企業の約半数が PBR 1 倍未満であり，企業の解散価値を下回る評価を市場から受けていました。その原因は何でしょうか？　本節で学んだ残余利益モデル（RIM）によると，PBR 1 倍を割るということは ROE が株主資本コストを下回っているということを意味します。そして，ROE が高まると PBR も 1 倍を超えて上昇していきます。図表

図表 9.7　予想 ROE と PBR の関係

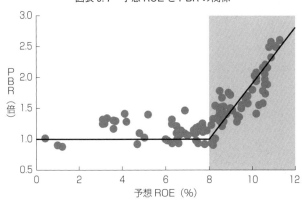

（注）ニッセイ基礎研究所調べ。日経平均株価ベース。2005 年以降の予想 ROE と PBR をもとに作成。
（出所）日本経済新聞「踊り場の ROE 経営（下）資本コストを意識」2016 年 6 月 25 日付。

9.7には予想 ROE と PBR の関係が図示されています。ROE が 8% より高い
と PBR が明確に 1 倍より大きくなることから，日本企業の平均的な資本コス
トは 8% 程度であることが示唆されます。

$$g = \frac{当期純利益}{純資産} \times \frac{内部留保}{当期純利益} = ROE \times 内部留保率 = ROE \times (1 - 配当性向)$$

となります。この成長率 g は外部資本に頼らずに内部留保を投資に活用するこ
とで企業が持続的に成長するという意味で，**サステナブル成長率**と呼ばれてい
ます。ROE の上昇は残余利益の成長率 g を高め，株主価値を向上させるのです。

残余利益モデルとエコノミック・プロフィット法の関係

以上，見てきたように，企業価値を求めるエコノミック・プロフィット法
（EP 法）は営業資産関係を使ってエンタープライズ DCF 法を式変形したもの
であり，株式価値を求める残余利益モデル（RIM）はクリーン・サープラス関
係を使って配当割引モデル（DDM）を式変形したものです。したがって，将来
の利益予想が同じであれば，EP 法とエンタープライズ DCF 法による企業価
値評価は一致することになり，RIM と DDM による株式価値評価は一致する
ことになります。両者は完全にパラレルに考えることができます。

有利子負債や事業負債は簿価と時価がほぼ同じであると想定すると，これら
4 つの企業価値評価法はいずれも（付随する条件はありますが）同じ企業価値を
与える方法と解釈することができます。

したがって，ROIC と WACC の差（ROIC スプレッド）が正であることが企
業価値創造の決め手となり，ROE と株主資本コストの差（エクイティ・スプレ
ッド）が正であることが株式価値創造の決め手になることは，いずれの評価方
法でも変わりないのです。

その他の企業価値評価法

企業評価の実務では評価アプローチとして以下の 3 つが用いられます。

(1)　インカム・アプローチ

(2)　マーケット・アプローチ

(3)　コスト・アプローチ

　インカム・アプローチは収入，マーケット・アプローチは市場，コスト・アプローチは原価に着目するアプローチです。先に説明したDCF法は将来の収益（キャッシュフロー）をもとに現在の株主価値・企業価値を算出するインカム・アプローチの代表的な評価手法です。以下では，マーケット・アプローチとコスト・アプローチを紹介します。

マーケット・アプローチ

　株式市場やM&Aにおける取引価格を基準に企業価値を算出するのが，マーケット・アプローチです。マーケット・アプローチには，市場株価法と株価倍率法（類似会社比較法，マルチプル法）があります。

　市場株価法とは，評価対象企業が上場している場合に，株式市場で取引された株価の一定期間における平均値などをもって，1株当たりの株主価値とする評価方法です。採用される株価の算定期間は，直近日の株価のほか，株価の1カ月平均，3カ月平均，6カ月平均の数値などが使われ，その最大値と最小値の範囲で評価の幅を設定したりします。算定期間中の株価に異常値が含まれると考えられる場合は，イベント分析などを用いて当該期間の株価の取り扱いについて検討します。イベント分析とは，評価対象企業の株価や出来高の推移と，評価対象企業の公表するプレスリリースや報道機関の報道などと照らし合わせ，その株価の影響を分析し，株価の異常な変動がないかを検証する分析です。

　市場株価法は市場取引価格に基づくので客観性が高いというメリットがありますが，非上場企業のように株価がついていない，または取引が少なく株価の客観性が低い企業には適用できないというデメリットがあります。また，株価が本源的価値（ファンダメンタル価値）から乖離している場合に，正しい企業価値を算定できないというデメリットもあります。

　一方，**株価倍率法**（類似会社比較法，マルチプル法）とは，評価対象企業と類似する上場企業の株式時価総額や企業価値を，利益などの財務数値で除して株価倍率を算定し，そのうえでその株価倍率を評価対象企業の財務数値に乗じて

株主価値を評価する手法です。この株価倍率を**マルチプル**といいます。

　市場株価法は株式が取引されている上場企業にしか採用できない手法でしたが，株価倍率法は非上場企業の企業価値評価にも適用することができます。市場株価を用いて株価倍率を算定できないときは，類似する M&A 取引事例（売買事例）の取引価格を用いて倍率を算定するからです。このため，期待キャッシュフロー，割引率，成長率などの判断が恣意的になる可能性がある DCF 法に比べて，客観的な算定ができます。

　一方，株価倍率法には類似企業の選定に恣意性が入るという欠点があります。市場で決定される株価と企業業績という客観的な指標をもとに客観的な判断ができるという長所の代償として，評価対象企業固有の強みや弱みを反映させられないという欠点もあります。その点では，キャッシュフロー予測にその企業の強みや弱みに基づく成長性を反映させることができる DCF 法が優れています。

　株式時価総額に対するマルチプルには，経常利益倍率，PER（株価収益率），PBR（株価純資産倍率）などがあります。

$$経常利益倍率 = \frac{株式時価総額}{経常利益}$$

$$PER = \frac{株式時価総額}{当期純利益}$$

$$PBR = \frac{株式時価総額}{純資産}$$

　企業価値に対する株価倍率には，売上高倍率，EBIT 倍率，EBITDA 倍率がよく用いられます。

$$売上高倍率 = \frac{企業価値}{売上高}$$

$$EBIT 倍率 = \frac{企業価値}{EBIT（または営業利益）}$$

$$EBITDA 倍率 = \frac{企業価値}{EBITDA}$$

$$EV/EBITDA 倍率 = \frac{事業価値}{EBITDA} = \frac{企業価値 - 非事業資産価値}{EBITDA}$$

ここで，**EBIT**（Earnings Before Interest and Taxes）とは，「利払い前，税引き前利益」のことであり，「イービット」と呼ばれています。企業が借入を行っている場合には支払利息が発生し，その分利益が減少してしまうので，借入によるコスト（支払利息など）の影響を除いた利益を見るために，すでに支払った利息を足し戻し，受け取った利息や配当金を控除したものを指します。ただし，本業の事業の価値を算出する際は，一過性の特別損益や営業外損益を外すべきという考え方で，EBIT として営業利益を用いることも多いです。営業利益には利息収支に関する足し戻しや控除は必要ありません。

$$\text{EBIT（利払い前，税引き前利益）}$$
$$=\text{税引き前当期純利益}-\text{受取利息，または営業利益}$$

　次に，**EBITDA**（Earnings Before Interest, Taxes, Depreciation, and Amortization）は，純粋な本業のキャッシュフローを表したもので，営業利益＋減価償却費で算出されます。会計上の利益である純利益に関係する税率や，借入金利，減価償却費の扱いは国によって異なるため，国際的な企業価値を比較したり評価したりする場合，こうした違いを最小限に抑えた控除前の利益である EBITDA が有用な指標として利用されます。呼び方は「イービットディーエー」「イービッタ」「エビーダ」などさまざまです。

$$\text{EBITDA（利払い前，税引き前，減価償却前利益）}=\text{営業利益}+\text{減価償却費}$$

　事業価値は文字通り，「事業がもたらす価値」で EV（エンタープライズ・バリュー）とも呼ばれます。事業で将来どれだけのキャッシュフローを生み出せるかを示したもので，企業価値から現金などの非事業用資産価値を差し引いたものを表します。

コスト・アプローチ

　さらに，評価対象企業の貸借対照表に掲載されている資産側と負債側の勘定項目のうち，時価と簿価の差が大きな項目を時価に置き換えて，評価する手法として，**修正純資産法**があります。これは**コスト・アプローチ**と呼ばれます。

　修正純資産法には，資産・負債の項目ごとに分析を行うため，貸借対照表と

インカム・アプローチ	長所	短所
エンタープライズ DCF 法	・投資リスクを反映させた割引率を使用することによって，リスクを明示的に評価に反映させることが可能。 ・キャッシュフローに基づいて算定されるので，会計上の利益のように会計処理による影響を受けない。 ・対象企業の強みや弱みを反映させられる。	・将来の利益予想に恣意性が入る可能性がある。 ・中長期の利益予想の作成が困難な場合がある。 ・資本構成，割引率，成長率などの前提によって評価額が大幅に変わることがある。
配当割引モデル	・評価計算が簡単。	・配当政策が企業業績を反映しないため，評価額の信憑性がなくなる。
マーケット・アプローチ	長所	短所
市場株価法	・市場取引価格に基づくので客観性が高い。	・非上場企業のように株価がついていない，または取引が少なく株価の客観性が低い企業には適用できない。 ・株価が本源的価値（ファンダメンタル価値）から乖離している場合に，正しい企業価値を算定できない。
株価倍率法 （類似会社比較法，マルチプル法）	・非上場企業の企業価値評価にも適用することが可能。 ・市場で決定される株価や業績といった客観的指標をもとに客観的な査定ができる。	・類似企業の選定に恣意性が入る。 ・対象企業の強みや弱みを反映させられない。
コスト・アプローチ	長所	短所
修正純資産法	・資産・負債の項目ごとに分析を行うため，貸借対照表との関連性が高い。	・無形の資産など，貸借対照表に含まれない項目は考慮されていない。

の関連性が高いという長所がありますが，無形の資産など，貸借対照表に含まれない項目は考慮されていないという欠点があります。

企業価値評価法のまとめ

以上のように，インカム・アプローチ，マーケット・アプローチ，コスト・

アプローチのそれぞれにメリットとデメリットがあり，最善の評価方法が存在するわけではありません（図表9.8）。しかし，実務で最も利用されている方法はエンタープライズ DCF 法であり，それを補完する方法として株価倍率法（マルチプル法）が用いられています。他の条件を一定とすると，マルチプルはエンタープライズ DCF 法の主要ファクターである資本コストと負の関係，成長率と正の関係があります。成長性の高い企業や事業利益の安定している企業のマルチプルは高くなるため，相応に高い企業価値が見積もられることを示しています。

EXERCISE ● 練習問題

① 加重平均資本コスト（WACC）の計算手順に関する次の記述について，下記の設問に答えよ。

　加重平均資本コストは，株主資本（自己資本）コストと他人資本コストを，その　A　に応じて加重平均することで求められる。加重平均に用いるのは，理論的にはそれぞれの　B　である。

　また，他人資本コストには　C　を考慮する必要がある。具体的には，他人資本コストに　D　を乗じることで，　C　を考慮した他人資本コストを求める。

（設問1）　記述中の空欄 A および B にあてはまる語句の組み合わせとして最も適切なものはどれか。

1．A：運用形態　B：時価　　2．A：運用形態　B：簿価

3．A：資本構成　B：時価　　4．A：資本構成　B：簿価

5．A：調達源泉　B：簿価

（設問2）　記述中の空欄 C および D にあてはまる語句の組み合わせとして最も適切なものはどれか。

1．C：節税効果　　　　D：1－限界税率

2．C：節税効果　　　　D：限界税率

3．C：レバレッジ効果　D：1－限界税率

4．C：レバレッジ効果　D：1＋限界税率

5．C：レバレッシ効果　D：限界税率

（「2016年度 中小企業診断士 第1次試験」財務・会計 第14問）

② 以下のB社の資料に基づいて加重平均資本コストを計算した値として，最も適切なものを下記の解答群から選べ。なお，B社は常に十分な利益を上げている。

　　株主資本（自己資本）コスト　10%　　負債の時価　600百万円

　　他人資本コスト　5%　　　　　　　　株主資本の簿価　1,000百万円

　　限界税率　40%　　　　　　　　　　株主資本の時価　1,400百万円

　　負債の簿価　600百万円

　〔解答群〕

　1．7%　　2．7.375%　　3．7.6%　　4．7.9%

（「2015年度 中小企業診断士 第1次試験」財務・会計 第14問）

③ 以下のデータからA社の加重平均資本コストを計算した場合，最も適切なものを下記の解答群から選べ。

　　有利子負債：4億円　　　　A社のβ値：1.5

　　株式時価総額：8億円　　　安全利子率：3%

　　負債利子率：4%　　　　　市場ポートフォリオの期待収益率：8%

　　法人税率：40%

　〔解答群〕

　1．5.8%　　2．6.7%　　3．7.8%　　4．8.3%

（「2013年度 中小企業診断士 第1次試験」財務・会計 第14問）

④ 企業価値評価に関する以下の文章を読んで，下記の設問に答えよ。

　　企業価値評価の代表的な方法には，将来のフリー・キャッシュフローを　A　で割り引いた現在価値（事業価値）をベースに企業価値を算出する方法である　B　法や，会計利益を割り引いた現在価値をベースとして算出する収益還元法がある。

　　これらとは異なるアプローチとして，類似の企業の評価尺度を利用して評価対象企業を相対的に評価する方法がある。利用される評価尺度は　C　と総称され，例としては株価と1株当たり純利益の相対的な比率を示す　D　や，株価と1株当たり純資産の相対的な比率を示す　E　がある。

（設問1）　文中の空欄AとBに入る語句および略語の組み合わせとして，最も適切なものはどれか。

　1．A：加重平均資本コスト　　B：DCF

　2．A：加重平均資本コスト　　B：IRR

　3．A：自己資本コスト　　　　B：DCF

　4．A：自己資本コスト　　　　B：IRR

（設問2）　文中の空欄C～Eに入る語句および略語の組み合わせとして，最も適切

なものはどれか。

1. C：ファンダメンタル　D：EPS　E：BPS
2. C：ファンダメンタル　D：PER　E：PBR
3. C：マルチプル　　　　D：EPS　E：BPS
4. C：マルチプル　　　　D：PER　E：PBR

（「2021 年度 中小企業診断士 第 1 次試験」財務・会計 第 22 問）

5　自己資本利益率（ROE）は，次のように分解される。

$$ROE＝\frac{1 株当たり利益}{株価}×\frac{株価}{1 株当たり自己資本簿価}$$

この式に関する記述として，最も適切なものはどれか。

1. $\frac{1 株当たり利益}{株価}$ は，加重平均資本コスト（WACC）として解釈される。
2. $\frac{株価}{1 株当たり自己資本簿価}$ が小さくなっても，ROE が低くなるとは限らない。
3. $\frac{株価}{1 株当たり自己資本簿価}$ は，株価収益率（PER）である。
4. ROE が $\frac{1 株当たり利益}{株価}$ を上回る場合には，株価は 1 株当たり自己資本簿価より小さくなる。

（「2019 年度 中小企業診断士 第 1 次試験」財務・会計 第 19 問）

6　企業価値評価における残余利益モデルに関する記述として，最も不適切なものはどれか。

1. クリーン・サープラス関係が成り立つ場合，配当性向が高いほど株式価値は高くなる。
2. クリーン・サープラス関係が成り立つ場合，配当割引モデルから残余利益モデルを導出することができる。
3. 将来の配当がゼロの場合でも株式価値を求めることができる。
4. 毎期の予想利益が，自己資本に自己資本コストを乗じた額を上回るならば，株式価値は当期自己資本簿価を上回る。

（「2022 年度 中小企業診断士 第 1 次試験」財務・会計 第 18 問）

7　サステナブル成長率に関する記述として，最も適切なものはどれか。ただし，ROE および配当性向は毎期一定とする。

1. 企業が毎期の純利益の全額を配当する場合，サステナブル成長率はリスクフリー・レートに一致する。
2. サステナブル成長率は，ROE に配当性向を乗じることで求められる。
3. サステナブル成長率は，事業環境に左右されるが，内部留保率には左右されない。

4. サステナブル成長率は，配当割引モデルにおける配当成長率として用いることができる。

（「2023 年度 中小企業診断士 第 1 次試験」財務・会計 第 21 問）

第 10 章

資 本 構 成

負債と株式のどちらで資金調達するのがよいのか？

イントロダクション

　企業の資金調達の方法は借入などの負債による調達（他人資本）と返済義務のない株式からの調達（自己資本，あるいは株主資本）に分けられます。企業価値の最大化という企業の目標を達成するには，負債と株式とどちらで調達するのがよいのでしょうか？

　「無借金経営」という言葉を聞いたことがありますか？　無借金経営というと財務基盤が盤石で，つぶれにくい優良企業と見られます。利息を払わなくてよくて，銀行からの干渉がないというメリットもあります。社員の平均年収が高いことで有名なキーエンス社（電気機器）は自己資本比率が94.4％（2019年度）でほとんど負債がありません。業績も株価も右肩上がりで申し分ありません。これだけを見ると，無借金経営はよいことのように思われます。

　しかし，借金がないから倒産しないと思われがちな無借金企業でも，航空会社のスカイマークのように倒産した事例は多くあります。約束手形の支払いが滞る，つまり，不渡りを出すと倒産するのです。スカイマークの場合，現金が

底をつき，航空機代の支払いができなくなって倒産しました。

　反対に，大赤字を連発しても倒産しなかったのがシャープやパナソニックです。倒産したスカイマークの赤字は130億円です。パナソニックやシャープの何千億円という大赤字に比べたら全然大したことはありません。なぜスカイマークの何十倍もの赤字を出したにもかかわらず，パナソニックやシャープは倒産しなかったのでしょうか？

　これらの企業に多大な貸し付けを行っている銀行は貸出先企業が倒産すると莫大な不良債権を抱えることになるので，資金繰りがショートしないように追加融資したのです。一方で無借金経営のスカイマークは銀行が味方にはいませんでした。このように，無借金経営が良いか悪いかは一概にいえないものなのです。

1　財務レバレッジ

▌資本構成とは▐

　負債を純資産（自己資本）で割った比率を**負債比率**といいます。負債比率が高いほど借金が多いことになります。似たような概念で，**資本構成**というのがあります。資本構成とは広義には企業の各種資本の相互関係のことですが，狭義には貸借対照表上の貸方項目における他人資本（負債）と自己資本（資本）の構成を指します。

　まず，資本構成がプロジェクトの選択や投資の決定に影響するのかを考えてみましょう。第2章で学習したNPV法によるとプロジェクトの選択や投資の決定は，将来キャッシュフロー，割引率（資本コスト），投資額に依存しています。将来キャッシュフローは企業の抱える有形・無形の資産やビジネス環境などに影響を受けますが，資本構成には左右されません。割引率も事業リスク（将来キャッシュフローの不安定さ）によって決まるため，資本構成とは無関係です。また，投資額もプロジェクトの規模や既存の設備の利用可能性によって決まります。したがって，資本構成はプロジェクトの価値に影響しません。

	企業 U		企業 L	
	好況期	不況期	好況期	不況期
営業利益	10 億円	2 億円	10 億円	2 億円
借入金利（5%）	0 円		3 億円	3 億円
当期純利益	10 億円	2 億円	7 億円	−1 億円
負債	0 円		60 億円	
自己資本	100 億円		40 億円	
資産	100 億円		100 億円	
ROE	10%	2%	17.5%	−2.5%
期待収益率 （ROE の平均）	6%		7.5%	

　次に，企業の収益性を表す ROA（総資産利益率）や ROE（自己資本利益率）は資本調達の方法によって変わるのでしょうか？ ROA は営業利益（利払い前利益）を総資産で割ったものですので，資本構成には影響されません。一方，ROE は当期純利益を自己資本（株主資本）で割ったもので，たとえ当期純利益が一定でも負債を増やして自己資本を減らすと ROE は高くなります。負債を増やすことで企業は ROE を高めることができるのです。

▌財務レバレッジの仕組み▌

　負債比率とは負債を自己資本で割った値のことですが，その別名を**財務レバレッジ**といいます（第 1 章参照）。レバレッジとは英語で「梃子」を意味します。梃子の原理に見立てて，負債を高めることで自己資本に対する利益率を高めることを「レバレッジをかける」といいます。

　ここで，財務レバレッジの仕組みを具体例で確認しましょう。負債を持つ企業はレバレッジを抱えていますから，Leveraged firm の頭文字をとって企業 L と呼びます。一方，負債のない企業は Unleveraged firm の頭文字をとって企業 U と呼ぶことにします。どちらも事業を行うには 100 億円の資金が必要だとしましょう（図表 10.1）。企業 U は 100 億円の株式を発行して資金調達を行います。企業 L は 40 億円の新株を発行して資金調達する一方で，残りの 60

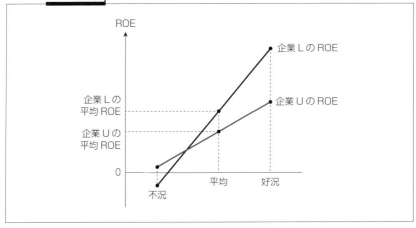

CHART | 図表 10.2　企業 L と企業 U の ROE

ROE

企業 L の ROE

企業 U の ROE

企業 L の
平均 ROE

企業 U の
平均 ROE

0

不況　　　　平均　　　好況

億円は負債で調達します。両社の資産は 100 億円であり，営業利益は好況期に
10 億円で不況期に 2 億円と，2 つの企業で利益に違いがないとします。借入金
利が 5％ のとき，両社の ROE は好況期と不況期でどうなるでしょうか？

　企業 U は支払利息がなく営業利益がそのまま当期純利益となるため，好況
期の ROE は 10％（10 億円÷100 億円×100），不況期の ROE は 2％（2 億円÷100
億円×100）となります。したがって，好況と不況の発生確率が 50％ ずつだと
すると，株式の期待収益率（ROE の平均）は 6％（10％ と 2％ の平均）です。一
方，負債がある企業 L は支払利息が好況期，不況期ともに 3 億円（60 億円×5
％）かかるため，好況期の当期純利益は 7 億円（10 億円−3 億円），不況期には
−1 億円（2 億円−3 億円）となります。したがって，企業 L の ROE は好況期
には 17.5％（7 億円÷40 億円×100）と不況期には−2.5％（−1 億円÷40 億円×100）
になり，期待収益率は 7.5％ となります。

　図表 10.2 には，負債比率が異なる企業 U と企業 L の ROE が景気動向によ
ってどのように変わるかが表されています。ここで明らかなことは，財務レバ
レッジを高めると，ROE の期待値，つまり株式の期待収益率が高くなると同
時に，ROE のばらつき（リスク）が大きくなるということです。これは負債へ
の支払いが債務不履行（デフォルト）にならないかぎり固定的であるからです。
企業 L ではキャッシュフローから負債の支払いとして利子と元本を支払うため，
株主が得ることのできる利益が企業 U よりも小さくなります。ところが，企

業Lでは企業Uに比べ株式が少ないので，株主は高い期待収益率（ROEの平均）を享受することができます。負債を抱える企業Lは企業Uよりも少ない株式で同じビジネス（事業活動）をしていることになるので，株主は1株当たりで見て，より多くの「事業リスク」を引き受けているのです。たとえていうなら，少ない株主で大きなリスクを背負うので，その分，リスクの対価としてリターンが高くなっているともいえます。しかし，株式の収益率が好況期では非常に高く，不況期では非常に低くなるというように，収益率（ROE）のばらつき（リスク）が大きくなる代償を支払うことになります。これが負債調達から生じる「財務リスク」です。

モジリアーニ＝ミラー（MM）理論

資本構成は企業価値とは無関係（MM理論第1命題）

株主の期待収益率（要求収益率）は債権者の期待収益率よりも高く，株式よりも負債が割安な資金調達手段であることから，負債比率を高めることによって資本コストを低下させることができると思われがちです。それが正しければ，営業利益が同じでも，負債比率を上げることで企業価値を高めることができます。しかし，はたしてそれは正しいのでしょうか？

企業価値が資本構成の影響を受けるかについては，モジリアーニとミラー（本章235頁のColumn ⑱参照）が提唱したMM理論が有名で，「資本構成の無関連命題」とも呼ばれています。2人の頭文字から名付けられたMM理論とは，税金や取引費用を無視する完全資本市場において，株主資本と負債の割合を変えても企業価値は変わらない。言い換えると，企業価値はバランスシートの左側の資産価値によって決まり，右側の資本構成は企業価値とは無関係であるという理論です。

そこで，同一の実物投資機会を持つが資本構成が異なる2つの企業を比べることにしましょう（図表10.3）。企業Uは必要資本のすべてを株式でファイナンスしており，株式時価総額をE_U，企業価値をV_Uで表すと，E_UとV_Uは等

	企業 U	企業 L
営業利益	10 億円	10 億円
借入金利（5%）	0	$D_L \times 5\%$
当期純利益	10 億円	10 億円 $- D_L \times 5\%$
負債（社債）	0	D_L
自己資本	E_U	E_L
企業価値	V_U	$V_L(= D_L + E_L)$

しくなります。一方，企業 L は資本の一部を社債で調達しており，社債の市場価値を D_L，株式時価総額を E_L とします。すると，企業 L の企業価値 V_L は D_L と E_L の和になります（$V_L = D_L + E_L$）。また，期末に明らかになる営業利益（利払い前利益）も企業 U と企業 L で同一の 10 億円とします。

　そこで投資家の視点に立って，この 2 つの企業のどちらにどのように投資すべきかを考えましょう。ここで重要なのは十分に機能している完全資本市場では裁定が働き，同じ収益をもたらす投資戦略の投資額は一物一価の法則から同じにならなければいけないということです（第 6 章を参照）。

　仮に $V_U > V_L$ の場合を考えましょう（図表 10.4）。両社のキャッシュフローが同じなのに企業価値が異なるということは，企業 U の株式が割高で，企業 L の株式が割安であることを意味しています。この場合，企業 U の株式の一部（全体の x%）を空売りし，企業 L の債券の一部（全体の x%）と株式の一部（全体の x%）を購入するとします。x は 0 より大きく 100 以下の値であればいくらでも構いません。その結果，将来時点では企業 U の株式買い戻しにより 10 億円の x% を支払いますが，企業 L の債券と株式の売却により 10 億円の x% を受け取ることにより，利益は差し引き 0 円になります。一方，現在時点で企業 U の株式の空売りにより $V_U \times x$% を受け取り，企業 L の債券で $D_L \times x$% を，株式で $E_L \times x$% を支払うことにより，$(V_U - V_L) \times x$% の利益を得ることができます。V_U は V_L よりも大きいので，この取引はリスクなしで確実に正の利益を得られることを意味しています。このようにリスクなしで得ることのできる裁定利益があるならば，多くの投資家は裁定取引を行うようになる

	現在	将来
企業 U の株式の空売り	$V_U \times x\%$	-10 億円 $\times x\%$
企業 L の債券の購入（金利 5%） 企業 L の株式の購入	$-D_L \times x\%$ $-E_L \times x\%$ 合計　$-V_L \times x\%$	$D_L \times 5\% \times x\%$ （10 億円 $-D_L \times 5\%$）$\times x\%$ 合計　10 億円 $\times x\%$
合計	$(V_U - V_L) \times x\%$	0

（注）　プラスは収入，マイナスは支出を表す。

ので，裁定機会が消滅するまで企業 U の株価は低下し，企業 L の株価は上昇することになります。その結果，均衡では $V_U = V_L$ となります。つまり，両企業の企業価値は負債比率の違いにかかわらず，同じになるのです。同様に，$V_U < V_L$ の場合も，資本構成を変えても企業価値は変わらないことを示すことができます。

　ただし，この命題が成り立つにはいくつかの条件が満たされる必要があります。最も重要な仮定は「完全資本市場」で，裁定取引が十分に行えるように売買手数料などの取引コストはゼロであり，税金も無視して理論が構築されています。また，すべての市場参加者は市場の価格や株式に関するすべての情報を無料で平等に保有していることや，投資家は少しでも多くの富を得ようとする投資家の合理性が仮定されています。

負債比率を高めても加重平均資本コストは低下しない（MM 理論第 2 命題）

　この MM 命題を資本コストの観点から見ると，資本コストの低い負債を増やしても株式の資本コストが上がることで効果が相殺されるため，企業全体の資本コスト（加重平均資本コスト：WACC）は不変ということになります（MM 理論第 2 命題）。

　まず，税がないときの WACC が（10.1）式のように表すことができることを思い出しましょう（第 9 章参照）。

$$WACC = \frac{D}{D+E} r_D + \frac{E}{D+E} r_E \qquad (10.1)$$

負債のない企業 U の WACC は $D=0$ を代入して，$WACC^U = r_E{}^U$ となります。

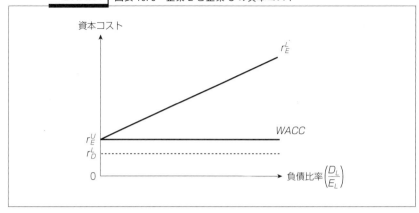

資本コスト

r_E^L

r_E^U
r_D^L

WACC

0

負債比率 $\left(\dfrac{D_L}{E_L}\right)$

ここで，DCF 法に基づく企業価値は企業のフリーキャッシュフロー（営業利益）を割引率（WACC）で割り引いたものですので，両企業の企業価値は，フリーキャッシュフローが将来にわたって同一で，ともに 10 億円ならば，

$$\text{企業 U の企業価値} = \frac{10\,億円}{r_E^U}, \quad \text{企業 L の企業価値} = \frac{10\,億円}{WACC^L}$$

と計算されます。MM 理論第 1 命題より企業 U と企業 L の企業価値は同じであることがわかっていますので，

$$\text{企業 L の加重平均資本コスト（}WACC^L\text{）} = \text{企業 U の株主資本コスト } r_E^U$$

が常に成立します。つまり，企業 L の負債比率が高まっても WACC は一定であり，企業 U の株主資本コストと同じ値に固定化されているのです。

そこで，企業 L の WACC の式を書き換えると

$$r_E^L = r_E^U + (r_E^U - r_D^L)\frac{D_L}{E_L} \tag{10.2}$$

と表すことができます。横軸に負債比率 D_L/E_L をとると，企業 L の株主資本コスト r_E^L は，r_E^U を切片として傾きが $r_E^U - r_D^L$ の右上がりの直線になります（図表 10.5）。r_E^U と r_D^L は定数なので，切片と傾きは固定されており，株主資本コスト r_E^L は負債比率 D_L/E_L が高まるほど上昇していくことが確認できます。

　負債の資本コストが株式の資本コストよりも低い（$r_D^L < r_E^L$）ので，負債比率を高めて株式のウエイトを下げることによって企業の資本コストを抑えられ

　フランコ・モジリアーニ（Franco Modigliani, 1918-2003）はイタリア生まれのユダヤ系アメリカ人。1962 年から MIT 教授。1954 年にケインズ経済学の消費理論を発展させた「ライフサイクル仮説」を発表しました。マートン・ミラーとの共同研究はファイナンス理論の最も重要な研究の 1 つとなり，1985 年には「貯蓄と金融市場の先駆的な分析」によってノーベル経済学賞を受賞しました。

　マートン・ミラー（Merton Miller, 1923-2000）はボストン生まれのアメリカ人。1961 年からシカゴ大学教授。ミルトン・フリードマン，ジョージ・スティグラー，ユージン・ファーマとともに市場原理主義を信奉するシカゴ学派の 1 人。効率的市場仮説の強力な推進者。1990 年に「資産形成の安全性を高めるための一般理論」によって，ノーベル経済学賞を受賞しました。1983 年以来，シカゴ商品取引所（CBOT）の理事も務めました。

モジリアーニ（左）とミラー（右）（写真提供：時事通信，TT News Agency/時事通信フォト）

るというのは成立しません。レバレッジが高まっても株主資本コストの上昇を通じて WACC が変わらないからです。MM 理論の仮定のもとでは，企業の資本コストは負債のあるなしにかかわらず一定なのです。

　MM 理論の修正

MM 理論は税や取引コストのない完全資本市場を前提として構築されてい

	企業 U（負債なし）	企業 L（負債あり）
営業利益	10 億円	10 億円
借入金利（5%）	0 円	3 億円
税引前利益	10 億円	7 億円
法人税（40%）	4 億円	2.8 億円
税引き後利益	6 億円	4.2 億円
投資家が受け取る キャッシュフロー	6 億円	7.2 億円
負債	0 円	60 億円
自己資本	100 億円	40 億円
資産	100 億円	100 億円

ますが，現実にはさまざまな不完全性が存在しており，このような仮定は満たされません。そこで，法人税や倒産コストが存在する市場で，企業がどのような資本構成を採用するのかを考えてみましょう。

法人税を考慮したときの MM 理論

　まず，法人税を考慮した場合の MM 理論を見てみましょう。法人税がないときには，企業の利益は株主と債権者で分配されますが，実際には政府が法人税を課して企業の利益分配に参加します。その際，負債への利払いは損金として利益から控除され，課税対象とはなりません。したがって，利子が多い企業ほど支払う税金は少ないため，株主と債権者への分配総額が増えることになります。これが負債には節税効果があるといわれるゆえんです。節税効果によって，負債が多いほど企業価値は高まることになります。

　図表 10.6 では，営業利益や資産が同じながら，負債のない企業 U と負債がある企業 L を比較しています。どちらも資産は 100 億円であり，企業 U は 100 億円の株式を発行して資金調達を行います。企業 L は 40 億円の新株を発行して資金調達する一方で，残りの 60 億円は負債で調達します。営業利益はいずれも 10 億円で，借入金利が 5%，法人税が 40% となっています。税引後利益をすべて株主が配当として受け取るならば，株主と債権者が受け取るキャ

ッシュフローはいくらでしょうか？

　利払いのない企業 U では営業利益から法人税の支払いを除いた 6 億円（10 億円×(1−0.4)）が投資家の受け取り額に相当します。一方，負債のある企業 L は負債 60 億円の利払いとして支払っている 3 億円（60 億円×0.05）が費用として控除されるため，税引前利益は 7 億円（10 億円−3 億円）となり，そこから法人税を支払うと税引後利益が 4.2 億円（7 億円×(1−0.4)）となります。債権者に支払われた利息の 3 億円を足すと，株主・債権者への分配は 7.2 億円となり，企業 U よりも 1.2 億円多くなります。

　営業利益や資産が同じなのに，このような差が出るのは，負債の節税効果によるものです。この 1.2 億円（3 億円×0.4）は企業 L の負債の利息（3 億円）が法人税の課税対象から控除されていることから生じています。よって，企業 L の企業価値は企業 U よりも高くなるのです。

┃ 倒産を考慮したときの MM 理論 ┃

　法人税のある世界では，負債の節税効果があるため，企業は借入をすればするほど企業価値が高まるということになります。しかし，現実には負債をできるかぎり利用しようという企業は多くありません。企業が借入を増やして負債比率を高めていくと，負債の節税効果を相殺する他のコストが発生するからです。その代表格が倒産コストです。

　借入を増やしていくと，当初想定していたキャッシュフローの見込みが狂ったときに，その損失を自己資本で補えなくなるため，倒産リスクが高まります。実際に倒産して事業を停止すれば，法的手続きによって企業の資産が流動化されて債権者にわたることになりますが，それに伴って弁護士，会計士，裁判所などの第三者に支払う費用がかかります。このような直接的な費用以外にも，さまざまな間接的な費用が発生します。倒産の兆しがあると，仕入先・販売先を失ったり，必要な資金を調達できなくなり，良い投資案件があっても投資機会を失ったりします。また，従業員の転職や勤務意欲の低下，新規採用の困難化が進展するだけでなく，債権者からの監視の目が厳しくなるので，経営の自由度が大幅に制約されます。

　このように企業の倒産リスクが高まるにつれて，直接的，間接的にさまざま

CHART 図表 10.7　倒産を考慮したときの株主資本コストと負債コスト

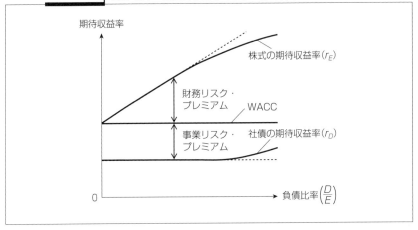

なコストが発生するため，債務比率の上昇に伴って企業価値が低下する可能性が高くなります。**図表 10.7**は倒産リスクを考慮すると，**図表 10.5**で描いた企業の期待収益率がどのように変わるかを表しています。負債比率の上昇に伴って倒産リスクが高まると，負債（社債）の期待収益率はリスク・プレミアムが上乗せされます。一方，株式の期待収益率はその分低下することになります。それは（10.2）式において，負債比率が上昇しても ROA や WACC は不変であることから導くことができます。このため，株式の期待収益率は上に凸のなめらかな曲線を描くことになります。

法人税と倒産を考慮したときのトレードオフ理論

　次に，負債比率を高めたときの企業価値について考えてみましょう。法人税と倒産リスクを考慮すると，負債のある企業の企業価値は次の式で表されることになります。

> 負債企業の企業価値 ＝ 負債のない企業の企業価値
> 　　　　　　　　＋ 負債の節税効果の現在価値 － 倒産コストの現在価値
> (10. 3)

　図表 10.8のように，負債比率が低いうちは負債の節税効果によって企業価値が上昇しますが，負債比率が一定水準を超えると，倒産コストの現在価値が

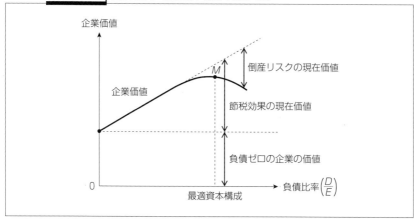

急速に高まるため，企業価値は逆に低下します。そのため，企業価値に対する節税効果のプラス効果と倒産コストのマイナス効果が打ち消しあう点（点 M）で企業価値は最大になるのです。そこで，企業価値が最も高くなる負債比率を定義することができます。そのときの負債比率は**最適資本構成**と呼ばれています。

4 ペッキング・オーダー理論

　負債のメリットとデメリットのバランスを通じて最適な資本構成が決定されるというトレードオフ理論は理解されやすい理論ですが，現実にはその理論とは反する事実も明らかになりました。トレードオフ理論によると，倒産リスクが低い高収益企業は負債比率を高めることで節税効果を得ることができるのに，実際は業績が良い企業ほど負債比率が低いのです。

　そこで，必要な資金をどのような順番で調達するのが有利かについて，実務の実感に合った**ペッキング・オーダー理論**が提示されました。ペッキング・オーダーとは「強い鶏が弱い鶏をつつく，鶏の順位」を意味していますが，企業の資金調達方法は，まず内部留保，続いて，負債の中では銀行からの借入が社債の発行よりも優先され，最後に株式発行という順序になるというものです。

この理論の重要な要素は経営者と外部の投資家の間に，企業の質に関して**情報の非対称性**があるということです。経営者は自社の業績見込み，価値，リスクに関して投資家よりも多くの情報を持っています。外部の投資家は経営者よりも情報劣位にあるため，企業の発行する証券の善し悪しを区別できず，どの企業に対しても平均的な評価を行う傾向があります。このことは低収益企業にとっては株価が過大評価され，逆に，高収益企業にとっては株価が過小評価されていることを意味します。したがって，株価が過大評価されている低収益企業が高収益企業よりも株式発行を行うインセンティブを持ちます。

しかし，高収益企業が証券発行をせず，低収益企業が証券発行に熱心であることは投資家も見透かしています。その結果，どちらのタイプの企業も証券発行には慎重にならざるをえません。発行に積極的であることを示すことで投資家に企業の質が見破られてしまうからです。このことは外部資金調達が内部資金調達よりもコストがかかるということを意味しています。

このとき，内部資金を十分に保有していれば，上記の情報の非対称性の問題を回避することができます。情報の非対称性に起因する問題は内部資金から調達すれば発生しません。このため，企業の資金調達はまず内部資金が最も優先されることになります。

そして，外部資金の中では，情報の非対称性の問題が小さい借入や社債での調達が優先されます。負債に対する支払いは株式よりも優先されるので，株式よりも負債の方が過大評価・過小評価の程度が小さいからです。したがって，負債が株式よりも優先されます。

まず内部資金，続いて負債，最後に株式というように資金調達の順序を定めたペッキング・オーダー理論は，高収益企業の負債比率が低いという事実を説明することができます。高収益企業は投資を潤沢な内部資金で賄えるため，資金調達コストの高い外部資金に頼る必要はありません。近年，無借金企業が増えているのはこの理論で説明ができます。

[1] モジリアーニとミラーの理論（MM 理論）に関する記述として，最も適切なものはどれか。ただし，投資家は資本市場において裁定取引を円滑に行うことができ，負債にはリスクがなく，法人税は存在しないと仮定する。

　1. PER（株価収益率）は，無借金の方が負債で資金調達するよりも小さくなる。

　2. 企業の最適資本構成は存在し，それによって企業価値も左右される。

　3. 企業の市場価値は，当該企業の期待収益率でキャッシュフローを資本化することによって得られ，資本構成に影響を与える。

　4. 投資判断に用いられる最低限の利益率は，資金調達方法にかかわりなく，一意に決定される。

　　　　　　　（「2020 年度 中小企業診断士 第 1 次試験」財務・会計 第 24 問）

[2] 借入金のあるなし以外は同一条件の 2 つの企業がある。このとき，税金が存在する場合のモジリアーニとミラーの理論（MM 理論）に関する記述として，最も適切なものはどれか。

　1. 節税効果による資本コストの上昇により，借入金のある企業の企業価値の方が高くなる。

　2. 節税効果による資本コストの上昇により，無借金企業の企業価値の方が高くなる。

　3. 節税効果による資本コストの低下により，借入金のある企業の企業価値の方が高くなる。

　4. 節税効果による資本コストの低下により，無借金企業の企業価値の方が高くなる。

　　　　　　　（「2017 年度 中小企業診断士 第 1 次試験」財務・会計 第 17 問）

[3] MM 理論に基づく最適資本構成に関する以下の記述について，下記の設問に答えよ。

　MM 理論の主張によると，完全な資本市場の下では，企業の資本構成は企業価値に影響を与えない。しかし，現実の資本市場は完全な資本市場ではない。そこで，完全な資本市場の条件のうち，法人税が存在しないという仮定を緩め，法人税の存在を許容すると，負債の増加は A を通じて企業価値を B ことになる。この条件下では，負債比率が C の場合において企業価値が最大となる。

　一方で，負債比率が高まると， D も高まることから，債権者も株主も E リターンを求めるようになる。結果として， A と D の F を考慮して最適資本構成を検討する必要がある。

（設問 1）　記述中の空欄 A～C にあてはまる語句の組み合わせとして最も適切なものはどれか。

1. A：支払利息の増加による株主価値の低下　B：高める　C：0%
2. A：支払利息の増加による株主価値の低下　B：低める　C：100%
3. A：節税効果　　　　　　　　　　　　　　B：高める　C：100%
4. A：節税効果　　　　　　　　　　　　　　B：低める　C：0%

（設問 2）　記述中の空欄 D～F にあてはまる語句の組み合わせとして最も適切なものはどれか。

1. D：債務不履行（デフォルト）リスク　E：より高い　F：トレードオフ
2. D：債務不履行（デフォルト）リスク　E：より低い　F：相乗効果
3. D：財務レバレッジ　　　　　　　　E：より高い　F：相乗効果
4. D：財務レバレッジ　　　　　　　　E：より低い　F：トレードオフ

（「2015 年度 中小企業診断士 第 1 次試験」財務・会計 第 13 問）

4 以下の文章の空欄 A，B に入る最も適切な語句の組み合わせを，下記の解答群から選べ。

　完全市場を前提とした MM 理論では資本構成と企業価値は独立であり，最適な資本構成は存在しないとされる。しかし現実には市場は不完全であり，MM 理論は現実の企業の資本調達行動をうまく説明できていない。こうした中で現実の企業の資本調達行動を説明するための様々な仮説が提示されており，それらのひとつにペッキングオーダー仮説がある。この仮説によれば，経営者は資本調達において，まず　A　などの内部資金を優先し，ついで外部資金のうちでも社債発行などの　B　を優先するとされている。

〔解答群〕

1. A：企業信用　B：エクイティ・ファイナンス
2. A：企業信用　B：デット・ファイナンス
3. A：内部留保　B：エクイティ・ファイナンス
4. A：内部留保　B：デット・ファイナンス

（「2013 年度 中小企業診断士 第 1 次試験」財務・会計 第 15 問）

5 A 社は，5,000 万円の資金を必要とする新規事業を始めようとしている。この投資により毎期 300 万円の営業利益を確実に得ることができ，この営業利益はフリーキャッシュフローに等しいものとする。今，5,000 万円の資金を調達するために，次の 2 つの相互排他的資金調達案が提案されている。

　MM 理論が成り立つものとして，下記の設問に答えよ。

（第 1 案）5,000 万円すべて株式発行により資金調達する。

（第 2 案）2,500 万円は株式発行により，残額は借り入れにより資金調達する。
　　なお，利子率は 5% である。

（設問 1）　第 2 案の自己資本利益率として，最も適切なものはどれか。ただし，
　法人税は存在しないものとする。

　　1. 6%　　2. 7%　　3. 8%　　4. 12%

（設問 2）　法人税が存在する場合，（第 2 案）の企業価値は（第 1 案）のそれと
　比べていくら差があるか，最も適切なものを選べ。ただし，法人税率は 30% と
　する。

　　1.（第 2 案）と（第 1 案）の企業価値は同じ。

　　2.（第 2 案）の方が（第 1 案）より 125 万円低い。

　　3.（第 2 案）の方が（第 1 案）より 125 万円高い。

　　4.（第 2 案）の方が（第 1 案）より 750 万円高い。

（「2019 年度 中小企業診断士 第 1 次試験」財務・会計 第 22 問）

第**11**章

配当政策と自社株買い

企業の利益は株主に還元すべきか，内部留保にすべきか？

イントロダクション

　本章では，企業が事業活動を通じて獲得した利益のうち，どれだけを配当として株主に支払い，どれだけを内部留保として事業への再投資に使うのがよいのかについて検討します。出資者である株主に利益の一部を分配する政策，いわゆる株主還元政策（ペイアウト政策）には配当のほかに，自社株買いや株主優待などがあります。

　企業は株主のものという意識が強い欧米に比べて，日本では企業は株主だけではなく，従業員や融資銀行，取引先，地域・社会などあらゆるステークホルダーの利益に配慮すべきだという「ステークホルダー経営」が根強く，かつては株主に対する利益還元を軽視する風潮がありました。そこで，1990年代以降，「もの言う株主」として登場したのがアクティビストです。とくに，2018年ごろより日本で活動するアクティビストの数と投資額が増えています（図表11.1）。彼らは株主の利益を高めるために高い配当を要求し始めました。なかには，破綻の危機に瀕した企業の株を買いたたき，資産の売却や企業再生で巨

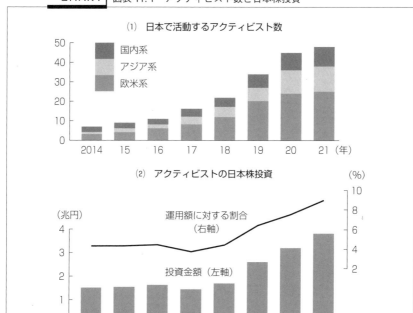

CHART 図表 11.1　アクティビスト数と日本株投資

（1）　日本で活動するアクティビスト数

国内系
アジア系
欧米系

2014　15　16　17　18　19　20　21（年）

（2）　アクティビストの日本株投資

（%）

運用額に対する割合
（右軸）

（兆円）

投資金額（左軸）

2014　15　16　17　18　19　20　21（年）

（注）　アイ・アールジャパン調べ。
（出所）　日本経済新聞「気がつけばアクティビスト天国」（2021 年 6 月 21 日付）。

利を得ようしたハゲタカファンドも現れ，世間を騒がせました。

　しかし，アクティビストの目的は本来，投資先企業の経営内容を改善し，その企業価値を高めることです。このため，その存在は企業にとって有益なものであり，経営の緩みを正すなどの利点もあります。アクティビストの株主提案は最近では，増配（配当を高めること）や自社株買いを求めるものから企業統治に関わる提案に代わってきています。社外取締役の選任や相談役・顧問制度の廃止など提案内容が多岐にわたっているのが最近の特徴です。「日本版スチュワードシップ・コード」や「コーポレート・ガバナンス・コード」の導入を受けて，株主提案は今日では増加傾向にあります。

1 ペイアウト政策とは何か？

　企業は獲得した利益の一部を配当として株主に支払います。このような企業の株主に対する利益還元策を**ペイアウト政策**といいます。ペイアウト政策には**配当**のほかに，**自社株買い**や**株主優待**があります。自社株買いとは株主から自社の株式を買い取ることで，株式を売却した株主は売却代金を通じて利益が配分されることになります。また，株主優待とは株主に対する金銭以外のプレゼントです。株主優待は日本では非常に人気がありますが，現金配当を希望する株主が多い欧米ではあまり見られません。ペイアウトされなかった利益は企業内に留保され（**内部留保**），将来の投資や急な支出への備えとなります。

　一般的に，高配当の株式は投資家に好まれる傾向があります。企業業績にかかわらず，1株50円というように，配当額を一定に保つ配当政策を**安定配当主義**，一方，業績に連動して配当を変動させる配当政策を**業績連動型配当主義**といいます。かつては前者の企業が多くを占めていましたが，後者の配当政策をとる企業が増えてきました。当期純利益に対する年間配当総額の割合を**配当性向**といい，日本では多くの企業が30%前後で推移しており，アメリカや欧米の配当性向に比べて低い水準にあります（図表11.2）。

　ただし，日本の有配企業比率（配当を出している企業の割合）が80%を超えるのに対し，アメリカのそれは今日，20%ほどにまで減少しています。自社株買いが配当に代わって増加したことや，内部留保を必要とする新興成長企業が増加したことが原因です。日本においても，自社株買いは実施企業数，支払額ともに増加しており，ペイアウト政策における重要な手段となりつつあります。配当と自社株買いにはどのような違いがあるのでしょうか？

2 株主は配当と自社株買いのどちらを好むのか？

　たくさんの利益を株主に還元してくれる企業と，まったく利益を還元しない

CHART 図表 11.2　日本企業の配当性向

(%)

94.8%

ヨーロッパ

58.1%

66.1%

63.8%

アメリカ

45.2%

日本

44.7%

33.5%

2009 10 11 12 13 14 15 16 17 18（年）

（注）　日本：TOPIX 500，アメリカ：S&P，ヨーロッパ：BE 500。
（出所）　経済産業省経済産業政策局『事務局説明資料　資料5』2019 年 11 月，10 頁。

企業のどちらが好ましいでしょうか？　ベンチャー企業のように有望な投資機会が豊富に存在する高成長企業では配当を実施するよりも当期純利益をすべて内部留保して将来の投資に充てることが望ましいので，財務状況が良好でも配当をまったく出さないことは多々あります。企業はどのようにして配当と内部留保の配分を決めるのでしょうか？　これは立場を変えて，株主は配当と自社株買いのどちらを好むのかと同義になります。株主によって好まれるペイアウト政策は株主価値を高め，それが企業にとっても好ましいからです。以下では，配当と自社株買いが株主価値にどのように影響するかを分析したモジリアーニとミラーの理論を紹介します。

配当政策は企業価値とは無関係

　かつては，企業が配当性向を高めることは望ましいこととされていました。DCF 法（割引キャッシュフロー法）で学んだように，理論的には，株主価値は各期の配当の割引現在価値の総和なので，配当性向が高まると企業価値が高まると考えられたのです。

　ところが，1960 年代に入り，資本構成の無関連命題を唱えたモジリアーニとミラーは，「完全資本市場を前提とすると企業価値を決定するのは貸借対照表の資産サイドであり，配当政策は企業価値とは無関係である」ことを証明し

ました。その基本的な考え方は，株主が配当を受け取るということは，その分，企業の内部留保が取り崩されるということになるので株価が低下して，株主は配当として得られる収入と同額のキャピタル・ロス（株価下落による損失）を被るというものです。つまり，配当は本来，株主のものである企業の内部留保を現金化して株主に分配するということであり，株主の富は変わらないということを示したのです。

配当を受け取るためには配当を受け取る権利が消失するまでに株主になっている必要があります。配当を受け取る権利が消失する直前の日に，株価が配当額だけ下落することを「配当落ち」といいます。配当を得られる人は配当落ちの分だけキャピタル・ゲインが減るので，配当を得てすぐに株式を売却しても収益が得られないようになっているのです。

ここでは，配当無関連命題を直感的に理解するために，具体例を見てみましょう。配当政策に焦点を当てるために，この企業は負債をもっておらず，すべて株式で資金調達しているとします。また，株主によって保有する枚数が異なるので株価（1株当たりの価格）で株主の富や企業価値（負債がないので株主価値と同値）を評価することにします。

図表11.3には昨年度末の貸借対照表と今年度末の貸借対照表（配当性向が0％，50％，100％の場合の3パターン）が描かれています。昨年度の貸借対照表（**図表11.3(1)**）は，自己資本が90億円で，自己資本比率が100％（負債比率0％）なので総資産は90億です。この企業の発行済株式数を1億枚と仮定すると，株価は1株90円になります（90億円÷1億枚）。今年度，この企業は10億円の当期純利益を計上し，10億円の現金を保有することになったとします（**図表11.3(2)**）。配当性向が0％のときは当期純利益がすべて内部留保（利益剰余金）として自己資本に追加されるので，企業価値は10億円上乗せされ，総資産は90億円から100億円に増加します。発行済株式数の1億枚は変わらないので，株価は1株90円から100円に上昇します。

次に，配当性向が50％の場合を考えてみましょう（**図表11.3(3)**）。10億円の当期純利益のうち，50％に相当する5億円が配当として株主に分配され（発行済株式数1億枚に均等に分配されるので1株5円），残りの5億円が内部留保として企業内に蓄積されます。したがって，総資産は95億円となり，株価は95円

(1) 昨年度の貸借対照表

資産	90 億円	資本	90 億円 (1 億枚×90 円/株)

(2) 今年度の貸借対照表（配当性向 0% の場合）

現金	10 億円	資本	100 億円 (1 億枚×100 円/株)
その他資産	90 億円		

(3) 今年度の貸借対照表（配当性向 50% の場合）

現金	5 億円	資本	95 億円 (1 億枚×95 円/株)
その他資産	90 億円		

(注) 株主に 5 億円（1 株 5 円）の配当を支払う。

(4) 今年度の貸借対照表（配当性向 100% の場合）

現金	0 円	資本	90 億円 (1 億枚×90 円/株)
その他資産	90 億円		

(注) 株主に 10 億円（1 株 10 円）の配当を支払う。

になります。配当性向が 0% のときの株価（100 円）と比べると，5 円低くなっていますが（配当落ち），配当として 1 株当たり 5 円がすでに分配されていますので，株主の富は配当性向が 0% のときと同じです。

最後に，配当性向が 100% の場合はどうでしょうか（図表 11.3 (4)）。10 億円すべての当期純利益が配当として分配されると，1 株当たり 10 円の配当となります。内部留保はないため，総資産は 90 億円で，株価は 90 円になります。配当性向が 0% のときの株価（100 円）と比べると，株価は 10 円低くなっていますが（配当落ち），ここでも配当として 1 株当たり 10 円が分配されているので，配当性向が 0% のときと株主の富は変わりません。

このように配当性向にかかわらず，株主の富に変化はありません。この理由は，企業が内部留保を取り崩して配当を分配すると，株主が受け取る配当とちょうど同額の 1 株当たり価格が低下し，配当による利益上昇分はキャピタル・ゲインの減少分によって相殺されるからです。したがって，配当とは株主の所有物である企業の内部留保を現金化して株主に分配することにすぎず，株主の富に対しては中立的なのです。

たとえていうと，株主は企業内と企業外にお財布をそれぞれ持っていて，企業内のお財布から現金を取り出して企業外のお財布に移しても（配当のケース），あるいは，企業外のお財布にお金を移さずに企業内のお財布に蓄えていても（内部留保のケース），2つのお財布を抱える株主にとってお財布のお金の合計額は変わらないのです。

　配当を分配することによって自己資本が減少するので，モジリアーニとミラーが唱えた「配当政策は企業価値とは無関係である」という命題に疑問を持つ人もいるでしょう。確かに，企業から現金が出ていくので，株価や企業価値，株主価値は配当の分，減少します。実は，「配当政策は企業価値とは無関係」というのは配当政策をアナウンスする時点で株価や企業価値が変化しないということを指しています。すべての人が完全に情報を知ることができ，株主は富の増加だけに関心があるという完全資本市場の仮定のもとでは，配当政策は実施するときではなく，アナウンスする時点で株価が動くはずです。上記の例でいうと，この企業は10億円の当期純利益を上げることが知られた時点で株価が10円上昇しています。次に，配当が無配（配当を行わないこと）よりも高く評価されるならば，配当がアナウンスされた時点で株価は上昇するはずです。反対に，無配を高く評価するならば，配当のアナウンスは株価を押し下げるはずです。株価が変わらないのは，配当が実際に実施されて自己資本が減少し株価が下がったとしても，その減少幅は配当によって手にする現金と1株当たりで見ると同額であり，富は変わらないという予想を持っているからです。したがって，「配当が（配当支払い前の）株価や企業価値に無関係である」という命題が成立するのです。

▌自社株買いも企業価値とは無関係▐

　第1節でも見たように，自社株買いとは企業が発行済の自社株式を買い戻すことをいいます。買い戻した株式を消却する（無効とする）ことで，会社の発行済株式総数が減少し，1株当たりの当期利益も増加することになります。自社の利益の一部を株主に支払うのと同じ効果となるため，配当と同様に株主還元策の1つとされています。

　日本では，1990年代の半ばから自社株の取得制限が徐々に緩和され，2001

年の商法改正により目的を定めない自社株の取得，保有，処分（譲渡），消却が全面的に解禁されました。企業が自社株を買い入れるには，一般的に定時株主総会の決議が必要ですが，定款に定めれば取締役会の決議で実施することが可能となります。また，自社株買いの方法として，株式市場での購入以外に公開買い付けで行うこともできます。

自社株買いと配当を比較すると，配当ではすべての株主に広く現金が分配されるのに対して，自社株買いでは買い取りに応じた一部の株主が株式と引き換えに現金を受け取ることになります。また，自社株買いに応じた株主は株式を売るので，株主の一部が退出するという点も異なっています。さらに，配当は定期的，継続的に支払われますが，自社株買いは株主に対する1回限りの利益還元です。配当は所得税の対象ですが，自社株買いは売却価格が取得価格を上回る場合にかかるキャピタル・ゲイン課税の対象となります。

自社株買いを行う主な目的は配当と同じように株主に利益を還元するためですが，レバレッジ（負債比率）を高めようと負債によって調達した資金で自社株買いを行うこともあります。また，配当無関連命題が成立していないという前提で，過度に割安となった株価を是正するために行うケースもあります。

自社株買いが株価に与える影響については，自社株買いによって株主が保有する発行済株式数が減少するので需給が引き締まり，株価が上昇するという見方が有力です。現在でも，ニュースなどで自社株買いによって株価が上昇するという記事をよく見かけますが，株式市場が効率的ならば株価は企業価値を反映した水準に決まります。配当が企業価値に影響しないのと同じように，自社株買いも企業価値に影響しないのです。

図表 11.4 には**図表 11.3** の例と同じく企業が獲得した 10 億円の当期純利益を内部留保に積み上げるケース(1)と自社株買いを行うケース(2)が描かれています。内部留保として自己資本に上乗せされる場合（**図表 11.4 (1)**），自己資本は 90 億円から 100 億円に上昇します。発行済株式数が 1 億枚で変わらないことを勘案すると株価が 100 円になります（100 億円÷1 億枚）。

一方，自社株買いのケース（**図表 11.4 (2)**）では，10 億円の当期純利益を上げた時点で株価は 100 円に上昇していますので，10 億円の現金を使って自社株を取得するならば株式を 1000 万枚購入することができます（10 億円÷100 円）。

(1)　今年度末の貸借対照表（配当性向 0% の場合）

現金	10 億円	資本	100 億円
その他資産	90 億円		（1 億枚×100 円/株）

(2)　今年度末の貸借対照表（自社株買いの場合）

現金	0 億円	資本	90 億円
その他資産	90 億円		（9000 万枚×100 円/株）

これによって 1000 万枚の株式は消却され，株主が保有する株式（発行済株式数）は 9000 万枚となります。その結果，自己資本は 90 億円（9000 万枚×100 円）になります。

　自社株買いの場合，自社株買いに応じた株主と応じなかった株主がいるので，それぞれのケースで株主の富がどうなるのか見てみましょう。自社株買いに応じた株主は保有株式を売却したことによって，1 株 100 円の現金を手にします。一方，応じなかった株主は現金ではなく，株式を保有しており，その価値は 1 株 100 円です。したがって，自社株買いに応じた株主と応じなかった株主で，株主の富は変わらないのです。

　先ほどと同様に，自社株買いも企業から現金が出ていくことになるので，株価や企業価値，株主価値は配当の分，減少します。しかし，自社株買いが全額内部留保よりも高く評価されるならば，自社株買いのアナウンスがあったときに株価は上昇するはずです。自社株買いに応じて持っている株式を現金化するか，そのまま株式として保有するかの選択に迫られた株主はどちらでも富が変わらないという予想をするので，自社株買いのアナウンスに対して株価が動かないのです。そこで，「自社株買いが（実施前の）株価や企業価値に無関係である」という命題が成立します。

　もし，企業が自社株買いを確実に実行するために理論価格を上回る価格で実施するとどうなるでしょうか？　自社株買いに応じた株主は高い利益を得る一方で，応じなかった株主がそのコストを支払うことになります。しかし，それは株主間での利益の配分の問題であり，全体としての企業価値は影響を受けません。このように，内部留保，配当，自社株買い，いずれの場合でも企業価値

		株式	配当	現金	合計
(1) 配当性向 0%（内部留保）		100 円			100 円
(2) 配当性向 50%		95 円	5 円		100 円
(3) 配当性向 100%		90 円	10 円		100 円
(4) 自社株買い	元株主			100 円	100 円
	現株主	100 円			100 円

は変わらないのです。

　図表 11.5 は，(1)配当も自社株買いも行わないとき，(2)配当性向が 50% のとき，(3)配当性向が 100% のとき，(4)自社株買いを行うときの 4 パターンについて，1 株当たりの株主の富がどのように変わるのかをまとめたものです。いずれのパターンでも，株主の富は不変であることが示されています。

③ 現実的な仮定のもとでの配当政策と自社株買いの効果

　以上の議論では，完全資本市場の仮定のもとで，配当政策や自社株買いをどのように行っても，貸借対照表の資産サイドが変わらないかぎり，株主の富は変わらず，企業価値に影響しないことを示してきました。しかし，実際にはほとんどの企業が多額の現金を株主に還元しています。そして，企業が増配（配当を増やすこと）や自社株買いを発表すると株価が上昇することが知られています。そのことから，株主もペイアウトを企業に強く求めるようになっています。

　なぜ，このような現象が起こるのでしょうか？　このことを説明するために，完全資本市場の仮定を緩めて，現実には①配当所得とキャピタル・ゲイン（株価変動によって得られる売買差益）に対する税率が異なること，②情報の非対称性などの市場の不完全性に目を向けることにします。これによって配当や自社株買いが株価に与える影響が変わってきます。

Column ⑭ 株主優待が好きな日本人

　配当や自社株買い以外の株主への利益還元策として，株主優待があります。自社の宣伝を兼ねて自社製品や自社サービスの優待券や割引券を配布することが株主優待の主な内容ですが，お米や図書カード，地域の名産品といったものを配る企業もあります。

　実は，株主優待は欧米や他のアジア諸国など他国ではあまり見られない企業慣行です。贈答品をもらうよりも現金配当を希望するアメリカでは，年に4回配当をもらえる銘柄が多いので，配当金が日本株よりもすぐに手に入ります（日本株の配当は年に1回か2回）。

　日本企業が株主優待を行う理由としては，株主優待目当てで個人の株主が増えやすくなることがあげられます。「一定の株主数」が上場を維持するための条件であることや，TOB（敵対的買収）されにくくなるなど，上場企業にとって株主が増えることにはメリットが多いのです。次に，株主優待目当ての個人投資家は，頻繁に売却しない人が多いので，株価が安定しやすくなります。さらに，個人株主に自社製品を実際に使ってもらい，よさをアピールするというねらいがあります。

　しかし，近年，コロナ禍が株主優待の逆風となっています。株主優待を廃止する企業が増えており，その理由も業績悪化や優待コストの重さだけでなく，コーポレート・ガバナンス・コードが浸透するなか，配当を重視する海外投資家の圧力が強まっていることが背景にあります。

さまざまな**株主優待品**（りーえるさんの株主優待生活ブログ）

税　金

　完全資本市場のもとでは，法人税や所得税などの税金がないものとして配当政策や自社株買いの効果を議論しました。しかし，現実には投資家は税金の存在を考慮し，税引き後の収益を高めようとします。もし，配当所得に対する税率がキャピタル・ゲインに対する税率よりも高ければ，企業は投資家の要望に応じて配当よりも内部留保を選択することが望ましくなります。反対に，キャピタル・ゲインの税率が配当に対する税率よりも高ければ，配当が内部留保よりも望ましいといえます。

　また，たとえ配当収入とキャピタル・ゲインにかかる税率が同じであっても，配当と異なり，キャピタル・ゲインに対する課税はそれが実現したときにのみ発生するので，株式の売却時期や課税のタイミングを投資家が選択できるという点でキャピタル・ゲインが有利，配当が不利となります。しかし，それにもかかわらず，現実には配当を好む投資家が多いのです。本章のイントロダクションでも述べたように，高い配当を要求するアクティビストたちの行動は税金だけでは説明できません。そのほかの説明としては次に述べる顧客効果があります。

顧 客 効 果

　完全資本市場の仮定のもとで配当政策や自社株買いが株価に与える影響を議論した際には，投資家は配当とキャピタル・ゲインを合計したトータル・リターンに注目しましたが，実際にはどちらか一方を好む投資家が存在します。

　一般的に，年配の個人投資家はより近い将来の資産形成を投資目標にしていることが多いので投資期間が短く，現在の収入である配当を望みます。反対に，若年層の個人投資家はより遠い将来の資産形成を投資目標にすることが多いので投資期間が長く，現在の収入よりも将来のキャピタル・ゲインを望むといわれています。

　このように，たとえ配当所得に対する税率がキャピタル・ゲインに対する税率を上回っていても，投資家には自分の選好に合った配当政策をとる企業の株式に投資する傾向があります。これを企業側から見ると，自社の配当政策を好

む特定の投資家層を株主として選択していることになります。このような傾向は**配当政策の顧客効果**と呼ばれています。

　配当政策に顧客効果があるならば，配当政策をむやみに変更することは得策ではなくなり，1株当たり配当金を一定に保つことが正当化されます。配当性向が高い企業は高い配当を好む株主が多いので，減配（配当を減らすこと）すれば，株主が求めている魅力を失うことになり株式の売却が相次ぎ，株価が急落することになりかねないからです。

▌シグナリング▌

　完全資本市場の仮定のもとでは，すべての投資家が同じ情報を持っていると想定していました。しかし，現実には企業の経営者が社外の投資家よりも自社に関する情報を多く持っています。前章で学んだ情報の非対称性の状況です。

　増配や自社株買いをアナウンスすることによって株価が上昇する背景には，そのアナウンスが企業の将来の収益性の高さを示すシグナルになっている可能性があります。将来の収益性という社外の投資家には知りえない独自情報を持っている経営者は高い配当を支払うことで将来の収益性の高さを投資家に訴えることができ，それによって株価を押し上げることができるのです。しかし，将来の収益性が高いことを投資家に信じてもらうには，収益性の低い企業との差別化が必要になります。

　たとえば，外部資金調達には大きなコストがかかるとします。高い配当を支払うと内部資金が減少するので，外部資金調達が必要になります。将来の収益性が高い企業はコストの高い外部資金に頼っても事業を成功させることができますが，収益性の低い企業はコストの高い外部資金に頼ると事業に失敗するかもしれません。そこで，収益性の低い企業は高い配当を支払わずに内部留保を増やしてコストの高い外部資金に頼らないようにするでしょう。反対に，収益性の高い企業は高い配当を支払うというコストを払うことで，投資家に将来の収益性の高さを信じてもらうことができるのです。よって増配のアナウンスは高い収益性を市場に伝えるシグナルとして機能し，株価を押し上げることにつながるのです。

　自社株買いについても，経営者と投資家の間で情報の非対称性がある場合，

自社株買いを行うのは将来の収益性を知っている経営者が現在の株価が割安であるという確証を持っていると捉えられ，株価が上昇することが多いです。このとき，自社株買いはシグナル効果を持つといいます。ただし，自社株買いによって，企業が自社株買い以外に有望な投資機会がないと解釈されると株価にマイナスに働く可能性もあります。

エージェンシー問題

エージェンシー問題とは，依頼人（プリンシパル）と代理人（エージェント）の間に生じる利害対立問題のことをいいます。株主は専門的な経営者を選び会社の経営を任せている点から，経営者は株主のエージェントであり，株主はプリンシパルという位置づけになります（図表11.6）。経営者がエージェントとしての役割を果たさないことがあり，これをエージェンシー問題といいます。

企業が多くの現金を保有していると無駄な投資を行って経営の効率性が阻害される可能性があります。経営者が自分の裁量で使えるフリーキャッシュフローが多いと株主の利益を無視して経営が行われるという考え方は，**フリーキャッシュフロー仮説**と呼ばれます。経営者が裁量的に使えるフリーキャッシュフローを制限するには，高い配当支払いや自社株買いによって現金の保有額を減らすことが有効です。高額な配当は株主と経営者の間のエージェンシー問題を軽減し，株価にプラスに働きます。また，自社株買いをすると，株式数が減るので企業が抱える現金の保有額が減ることに加え，経営者が自社株を保有しているならば経営者の持ち株比率が高まり，株主と経営者の利害がより一致するようになります。

一方で，債権者と株主の関係をプリンシパルとエージェントの関係と見ることもできます。このとき，配当を支払うと両者の間のエージェンシー問題を悪

化させる可能性があります。それは企業の利益をすべて内部留保にすれば，債権者は株主とともに請求権を持てますが，配当として株主に支払ってしまうとすべて株主のものになってしまうからです。自社株買いも配当支払いと同様にキャッシュフローが株主に渡るため，エージェンシー問題を発生させることになります。このような債権者と株主の対立は，業績が悪化して経営が困難になっている企業で起こることが多いです。

EXERCISE ● 練習問題

1. A社は，株主に対する利益還元政策を行うこととした。利益還元政策として，最も不適切なものはどれか。なお，A社は十分な現金を所有しており，財務的破綻について考慮する必要はない。
   1. 株式の分割　　2. 記念配当の実施　　3. 自己株式の取得
   4. 普通配当の増配
   （「2015年度 中小企業診断士 第1次試験」財務・会計 第12問）

2. 次の文章を読んで，下記の設問に答えよ。なお，以下では市場は完全で税金や取引コストは存在しないものとする。
   E社では現在，今後の配当政策を検討中である。E社は自己資本からなる企業で今期末において，現金1,000万円と固定資産9,000万円を保有している。E社の固定資産からは毎期900万円の営業利益があげられており，次期以降も同額の営業利益が期待されている。E社では減価償却費を営業活動維持のために全額設備投資にあてており，また運転資本の増減もなく，減価償却費以外の費用はすべて現金支出であるため，上記の営業利益はフリーキャッシュフローに一致する。E社の現在の株価は100円であり，発行済株式数は100万株である。

（設問1）E社が現在保有する現金を全額配当した場合，配当支払後の株価を説明する記述として，最も適切なものはどれか。
   1. 現金配当を行った場合，株価は配当前と配当後で変化しない。
   2. 現金配当を行った場合，株価は配当前と比較して10円下落する。
   3. 現金配当を行った場合，株価は配当前と比較して10円上昇する。
   4. 現金配当を行った場合，株価は配当前と比較して20円上昇する。

（設問2）E社が現在保有する現金を全額配当した場合と1株100円にて当該現金を自己株式の買戻しにあてた場合とでは，既存株主が得る価値にどのような影

響があるか。既存株主が得る価値に与える影響の説明として，最も適切なものはどれか。

1. 現金配当を行った場合と自己株式の買戻しを行った場合との間で，既存株主が得る価値に差異は生じない。

2. 現金配当を行った場合の方が自己株式の買戻しを行った場合よりも，およそ10％ほど既存株主が得る価値が高くなる。

3. 現金配当を行った場合の方が自己株式の買戻しを行った場合よりも，およそ10％ほど既存株主が得る価値が低くなる。

4. 現金配当を行った場合の方が自己株式の買戻しを行った場合よりも，およそ20％ほど既存株主が得る価値が高くなる。

（「2011 年度 中小企業診断士 第 1 次試験」財務・会計 第 17 問）

③ 次の文章の空欄ＡとＢに入る語句の組み合わせとして，最も適切なものを下記の解答群から選べ。

業績連動型の配当政策をとった場合，毎期の ┃ Ａ ┃ は比較的安定するが 1 株当たり配当額の変動が大きくなる。また ┃ Ｂ ┃ は ROE と ┃ Ａ ┃ を掛け合わせたものであり，資本効率と利益還元政策のバランスを見る 1 つの指標である。

〔解答群〕

1. Ａ：株主資本配当率　　Ｂ：内部成長率

2. Ａ：配当性向　　　　　Ｂ：株主資本配当率

3. Ａ：配当性向　　　　　Ｂ：内部成長率

4. Ａ：配当利回り　　　　Ｂ：株主資本配当率

5. Ａ：配当利回り　　　　Ｂ：内部成長率

（「2010 年度 中小企業診断士 第 1 次試験」財務・会計 第 19 問）

④ 株主還元に関する記述として，最も適切なものはどれか。

1. 自社株買いを行うと当該企業の純資産が減少するため，売買手数料をゼロとすれば株価は下落する。

2. 自社株買いを行った場合，取得した株式は一定期間のうちに消却しなければならない。

3. 配当額を自己資本で除した比率を配当利回りという。

4. 有利な投資機会がない場合には，余裕資金を配当などで株主に還元することが合理的である。

（「2021 年度 中小企業診断士 第 1 次試験」財務・会計 第 16 問）

⑤ 配当政策に関する説明として，最も適切なものの組み合わせを下記の解答群から選べ。

a　配当性向を安定化させる配当政策の場合，１株当たり配当金額は毎期の利益変動によっても変動しない。

b　配当性向を安定化させる配当政策の場合，１株当たり配当金額は毎期の利益変動により変動する。

c　１株当たり配当金額を安定的に支払う配当政策の場合，配当性向は毎期の利益変動によっても変動しない。

d　１株当たり配当金額を安定的に支払う配当政策の場合，配当性向は毎期の利益変動により変動する。

〔解答群〕

1. aとc　　2. aとd　　3. bとc　　4. bとd

（「2008年度 中小企業診断士 第１次試験」財務・会計 第17問）

CHAPTER

第**12**章

コーポレート・ガバナンス

どのように企業を統治すればよいのか？

イントロダクション

　本章では，企業を統治する仕組み，あるいは経営者を規律づけする仕組みについて考えます。企業の目標は企業価値・株主価値の最大化ですが，経営者がその責務を果たさずに株主の利益を損なうことがあります。世間を騒がせた日産自動車の元会長カルロス・ゴーン氏の逮捕はその典型的な事例です。同氏は日産の経営再建を成功させたことで有名ですが，長年にわたり，実際の報酬額よりも少なく見せかけた額を有価証券報告書に記載していたことや，会社の資金を私的に流用するなど一連の不正が総額 350 億円規

公判前整理手続きのため東京地裁に入る
日産自動車の前会長カルロス・ゴーン被告
（2019 年 6 月 24 日撮影，写真提供：時事）

模にのぼることが明らかになっています。これらによって会社の信頼は大きく失墜しました。このような経営者の不正はどのようにすれば防ぐことができるのでしょうか？

　また，役員報酬を少なく見せかけた理由が株主からの批判を避けるためだったというのも話題になりました。日本の経営者報酬は他の先進国と比べて非常に低く，大企業の経営者でも報酬額の中央値は1億円弱です。アメリカの経営者の報酬は日本の経営者の10倍以上ともいわれています。高い役員報酬は批判されるべきでしょうか？　また，経営者の報酬と従業員の賃金との格差はどのくらいが妥当でしょうか？　これらもコーポレート・ガバナンスの問題です。

1　株式会社制度の誕生と変化

▌所有と経営の分離▌

　株式会社制度は不特定多数の出資者から資金を集めて大規模な事業を可能にすることから，近代国家において重要な役割を果たしてきました。しかし，株式会社制度が適切に機能するためには克服すべきいくつもの課題があります。コーポレート・ガバナンス（企業統治）ではそのような問題を検討します。

　1602年に創立されたオランダ東インド会社が今日の株式会社の起源といわれています。香辛料，茶，繊維などを輸入するために，ヨーロッパからインド，東南アジアに向けて船を出すので，この事業には多くの資金が必要になりました。それまでの合資会社では，出資者が会社の負債（借金）も含めた事業の責任をすべて負わなくてはいけないために，出資額を超えて損失を被ることがありました。それに対し，オランダ東インド会社は，初めて**株主の有限責任**を確立しました。債権者（融資者）は会社の財産に対してのみ債権を行使することができ，株主（出資者）の財産に対して債権を行使することはできないとする原則を打ち立てたのです。よって，株主は会社の負債（借金）まで返済する必要がなくなりました。出資者のリスクが限定されたことで，多数の出資者から広く資金を集めることが可能となったのです。

また，有限責任によって株主（出資者）と債権者（融資者）との間のリスクの分配が明確になったことで，**株式の取引**も盛んになりました。株式は購入後，たとえ事業の先行きに不安を感じても発行元の会社に売却することはできません。株式を売却（現金化）するためにはそれを購入したいという投資家を見つける必要があります。出資者のリスクが限定され，明確化されたことで，事業に投資したいという投資家が増え，株式の売買が活発化します。そして，株式の取引が保証されることで出資者は安心してリスクの高い事業に投資できるのです。このように，株主の有限責任と，株式の売買を可能にする株式取引所の存在は株式会社制度にとって欠かすことのできない制度なのです。

　20世紀に入り，アメリカを中心にして株式会社は巨額の資金調達を行い，事業の拡大に努め，第1次世界大戦後の株式ブームでは多くの投資家が株高の恩恵を享受しました。それに伴い，株主の会社経営に対する関心が薄れ，経営者の影響力が増大していきました。そこで，**経営者**による企業支配に警鐘を鳴らしたのがアドルフ・バーリ（Adolf Berle, 1895-1971）とガーディナー・ミーンズ（Gardiner Means, 1896-1988）です。彼らは1920年代のアメリカにおける株式保有状況を分析し，株式会社制度が広範に普及していく過程で株式保有が大衆化する**株式所有権の分散**に注目しました。当時のアメリカにおける巨大企業の株式は非常に多くの人々に分散して所有されており，その経営は株式をほとんど所有していない専門経営者によってなされ，**所有と経営の分離**が生じていました。企業規模がさらに大きくなってくると資金需要が増大し，さらに数多くの株主から資本を提供してもらうようになります。その結果，株主の経営者を選任する力が低下し，株主に代わって社内での権力を獲得した経営者が企業を支配する**所有と支配の分離**が起きると主張しました。大企業の出資者である株主の多くは会社経営の意思も能力もなく，自ら経営を直接遂行することは不可能であるため，経営者が株主の意思に反して暴走する危険のあることを論したのです。

　しかし，当時，これを問題視する見方は少数派で，経営者は株主の利益に限らず，従業員や顧客などを含めた**ステークホルダー**（企業のあらゆる利害関係者）の利益に配慮しながら経営すれば株式が分散所有されようとも問題は生じないと主張する研究者も多くいました。実際，1960年代まではアメリカの多くの

企業で，経営者はステークホルダーの利益に配慮して経営を行っていました。株主重視のガバナンスとステークホルダー重視のガバナンスの相違と問題点については第4節で詳しく紹介します。

2 エージェンシー問題とその解決策

エージェンシー問題とは何か？

　第11章の最後でも触れましたが，所有と経営が分離している企業では，経営者が企業の所有者である株主の利益を損ねる行動をとることがあります。経営者が企業価値の最大化を目指して努力しても，稼いだ収益のほとんどが株主のものになってしまうからです。そのため，経営者報酬の最大化，市場シェアの拡大や特定の投資プロジェクトへの愛着など，経営者には私的便益を高める誘因があります。

　しかも，経営者は自らが経営する会社の事業内容や業績見通しについて詳しいですが，株主は必ずしもそうではありません。このようにプリンシパル（依頼人，ここでは株主）とエージェント（代理人，ここでは経営者）の間には情報の非対称性が発生しています。株主が経営者の行動を絶えず監視できないなどの理由によって情報の非対称が生じているとき，経営者が努力を怠っていても株主は認識できないので，それを是正するのは難しく，企業価値が損なわれます。また，私的な野心のために正味現在価値（NPV）が負のプロジェクトを実施するのも（**過大投資**），将来性のある新規事業に参入するチャンスを見逃して現存する事業の継続に固執し続け，正味現在価値（NPV）が正のプロジェクトを逃すのも（**過小投資**），企業価値を損なうことにつながります。会社の業績とは無関係に巨額の報酬を経営者に支払うことや，プライベートジェットや高級車などの経営者の役得に多額の費用を支出することも株主利益を損なう典型的な事例です。

　完全なモニタリングができないことをいいことに，経営者が株主の意向に反した目的のために資源を用いる，あるいは期待されている努力を怠ることをモ

ラル・ハザードといいます。モラル・ハザードによって生じるコストを**エージェンシー・コスト**といい，エージェンシー・コストを最小限にするために，プリンシパルにとって望ましい行動をするインセンティブ（誘因）をどのようにエージェントに与えるかを検討する理論を**エージェンシー理論**といいます。マイケル・ジェンセン（第5章108頁参照）とウィリアム・メックリング（William Meckling, 1921-1998）によって提唱されたエージェンシー理論は，1970年代のアメリカで研究者の幅広い支持を受け，同理論に基づくコーポレート・ガバナンス分野の研究は1980年代以降，大きく進展しました。

経営者報酬による規律づけ

　経営者と株主の間に生じるエージェンシー問題を軽減するために，経営者を規律づけるさまざまな手段が提案されています。これらは大きく分けると会社内部のガバナンスと会社外部のガバナンスに分類されます。

　会社内部のガバナンスの代表例が経営者の報酬契約です。経営者の持ち株比率が低く，経営者が業績向上や株価上昇の恩恵を受ける度合いが少ないことがエージェンシー問題の契機となっているので，経営者の報酬を会社の株価や業績と連動させて，株主の利益と一致させせれば経営者は株主価値向上のために努力するはずです。そのため，経営者への報酬の全部または一部を**ストック・オプション**（新株予約権），譲渡制限付き株式報酬，株式給付信託などの株式報酬で付与することがエージェンシー問題の解決につながると考えられています。ストック・オプションは自社株をあらかじめ決められた期間内に，あらかじめ定められた価格（行使価格）で取得できる権利です。株式給付信託は株価や業績に基づいてポイントを毎年与え，獲得数に応じて自社株を交付するというものです。いずれも交付時より株価が上がっていれば売却益を得られる仕組みで，経営者が業績や株価を上げる動機につながりやすくなります。

　株主利益との連動性が非常に高くなっているアメリカでは，株価連動型報酬の導入によって1990年代以降，経営者の報酬が高騰し，その報酬の高額さがしばしば批判の的になりました。日本ではストック・オプションなど株式報酬が増えてきたとはいえ，依然として固定報酬中心であり，各国企業と比較して業績連動報酬や株式報酬の割合が低く，業績向上に対するインセンティブが小

アメリカ企業			日本企業	
アマゾン	中央値 310 万円 ------- 59 倍	ハイテク・電機	楽天	平均 707 万円 ------- ——
フェイスブック	2620 万円 ------- 37 倍	ハイテク・電機	ソニー	910 万円 ------- 100 倍
GE	623 万円 ------- 157 倍	ハイテク・電機	日立	849 万円 ------- 25 倍
AT&T	854 万円 ------- 366 倍	通信	ソフトバンク G	1164 万円 ------- 12 倍
GM	811 万円 ------- 295 倍	自動車	トヨタ	852 万円 ------- 38 倍
JP モルガン・チェース	848 万円 ------- 364 倍	金融	三菱 UFJ FG	1065 万円 ------- 14 倍
ファイザー	972 万円 ------- 313 倍	医薬	武田	1015 万円 ------- 103 倍
マクドナルド	76 万円 ------- 3101 倍	サービス	ファストリ	791 万円 ------- 30 倍

(注) 上段は年収，下段はペイレシオ。ペイレシオとは社長の報酬と従業員
の年収（中央値）の倍率。1 ドル＝109 円で換算。アメリカ企業は米証
券取引委員会（SEC）への開示書類をもとに作成。日本企業は直近公表
の有価証券報告書をもとに作成。楽天はデータなし。

(出所) 日本経済新聞「米報酬，企業差が鮮名『CEO は社員の何倍か』開
示」2018 年 5 月 13 日付。

さいといわれています。高額な報酬を受け取る経営者が増えているとはいえ，
アメリカに比べるとまだ少数派です（図表 12.1）。

　株価と連動した報酬体系によって，経営者が短期的な業績を重視しがちで企
業の長期的な成長に資する経営が損なわれるという指摘があります。このよう
な短期主義のリスクに対処する有効な手段として，ストック・オプションにお
ける権利確定期間の長期化や中長期の業績に連動する報酬体系を採用する企業
も増えてきました。長期的な業績を重視するように，経営者への動機づけには
中長期の業績評価と報酬を結び付けることの重要性が認識されつつあります。

　しかしながら，経営者報酬と株価，業績の相関関係については，それほど相

関が高くないという研究も多く，明確な結論は出ていません。アメリカにおいて，経営者の株式保有は株主との利益の一致を通じて企業価値向上に寄与するものの，持ち株比率がある一定水準を超えると，経営者の保身や利己的な行動，保守的な経営につながるという指摘があり，経営者の株式保有の副作用には注意する必要があります。株価や業績に連動する報酬を経営者がどれほど受け取るのが最適なのか，業績や株価とどのくらい連動させるのが企業にとってよいのかについては未だ解決されていない課題です。

株式所有構造による規律づけ

　会社内部のガバナンスの2つ目は，株式所有構造による規律づけです。株式所有が分散すると，それぞれの株主は経営者を監督せずに，他の株主が監督することに任せる，という**フリーライダー**問題が生じます。経営者を監督するにはコストがかかりますが，その結果として得られるメリットは配当収入や株価上昇によるものであり，いずれも持ち株比率に応じてしか得ることができません。そのため，自らは投資先の経営者の情報を集めたりせず，他の株主の行動にただ乗りするのが合理的だからです。

　仮に，株主が経営者を監督せずに経営者が怠けたことによって，業績や株価が低下したならば，最も損失を被るのは大株主です。大株主は自らの利害が大きいため，小株主よりも経営者を監督するインセンティブがあります。また，議決権を行使して経営者に圧力をかけることもできるので，大株主の存在が経営者の規律づけに寄与すると考えられます。

　大株主は，**発言**（Voice）と**退出**（Exit）の2つの経路を通じて経営者を規律づけ，企業のパフォーマンスを改善するといわれます。企業業績が振るわなく，株式を売却する株主が増えると株価が下落して，市場の評価が低くなります。企業は株式による資金調達が困難になり，計画通りに投資を実行できなくなったり，事業を継続できなくなったりするかもしれません。大株主の株式売却（Exit）は株価を大きく下落させ，企業の評判を低下させるので，経営者はそれを恐れて株価を上げるための経営努力をすることになります。

　大株主はまた，直接的に経営者に意見表明（Voice）をすることもできます。経営状態が悪いと面談や書簡を通じて意見を表明したり，正式な株主提案をし

たりすることで経営の改善を促したりします。議決権を行使して経営陣が進めている経営戦略に反対票を投じることもできます。場合によっては経営者を更迭し，大株主が認める新しい経営者に交代させることもできます。このようなメカニズムを通じて，大株主は経営者の努力を引き出すことができます。

　しかし，大株主が複数存在するとき，株主間で意見の違いが生じることがあります。経営陣，機関投資家，創業者ファミリーなど立場の異なる株主が大株主である場合，株式を保有する期間やリスクの許容度は異なり，経営に対する意見の相違から経営改善が図られず，企業価値が棄損することもありえます。

▌取締役による規律づけ▐

　会社内部のガバナンスの3つ目は，取締役による規律づけです。大株主の意向を反映した取締役が任命されれば，経営者の行動を監督し，不適切な行動をとる経営者を更迭することができます。

　日本の大企業では，1990年代半ばまで取締役の人数が多く，その大半が従業員出身のいわゆる社内取締役でした。しかし，組織や事業，社長を含む他の取締役とのしがらみや利害関係がある社内取締役では，有効なモニタリング機能を果たせません。そこで，注目されたのが社外取締役です。社内からの影響力が及ばない立場にあるため，客観的に経営者の監督を行うことができ，有効な規律づけが期待できます。さらに，社外取締役には株主の意向を反映して，業務執行について助言していくことが求められます。

　金融庁と東京証券取引所は2021年6月に改定した上場企業向けの行動原則であるコーポレート・ガバナンス・コード（第5節を参照）において，東証の市場再編で現在の第1部を引き継ぐプライム市場に上場する企業には，社外取締役を取締役の3分の1以上とするよう求めており，これまでの独立社外取締役2名以上という指針より，厳しい基準でガバナンス強化を目指すことになりました。諸外国の中ではすでに，独立社外取締役が取締役会全体の3分の1以上，あるいは過半数であることを求められている国も多く，それらの国にならう形で日本企業もガバナンス改革を行っています。

　一方，社外取締役の有効性に疑問を呈する人が多いのも事実です。社外取締役の形骸化が問題視された事例が2001年に経営破綻したアメリカのエネルギ

Column ⑮ 株式会社の仕組み――取締役と執行役と執行役員

株式会社の組織のあり方として，取締役会設置会社では取締役会と株主総会の２種類の機関を設置することが必要条件です。取締役は株式会社の業務執行に関する意思決定を行い，株主総会では取締役の選任や解任を含む重要な案件を審議します。また，取締役を監督する組織として，取締役会とは別に，株主総会で株主に選任された監査役から構成される監査役会が設置され，内部的なチェック機能を果たしています。

1997 年にソニーが「執行役員制度」を実施したことをきっかけとして，執行役員が国内で導入されるようになりました。従来の日本企業では，取締役の役割が業務執行に偏っており監督の機能が十分果たせていませんでした。そのため，取締役会から選任された特定の執行権限を保持している執行役とは別に，業務執行にあたる執行役員（CO）をおき，取締役会が執行役員の業務執行を監督し，併せて責任の明確化と意思決定の迅速化を図るべくして，執行役員制度が導入されました。

図表 12. 2　取締役と執行役

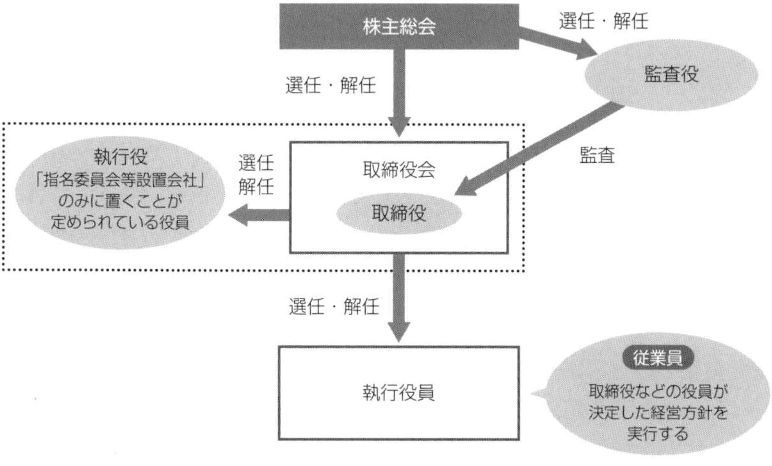

（出所）「【図解】執行役員とは？ 会社法で定められた役員・取締役との違いと設置方法」2020 年 2 月 14 日 excite ニュース（https://www.excite.co.jp/news/article/ds_journal_dsjournal15576/）を参考に加筆。

一会社のエンロンです。エンロンでは取締役会のメンバー 17 名のうち社内取締役は会長を含む２人で，残りはすべて社外取締役だったにもかかわらず，社内から内部告発の声が挙がった後でも財務を調査することもなければ，トッ

プ・マネジメントの方針に意見することもありませんでした。エンロンの事例は，日常的に社内の情報に触れていない社外取締役が企業の経営監督を行うことの難しさを示しています。

企業買収による規律づけ

会社外部からの規律づけ手段として古くからあげられるのが敵対的買収です。敵対的買収とは被買収企業の取締役会の同意を得ないで買収を仕掛けることです。「敵対的」かどうかは，取締役会の同意の有無で区別されるため，取締役会にとって「敵対的」であっても，取引の相手方当事者である株主にとって「敵対的」ではないことがあります。買収成立のために株主にとっては現在の株価よりもよい条件が提示されることが一般的であり，株主が取引に応じるかどうかは，原則として株主自身の自発的な意思にかかっているからです。

そのため，企業の業績が振るわず株価が低迷すると，敵対的買収を仕掛けられる可能性が高まります。買収が成立すれば経営者が更迭され経営陣が入れ替えられることが多いので，それを避けるために経営者は企業価値を向上させようと努力します。

買収者は，被買収企業の経営権を支配できる議決権を取得するために，総株式の議決権の過半数を取得することを目指します。日本の金融商品取引法では，上場企業の株式所有比率が3分の1を超える場合には，原則，株式公開買い付け（TOB）の形で行わなければいけません。TOBとは "Take-Over Bid" の略で，買収企業が事前に買い付け期間・買取株数・価格を公表して，被買収企業の株式を保有している不特定多数の株主に対して株式を買い付けることをいいます。通常，取引市場を通さずに取引所外で買い付けを仕掛けることが多いですが，市場内での取得のみで議決権の過半数を取得するケースも見られます。

日本企業は戦後長らく，メインバンクや取引企業との間で株式の持ち合いを行っていたため，敵対的買収とは無縁でした。しかし，1990年代以降，株式の持ち合いが解消されるにつれて，敵対的買収の事例を目にする機会が増えました。

一方，アメリカやイギリスでは1980年代から多くの敵対的買収やレバレッジド・バイアウト（LBO）を経験しており，敵対的買収がガバナンスの手段と

して注目を集めてきました。LBO とは，被買収企業の資産や今後期待される
キャッシュフローを担保として，買収企業が金融機関などから資金調達をして
買収する方法です。経営不振企業が買収の対象となって経営陣の入れ替えが起
こり，それによって経営の効率性が高まるということが研究結果として示され
ています。しかし，1990 年代以降は，アメリカでも敵対的買収を防ぐための
法律改正や裁判所の判決により，敵対的買収が減少していることに加え，買収
防衛策によって被買収企業の買収価格が引き上げられる傾向があることから，
買収のメリットが低下していることが指摘されています。

▎負債および債権者による規律づけ ▎

　会社外部のガバナンスの2つ目は負債および債権者による規律づけです。負
債は元本や金利の支払いを通じて経営者が裁量で使えるキャッシュフローを低
下させるので，エージェンシー・コストを引き下げ，過大投資問題を軽減でき
ます。また，負債比率が高くなると，倒産リスクも高まるので，経営者は倒産
を恐れて業績改善に注力するという効果も期待できます。同様に，配当や自社
株買いも過剰な内部資金を減らすので，エージェンシー問題の軽減に役立ちま
す。

　債権者の存在が経営者に対する規律づけになるという見方もあります。株式
市場や債券市場を通じた資金調達が盛んであったアメリカとは異なり，戦後の
日本企業の資金調達は間接金融が中心で，**メインバンク制度**が日本企業の高度
成長を支えました。メインバンクは企業との長期的な取引関係に基づいて，株
主に代わって日本企業のガバナンスを担いました。日本企業におけるメインバ
ンクの役割については次節で詳しく説明します。

３ 日本のメインバンク制度

　日本では戦後，長きにわたり企業の株式をメインバンクや系列企業で持ち合
っており，「所有と経営の分離」から生じる問題はあまり顕在化してきません
でした。また，企業の資金調達は銀行に依存していたので，日本企業のチェッ

ク機能はメインバンクが果たし，内部昇進によって従業員が経営者となり，従業員を大切にする経営こそが**日本型コーポレート・ガバナンス**といわれてきました。

メインバンクは，企業の最大の借入先を指しますが，借入それ以外にも多くの機能を果たしてきました。青木昌彦とヒュー・パトリックの研究（1996）によると，メインバンクが果たした5つの役割として，①銀行借入，②債券発行関連業務，③株式の持ち合い，④支払い決済勘定，⑤情報サービスと経営資源の提供がありました。高度経済成長期の日本企業は慢性的に資金不足でしたが，資本市場を通じた資金調達が困難だったため，企業は特定の銀行に決済口座を集中させて情報を開示することにより，安定的な資金源を確保しようとしました。一方，銀行も銀行間競争が激しいなかで，大口顧客の獲得に努めるようになり，1950年代から60年代にかけて企業と銀行の関係が強化されました。

メインバンクは日ごろの運転資金の手当てから大規模な設備投資資金まで企業の資金需要に応えて融資をするだけでなく，当該企業への経営者派遣などを通じて内部情報に精通していました。このような**リレーションシップ・バンキング**のメリットは，長期継続的な取引関係の中から，通常，外部からでは入手しにくい借り手の信用情報を得られることで，貸出の際に，金融機関が借り手の情報を収集し，モニタリングするコストが低減できる点にあるとされています。

また，経営者を派遣することは派遣先企業のモラル・ハザードの防止にも役立っていました。経営危機に陥ったときには，追加的に融資を行ったり，債務や金利の減免に応じたりして，企業の救済・再建に中心的な役割を果たしました。

しかし，バブルが崩壊する1990年代から日本企業の資金不足は解消し，**金融ビッグバン**などの金融制度改革によって資本市場が成熟してくると，企業と銀行の関係も変わってきました。メインバンク制の崩壊と株式持ち合いの解消，それに代わって外国人投資家の持ち株比率の上昇によって，日本でも「所有と経営の分離」によって生じる問題が起こってきました（図表12.3）。

CHART 図表 12.3 日本企業の株式所有構造の変遷

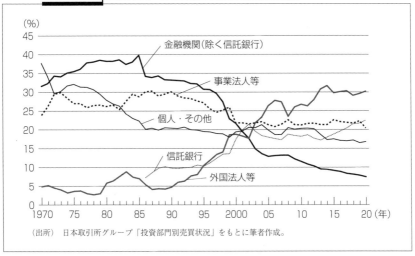

（出所）日本取引所グループ「投資部門別売買状況」をもとに筆者作成。

4 株主重視のガバナンスとステークホルダー重視のガバナンス

　コーポレート・ガバナンスに関する経済学のこれまでの議論では，どうすれば経営者が株主と利害を一致させることができ，企業価値・株主価値の最大化を目指すことができるかを議論してきました。このような株主重視のガバナンスに対し，企業価値の向上にはステークホルダーとの良好な関係が欠かせないというのがステークホルダー重視のガバナンスです。そこでは，株主に加えて従業員，取引先，銀行や社債保有者などの債権者，顧客，地域社会などステークホルダーとの良好な関係を維持することが重要で，企業は株主ばかりでなく幅広いステークホルダーに対する責任を果たすべきと考えられています。

　これまで株主重視のガバナンスでは，経営者と株主の間の情報の非対称性がもたらすエージェンシー問題を軽減する手段について詳しく説明してきました。そこで，今度はステークホルダー重視のガバナンスにおいて，どのような問題が生じるかを説明します。

　ステークホルダー重視のガバナンスの最大の問題点は，ステークホルダーの

定義や範囲の考え方が多様であるため，企業経営の目的が曖昧になりがちということです。経営者は複数の目的を追求しなければならないので，意思決定が混乱したり，企業価値が低下したりする可能性が高まります。ステークホルダーの間で利害の調整が難しい場合，経営者に対する規律づけが弱まってしまうという批判もあります。株主重視のガバナンスでは，経営者の優先順位の設定に明確な指針が与えられ，企業の収益性や経営者の効率性を測定しやすいのですが，ステークホルダー重視のガバナンスでは経営者のパフォーマンスを測るのも難しくなります。

　ところが，近年，株主重視のガバナンスに疑問を投げかける動きが強まっています。株主重視のガバナンスに対する批判として，株主価値の最大化のみに焦点を当てるため，企業経営が短期的になるという指摘があります。従業員の賃金切り下げや解雇，取引先への値下げ要求などによって他のステークホルダーの利益が損なわれているとの指摘がなされています。また，長期的な研究開発（R & D）投資の低下によってイノベーションが減少し，長期的な企業価値が毀損しているという批判もあります。

　アメリカの経営者団体のビジネス・ラウンド・テーブルは1978年以来，一貫してコーポレート・ガバナンスの目的を株主価値の最大化としてきましたが，2019年にこの方針を転換して，従業員や地域社会などの利益を尊重した行動原則を宣言したのです。株価上昇や配当の増額など株主の利益を優先してきたアメリカ型ガバナンスにとって大きな転換となる出来事でした。

⑤ スチュワードシップ・コードとコーポレート・ガバナンス・コード

　2013年に政府が提案した日本再興戦略において成長戦略の一環として，コーポレート・ガバナンスの強化が示されたことを受けて，2014年には金融庁によって機関投資家向けの行動原則である**スチュワードシップ・コード**（責任ある投資家原則）が発表され，2015年には金融庁と東京証券取引所によって，上場会社向けの行動原則である**コーポレート・ガバナンス・コード**が策定され

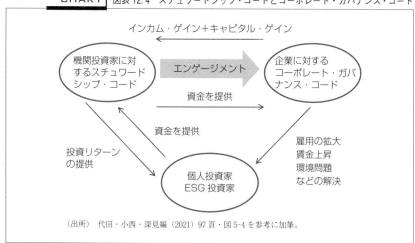

CHART 図表12.4 スチュワードシップ・コードとコーポレート・ガバナンス・コード

インカム・ゲイン＋キャピタル・ゲイン

機関投資家に対するスチュワードシップ・コード

エンゲージメント

企業に対するコーポレート・ガバナンス・コード

資金を提供

資金を提供

投資リターンの提供

個人投資家
ESG 投資家

雇用の拡大
賃金上昇
環境問題
などの解決

(出所) 代田・小西・深見編 (2021) 97 頁・図 5-4 を参考に加筆。

ました (図表 12.4)。

　スチュワードシップ・コードは，イギリスで 2010 年に導入されたものの日本版です。イギリスでは，金融機関による投資先企業の経営監視などコーポレート・ガバナンスへの取り組みが不十分であったことが，リーマン・ショックによる金融危機を深刻化させたとの反省に立ち，2010 年に金融機関を中心とした機関投資家のあるべき姿が行動指針として規定されました。そこには，利益相反 (一方が有利になり他方が不利益を被ること) の防止，投資先企業に対する監督の義務，投資先企業とのエンゲージメント (対話) に関する策定義務，議決権行使の方針の策定と公表義務などが盛り込まれています。

　日本版スチュワードシップ・コードは，イギリスのコードを踏襲して作成されましたが，とくに重要なのは投資家による投資先企業との**エンゲージメント** (日本版スチュワードシップ・コードでは**「目的を持った対話」**と表現されている) です。機関投資家が顧客あるいは最終受益者の利益のために，投資先企業に対して絶えず監督を行い，対話を通じて経営方針に関して積極的に関与していくことが求められました。それはそれまで株主を重視してこなかった経営者や，機関投資家がアクティビストとして経営に意見することを好ましく思わなかった経営者に対しても，機関投資家との新たな向き合い方を迫るものでした。

　一方，コーポレート・ガバナンス・コードは持続的成長に向けた企業の自律

的な取り組みを促すものであり，企業が中長期で ROE（自己資本利益率），ROIC（投下資本利益率）などの収益性を向上させ，グローバル競争に打ち勝つ強い企業経営力を取り戻すことを目的としています。そのために取締役会の改革（社外取締役の増員）や業績連動型報酬の導入など具体的な方針が策定されました。

コーポレート・ガバナンス・コードには，法的な強制力や罰則はありませんが，イギリスが採用している「従うか，説明せよ（comply or explain）」という原則に基づいています。従わない場合には理由を説明する責任が発生します。金融庁と東京証券取引所が 2021 年 6 月に改定したコーポレート・ガバナンス・コードでは，東証の市場再編でプライム市場上場企業には独立社外取締役を取締役の 3 分の 1 以上とするほか，必要な場合には過半数の選任を検討することが求められています。

企業の社会的責任（CSR）と ESG 投資

現在，環境の汚染，自然災害，資源・食糧需給の逼迫など，人類社会の持続を脅かすようなさまざまな問題が起こっています。そのため，企業や機関投資家は社会問題への一定の貢献をすべきであるという圧力が強くなりました。企業が自社の利益を追求するだけでなく，自らの組織活動が社会へ与える影響に責任を持ち，あらゆるステークホルダーからの要求に対して適切な意思決定をすることを CSR（Corporate Social Responsibility：企業の社会的責任）と呼び，企業の CSR 活動を重視，支援する目的で実施される資産運用は SRI（Social Responsible Investment：社会的責任投資）と呼びます。

また，国連が 2006 年に PRI（Principles for Responsible Investment：責任投資原則）を提示し，機関投資家に対して環境・社会・ガバナンス（ESG：Environment, Social, and Governance）の観点から運用することを促す動きが盛んになっています。そのため今日では，ESG 投資という名称の方が一般的になっています。

ESG の重要性は機関投資家にとどまらず，企業が長期的に成長するためには，

経営において ESG の 3 つの観点が必要だという意味で，企業活動にも影響を与えています。ESG を推進すると企業イメージが向上します。顧客からの信頼が厚くなり，株主・投資家からも支持されやすくなります。また，企業の従業員にとっても職務が社会貢献につながることを自覚し働くことで，モチベーションが高まり，生産性の向上を期待できるようになります。

　企業は ESG と収益のバランスを模索しています。電気通信社の KDDI は温暖化ガス排出原単位を 1 割減らすと 6 年後の PBR（株価純資産倍率）が 2.4% 高まるという分析結果を 2021 年 3 月期の決算説明資料で公表しました。また，製薬会社のエーザイでは，障害者雇用率や健康診断受診率といった人的資本に関わる ESG 項目が数年〜十数年後の PBR に相関すると実証し，IR（投資家向け広報）活動にもつなげています（日本経済新聞，2021 年 8 月 4 日付）。

　さらに，**SDGs**（Sustainable Development Goals）にも注目が集まっています。SDGs とは 2015 年 9 月の国連サミットにおいて採択された「持続可能な開発目標」のことです。2030 年までに持続可能でよりよい世界を目指す国際目標で，17 のゴールと 169 のターゲットで構成されています。企業が ESG に配慮した経営をすることで，SDGs 達成に貢献できるというわけです。

● 参考文献

青木昌彦／ヒュー・パトリック編（1996）『日本のメインバンク・システム』（東銀リサーチインターナショナル訳）東洋経済新報社

代田純・小西宏美・深見泰孝編（2021）『ファイナンス入門』ミネルヴァ書房

EXERCISE ● 練習問題

1　株式会社制度について，正しくないものを 1 つ選べ。

1. 1602 年に創立されたオランダ東インド会社が今日の株式会社の起源といわれている。

2. 株主の有限責任が確立したことによって，債権者は破産後の会社の財産に対して債権を行使することはできるが，株主の財産にまで債権を行使することはできなくなった。

3．投資家は発行元の企業に株式を売却することができないので，投資家間で株式を売買できる取引所があることでリスクの高い事業に投資ができる。

　　4．企業の株式は非常に多くの人に分散されて所有されるようになり，株式をほとんど所有していない専門経営者が企業を経営することを「所有と支配の分離」という。

（筆者作成）

② コーポレート・ガバナンスの内部統制について<u>当てはまらないもの</u>を選べ。

　1．企業買収　　2．株式所有構造　　3．取締役による統制

　4．負債による統制　　5．経営者報酬

（筆者作成）

③ コーポレート・ガバナンスに関する次の記述のうち，<u>正しくないもの</u>を1つ選べ。

　1．エージェンシー理論では，株主はプリンシパル，企業経営者がエージェントと位置づけられる。

　2．ステークホルダーとは，利害関係者のうち，銀行，社債権者，株主などの資金提供者を指す。

　3．機関投資家などの大株主が株主総会の議案の提出前に経営陣と交渉することは可能である。

　4．株主にとって，コーポレート・ガバナンスの方法は株式の売却と企業経営への直接的要求の2つに大別され，前者はエグジット，後者はボイスと呼ばれる。

（筆者作成）

④ 日本企業の企業統治のあり方について，<u>正しくないもの</u>を1つ選べ。

　1．普通株では，保有株式数に応じて，1株当たりの株主権に格差を設けることができる。

　2．指名委員会等設置会社で企業経営を実際に行うのは執行役である。

　3．委員会設置会社では，株主が株式総会において取締役を選任する。

　4．監査役会設置会社では，取締役と監査役を選ぶ権限は株式総会に与えられている。

（筆者作成）

⑤ コーポレート・ガバナンスに関する次の記述のうち，<u>正しくないもの</u>を1つ選べ。

　1．2014年に金融庁が主に機関投資家に向けてスチュワードシップ・コードを策定し，2015年に金融庁と東京証券取引所が主に上場企業に向けてコ

ーポレート・ガバナンス・コードを策定した。

2. スチュワードシップ・コードもコーポレート・ガバナンス・コードも，「従うか，説明せよ（comply or explain）」という原則のもと，従わない場合は理由を求められる。

3. 機関投資家が運用目的を達成するために投資先企業との間で行う目的を持った対話はエンゲージメントと呼ばれる。

4. 2021年6月に改定されたコーポレート・ガバナンス・コードでは，東証の再編に伴うプライム市場上場企業において，2名以上の社外取締役の選任を求めている。

（筆者作成）

参考文献

朝倉大輔・砂川信幸・岡田紀子（2022）『ゼミナール　コーポレートファイナンス』日本経済新聞出版

新井富雄・高橋文郎・芹田敏夫（2016）『コーポレート・ファイナンス——基礎と応用』中央経済社

砂川伸幸・笠原真人（2015）『はじめての企業価値評価』日本経済新聞出版社（日経文庫）

石野雄一（2014）『道具としてのファイナンス』日本実業出版社

井上光太郎・高橋大志・池田直史（2020）『ファイナンス』中央経済社

岩澤誠一郎（2020）『行動経済学』ディスカヴァー・トゥエンティワン

江川雅子（2018）『現代コーポレートガバナンス——戦略・制度・市場』日本経済新聞出版社

岡田克彦（2007）『図解でわかる行動ファイナンス入門』秀和システム

加藤国雄（2012）『高度金融活用人材へのファイナンスの理論と金融新技術』金融財政事情研究会

榊原茂樹・加藤英明・岡田克彦編著（2010）『行動ファイナンス』（現代の財務経営 9）中央経済社

佐藤茂（2013）『実務家のためのオプション取引入門——基本理論と戦略』ダイヤモンド社

代田純・小西宏美・深見泰孝編著（2021）『ファイナンス入門』ミネルヴァ書房

鈴木一功（2018）『企業価値評価　入門編』ダイヤモンド社

津田博史・吉野貴晶（2016）『株式の計量分析入門——バリュエーションとファクターモデル』朝倉書店

手嶋宣之（2011）『基本から本格的に学ぶ人のためのファイナンス入門——理論のエッセンスを正確に理解する』ダイヤモンド社

俊野雅司・白須洋子・時岡規夫（2020）『ファイナンス論・入門——イチからわかる証券投資と企業金融』有斐閣

根岸康夫（2018）『デリバティブ入門講義』金融財政事情研究会

野崎浩成（2022）『教養としての「金融＆ファイナンス」大全』日本実業出版社

野間幹晴・本多俊毅（2005）『コーポレートファイナンス入門——企業価値向上の仕組み』共立出版

枡谷克悦（2009）『企業価値評価の実務（新版）』清文社

マッキンゼー・アンド・カンパニー（2022）『企業価値評価（第 7 版　上）』（マッキンゼー・コーポレート・ファイナンス・グループ訳）ダイヤモンド社

森直哉（2018）『図解コーポレートファイナンス（新訂 2 版）』創成社

山澤光太郎（2004）『ビジネスマンのためのファイナンス入門——55 のキーワードで基礎からわかる』東洋経済新報社

リチャード・A・ブリーリー／スチュワート・C・マイヤーズ／フランクリン・アレン（2014）『コーポレートファイナンス（第 10 版　上)』（藤井眞理子・國枝繁樹監訳）日経 BP 社

練習問題解答

第1章 　□1 4　□2 1　□3 1　□4 4　□5 3

第2章 　□1 1　□2 2　□3 4　□4 3　□5 3

第3章 　□1 4　□2（設問1）1,（設問2）4　□3 1　□4 2　□5 1

第4章 　□1 2　□2 2　□3（設問1）1,（設問2）4　□4 2　□5 2

第5章 　□1 3　□2 2　□3 2　□4（設問1）2,（設問2）3　□5 3

第6章 　□1 4　□2 4　□3 2　□4 1

第7章 　□1 1　□2 2　□3 4　□4 4　□5 4

第8章 　□1 4　□2 3　□3 3　□4 2　□5 4

第9章 　□1（設問1）3,（設問2）1　□2 4　□3 3　□4（設問1）1,（設問2）4　□5 2
　　　　□6 1　□7 4

第10章 　□1 4　□2 3　□3（設問1）3,（設問2）1　□4 4　□5（設問1）2,（設問2）4

第11章 　□1 1　□2（設問1）2,（設問2）1　□3 2　□4 4　□5 4

第12章 　□1 4　□2 1と4　□3 2　□4 1　□5 4

（注）「中小企業診断士」の試験問題の選択肢はア〜エで表されていますが，本書の
　　　練習問題の選択肢は1〜4に変更しました。

索　引

【事　項】

【人 名】

【有斐閣ストゥディア】

なるほどファイナンス

Finance: Ideal for Beginners

2023 年 12 月 20 日　初版第 1 刷発行

著　者	岩壷健太郎
発行者	江草貞治
発行所	株式会社有斐閣
	〒101-0051 東京都千代田区神田神保町 2-17
	https://www.yuhikaku.co.jp/
装　丁	キタダデザイン
印　刷	大日本法令印刷株式会社
製　本	牧製本印刷株式会社
装丁印刷	株式会社亨有堂印刷所
イラスト	山口みつ子

落丁・乱丁本はお取替えいたします。定価はカバーに表示してあります。
©2023, Kentaro Iwatsubo.
Printed in Japan. ISBN 978-4-641-15118-5